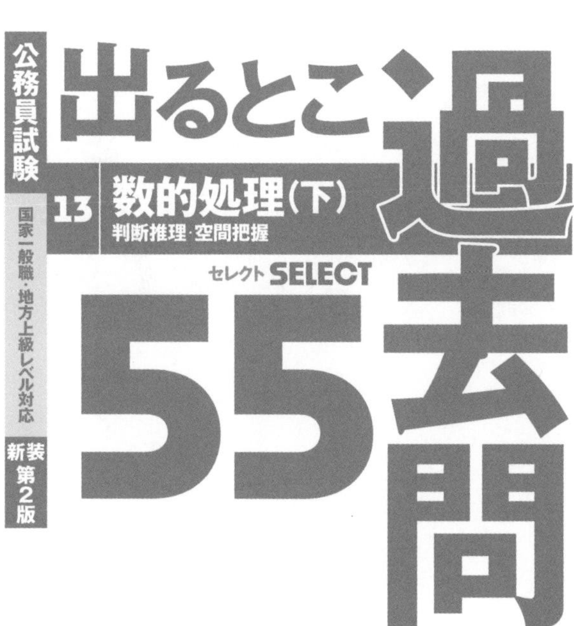

TAC出版
TAC PUBLISHING Group

● はじめに ●

目指す場所に必ずたどり着きたい方のために――
『出るとこ過去問』は、超実践的〝要点整理集＋過去問集〟です。

「公務員試験に合格したい」

この本を手にされた方は、きっと心からそう願っていると思います。

公務員試験に合格することは、けっして容易なものではありません。勉強すべき科目は多く、参考書は分厚い。合格に必要な勉強時間はおおよそ1500～2000時間といわれており、準備に半年～1年かける方が大半でしょう。覚悟を決め、必死で取り組まなければなりません。

たとえ予備校に通っていても、カリキュラムをひたすらこなすだけでせいいっぱいという方もいるでしょう。独学の場合はなおさら、スケジュールどおりに勉強を進めていくには、相当な自制心が必要です。試験の日程が近づいているにもかかわらず、「まだ手をつけていない科目がこんなにある」と落ち込んでしまう方もいるかもしれません。

そんな時こそ、本書の出番です。この『出るとこ過去問』は、公務員試験合格のための超実践的〝要点整理集＋過去問集〟です。絶対に合格を勝ち取りたい方が最後に頼る存在になるべく作られました。

おさえるべき要点はきちんと整理して理解する。解けるべき過去問はきちんと解けるようにしておく。それが公務員試験で合格するためには必須です。**本書は、合格のために〝絶対理解しておかなければならない要点〟の簡潔なまとめと、これまで公務員試験の中で〝何度も出題されてきた過去問〟だけを掲載しています。**だからこそ、超実践的なのです。

たくさんの時間を使い、たくさん勉強してきたけれど、まだ完全に消化しきれていない科目がある。そんな方にとって、本書は道を照らす最後の明かりです。**本書のPOINT整理やPointCheckを頼りに重要事項を整理して理解し、過去問が解けるところまでいけば、合格はもうすぐです。**

いろいろと参考書を手にしてみたものの、どれもしっくりとせず、試験の日程ばかりが迫ってきている。そんな方にとって、本書は頼もしい最後の武器です。**本書をぎりぎりまで何度も繰り返し勉強することで、合格レベルまで底上げが可能となります。**

道がどんなに険しくても、そこに行き先を照らす明かりがあれば、効果的な武器があれば、目指す場所に必ずたどり着くことができます。

みなさんが輝かしい未来を勝ち取るために、本書がお役に立てれば幸いです。

2020年3月　TAC出版編集部

● 本書のコンセプトと活用法 ●

本書のコンセプト

1. 過去問の洗い直しをし、得点力になる問題だけを厳選

その年度だけ出題された難問・奇問は省く一方、近年の傾向に合わせた過去問の類題・改題はしっかり掲載しています。本書で得点力になる問題を把握しましょう。

<出題形式について>
旧国家Ⅱ種・裁判所事務官の出題内容も、国家一般・裁判所職員に含め表記しています。また、地方上級レベルの問題は地方上級と表示しています。

2. 基本問題のLevel 1、発展問題のLevel 2のレベルアップ構成

Level 1の基本問題は、これまでの公務員試験でたびたび出題されてきた問題です。何回か繰り返して解くことをおすすめします。科目学習の優先順位が低い人でも、最低限ここまではきちんとマスターしておくことが重要です。さらに得点力をアップしたい方はLevel 2の発展問題へ進みましょう。

3. POINT整理と見開き2ページ完結の問題演習

各章の冒頭の**POINT整理**では、その章の全体像がつかめるように内容をまとめています。全体の把握、知識の確認・整理に活用しましょう。この内容は、Level 1、Level 2の両方に対応しています。また、**Q&A**形式の問題演習では、問題、解答解説および、その問題に対応する**PointCheck**を見開きで掲載しています。重要ポイントの理解を深めましょう。

● 基本的な学習の進め方

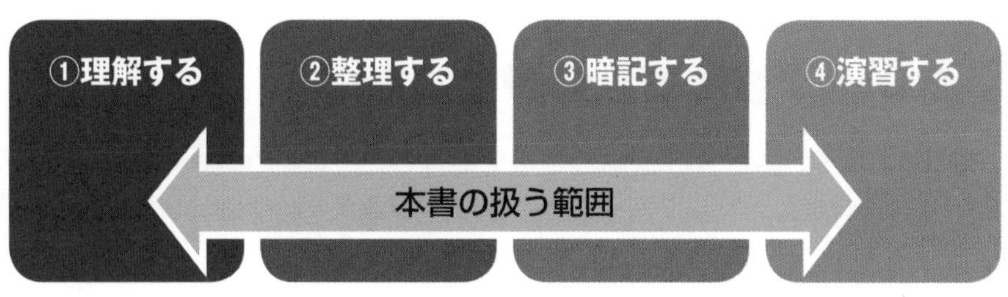

どんな勉強にもいえる、学習に必要な4つのポイントは次のとおりです。本書は、この①～④のポイントに沿って学習を進めていきます。

①理解する

問題を解くためには、必要な知識を得て、理解することが大切です。

②整理する

ただ知っているだけでは、必要なときに取り出して使うことができません。理解したあとは、整理して自分のものにする必要があります。

③暗記する　④演習する

問題に行き詰まったときは、その原因がどこにあるのか、上記①～④をふりかえって考え、対処しましょう。

本書の活用法

1. POINT整理で全体像をつかむ

POINT整理を読み、わからないところがあれば、各問題の**PointCheck**および解説を参照して疑問点をつぶしておきましょう。関連する**Q&A**のリンクも掲載しています。

2. Level 1・Level 2のQ&Aに取り組む

ここからは自分にあった学習スタイルを選びましょう。苦手な論点は、繰り返し問題を解いて何度も確認をすることで自然と力がついてきます。

Level 2の**Level up Point!**は得点力をつけるアドバイスです。当該テーマの出題傾向や、問題文の目のつけどころ、今後の学習の指針などを簡潔にまとめています。

●本書を繰り返し解き、力をつけたら、本試験形式の問題集にも取り組んでみましょう。公務員試験では、問題の時間配分も重要なポイントです。

➡ 本試験形式問題集

『本試験過去問題集』（国家一般職・国税専門官・裁判所職員ほか）

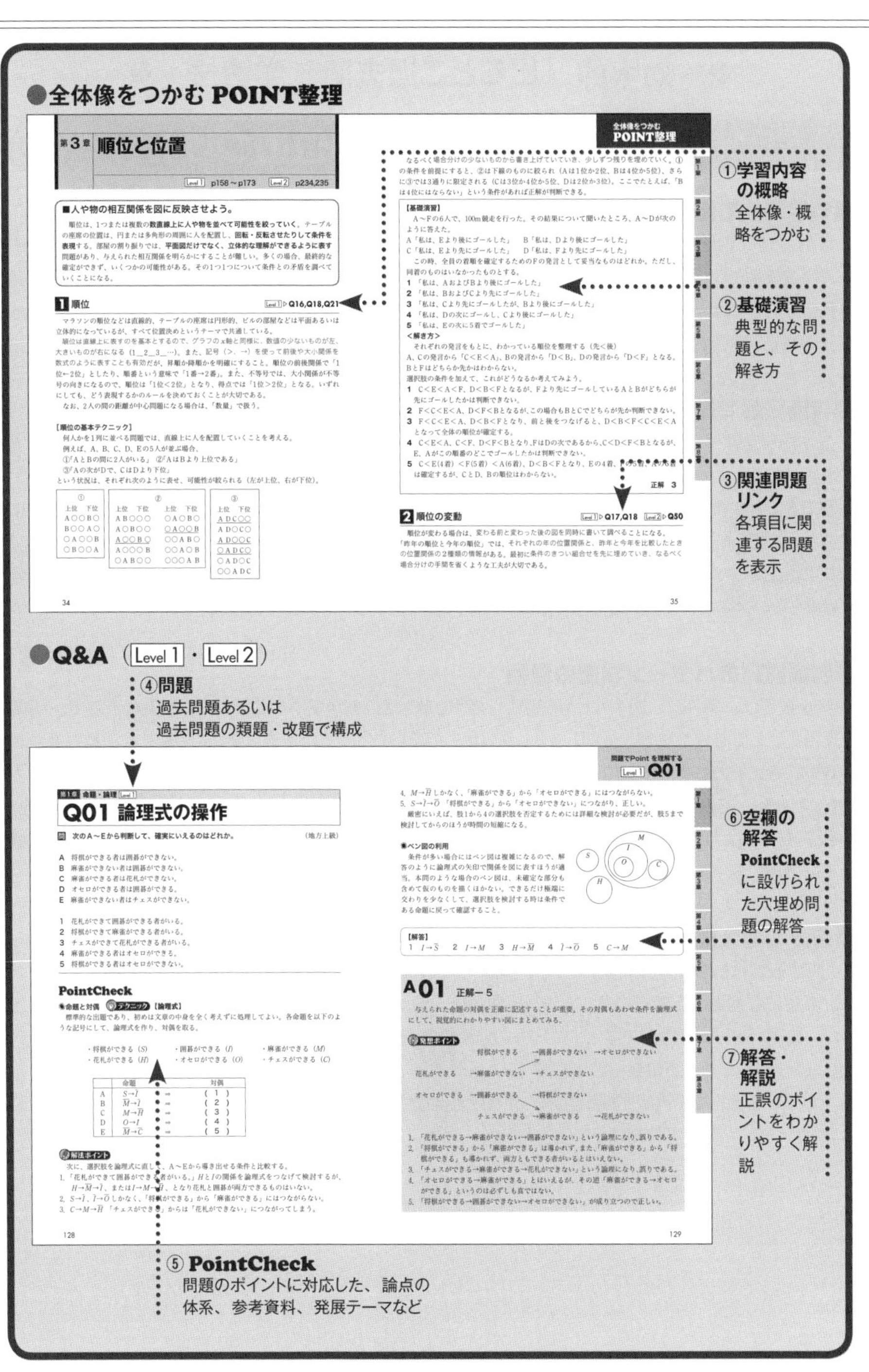
●全体像をつかむ POINT整理
第3章 順位と位置
①学習内容の概略
全体像・概略をつかむ
②基礎演習
典型的な問題と、その解き方
③関連問題リンク
各項目に関連する問題を表示
●Q&A（Level 1・Level 2）
④問題
過去問題あるいは
過去問題の類題・改題で構成
Q01 論理式の操作
A01 正解－5
⑤ PointCheck
問題のポイントに対応した、論点の
体系、参考資料、発展テーマなど
⑥空欄の解答
PointCheckに設けられた穴埋め問題の解答
⑦解答・解説
正誤のポイントをわかりやすく解説

● 効率的『出るとこ過去問』学習法 ●

一般知能（判断推理の位置づけ）

■知能科目で培う「総合力」

数的処理分野は、学習の基礎体力をつける目的で、試験対策全体の土台に位置づけられます。取り組み方は適性診断対策に近く、ひたすら例類題をこなす感じですが、一般知識・専門科目とは異なり、「問題処理の仕方」を学習するため、さまざまな状況に対応できる総合力が培われます。その処理能力は、他の言語科目・専門科目でも生きてきます。

■判断推理で試されることと学習成果

基本的な定理・公式・規則自体は難しいものではありません。したがって、典型的なパターン問題は確実に得点しなければなりません。しかし、**合格レベルで求められる問題は、**設定や出題意図の解釈**が難しく、理解できても複雑で、大量の分析・場合分けが必要**とされます。このようなレベルの問題には、**「時間内に求められる答えを出す」という態度**で臨まなければなりません。論理の真偽や数的なパズルを、式や表で解いていくのですが、その解法は何を使ってもかまいません。**判断推理で試されること、そして体得しなければならないスキルは、なんとかして求められる結論に達する**「問題解決能力」です。

■判断推理のパターン学習の意義

判断推理は、条件文・図表などから論理パズルを解き真偽を判定する問題です。知識は不要で、問題を理解した上で条件を整理・分析します。**正しいものだけたどって謎解きを楽しんでいくと、勘が磨かれ論理的に考える力も高まります。**理数系の文章だけでなく、文系の専門的内容の理解・判断にも役に立ちます。ただし、判断推理分野では特に、難問・奇問や新傾向問題に振り回されてはいけません。つまり、**手をつけられない問題が判別できるようになったら、試験対策は完成です。**時間内に7割得点できる問題を選び処理する、適性試験だと考えてください。

■自分で考え問題処理する能力

「問題演習はしたけど違う問題になると解けない」、それは知識の勉強方法だからです。数的処理分野では、典型的な例題と類題で処理の方法・手順を身につけます。**この例題→類題の展開・発展を把握することが、出題パターンの理解です。**だれでも一定量の問題演習を行えば、例題の学習だけで、50%の得点力には到達できます（問題を一読で理解できるかが基準です）。**それ以上の得点力は、自分の頭で考える力、自分の解き方を生み出す問題解決力がなければなりません。**自力で解答にたどり着く、つまり、解き方は1つではない、模範解答だけではないのです。

1周目

目標

「なにがわからないのか」「なぜそうなるのか」「不足しているスキルはなにか」を確認します。自力で解く必要はありませんが、悩んだところは徹底的に考えましょう。本書の解説は、異なる視点や別解が豊富な重層構造になっています。理解しようと読み込むことで、自然と自分なりの問題解決力がついてきます。

学習手順

1. POINT整理で基本事項の整理

【基本演習】 1問10分程度で、問題、ヒント、解説を読み込んで理解。

2. スピードチェック！ にトライ

横にある解説を読みながらポイントをチェック。

3. Level 1 の問題にトライ

1問10分以内を目標に、いろいろな切り口の解法を理解。

4. Level 1 のPointCheckを確認

15分程度で出題意図・問題の核心を掘り起こす。

5. Level 2 の問題の正誤ポイントを確認

特徴的な考え方をする問題で応用力をアップ。

2周目以降

目標

2周目以降では自分独自の解法で問題に取り組みましょう。1周目で確認した事項を基礎にして自力で解きます。解説は確認程度に読み、書き込みなどで解法を完成させましょう。

学習手順

1周目で覚えてしまったものも含めてすべてをチェックします。もう一度演習すべき問題に印をつけて、効率的に復習・仕上げができるように準備しましょう。

出るとこ過去問　数的処理（下）セレクト55

Q&A

Level 1

公務員試験

国家一般職
地方上級レベル対応

出るとこ過去問

13

数的処理（下）

判断推理
空間把握

セレクト55

第1章　命題・論理

Level 1　p128～p137　Level 2　p208～p211

■与えられた条件は、単純な主張に分解しよう。

命題・論理の問題では、**いくつかの主張が組み合わせられて条件が与えられている**ことが多く、それが問題を解く上での難解さにつながる。**論理的な判断を下すためには、まず、1つ1つの主張に分けてみる**ことが必要。単純になった個別の主張に対して、判断を下していき、最後にそれらを総合して結果を導いていく。

1 命題の否定

Level 1 ▷ **Q01～Q03**　Level 2 ▷ **Q41**

命題とは、正しいか、正しくないかの判断が下せるような主張をさす。正しい主張を真の命題、正しくない主張を偽の命題とよぶ。真偽の一致する2つの命題は同値であるという。「同じことを表している」と考えればよい。ここでは、記号「≡」で表す。

たとえば、「10は偶数である」というような主張が命題であり、文字記号でpなどと書くことにする。これは正しいので、真の命題である。他方で「10は奇数である」という命題qは正しくないので偽の命題である。

上の命題pの否定は「10は偶数ではない」となるが、これは「10は奇数である」と同じことなので、qになる。pの否定を$\overline{p}$（または$\neg p$）と書くと、pが真なら$\overline{p}$は偽、pが偽なら$\overline{p}$は真である。

このとき、$(\overline{\overline{p}}) \equiv p$　という関係が成立する（否定の否定は肯定）。

2 AND と OR

普通に話す言葉は「自然言語」であり、命題を組み合わせてその真偽を調べるのが命題論理（記号による論理式）である。命題論理は自然言語を反映したものであるが、厳密な論理になっており、自然言語にみられる曖昧さはない。

[「かつ」「または」の基本テクニック]

2つの命題を組み合わせて新たな命題をつくる方法に、「かつ」（**AND**・$\wedge$）と「または」（**OR**・$\vee$）がある。

◎「$\boldsymbol{p}$かつ$\boldsymbol{q}$（$\boldsymbol{p \wedge q}$）」は、$\boldsymbol{p}$と$\boldsymbol{q}$がともに真のとき真になる。

◎「$\boldsymbol{p}$または$\boldsymbol{q}$（$\boldsymbol{p \vee q}$）」は、$\boldsymbol{p}$と$\boldsymbol{q}$のどちらか一方、あるいは両方が真のとき真になる。

自然言語の「または」はどちらか一方のみが真の場合をさすことが多いのだが、命題論理では両方とも真の場合も含める。

ここで、

$\overline{(p\text{かつ}q)} \equiv \overline{p}\text{または}\overline{q}$

「pかつq」の否定は
「pではない」または「qではない」

$\overline{(p\text{または}q)} \equiv \overline{p}\text{かつ}\overline{q}$

「pまたはq」の否定は
「pではない」かつ「qではない」

p	q	pかつq	pまたはq
真	真	真	真
真	偽	偽	真
偽	真	偽	真
偽	偽	偽	偽

という重要な性質が成立する（集合のド・モルガンの法則と同じ内容）。

このことは、pとqの真偽のあらゆる組合せ（上の表の4通り）について、それぞれ調べればわかる。

3「ならば」と対偶

pが真であればqも必ず真になるとき、$p \to q$（pならばq）と書く。このとき、次のことがいえる。

$p \to q \equiv \overline{q} \to \overline{p}$　（対偶の関係）

ある命題「$p \to q$」が成り立つとき、その対偶「$\overline{q} \to \overline{p}$」も成り立つと覚えておこう。

[考え方の手順]

①たとえば、命題「人間は哺乳類である」は「人間ならば、哺乳類である」
　すなわち、「人間 → 哺乳類」となる。
②これを、（人 → 哺）とあらわすと、対偶は（$\overline{\text{哺}}$ → $\overline{\text{人}}$）となる。
　つまり、「哺乳類でなければ、人間ではない」を意味し、正しいことがわかる。

ただし、「対偶」と異なり、命題の「逆」「裏」は必ずしも真とはならない。
命題「$X \to Y$」に対して、対偶は「$\overline{Y} \to \overline{X}$」
逆は「$Y \to X$」　※上の例では、逆は「哺乳類なら人間である」となり正しくない
裏は「$\overline{X} \to \overline{Y}$」　※上の例では、裏は「人間でないなら哺乳類ではない」となり正しくない

4 推論規則・三段論法

命題に関する推論規則として、三段論法が重要。
$p \to q$と$q \to r$から、$p \to r$がいえる。

たとえば、「日本人（a）は髪が黒い（b）」（$a \to b$）と、
「太郎（c）は日本人（a）である」（$c \to a$）から、（$c \to a \to b$）
すなわち、「太郎（c）は髪が黒い（b）」（$c \to b$）という結論を導くことができる。

[命題論理の基本テクニック]

◎命題…正しいか、正しくないかの判断が下せるような主張。

◎命題の真偽…正しい主張を真の命題、正しくない主張を偽の命題とよぶ。

「10は偶数である」$=p$とする。pは正しいので真の命題。

◎命題の否定…$\overline{p}$として主張を否定すること（10は偶数ではない）を表す。

pは真であるが、$\overline{p}$は「10は奇数である」ということを表すから偽の命題。

◎ならば（→）

Aが真であればBも必ず真になるとき、$A \to B$「AならばB」

「人間ならば温血動物である」　人間→温血

◎逆・裏・対偶　命題$X \to Y$に対して、逆：$Y \to X$、裏→$\overline{X} \to \overline{Y}$、対偶：$\overline{Y} \to \overline{X}$

「人間は温血動物」　逆：「温血動物は人間」、裏「人間でなければ温血動物でない」

対偶：「温血動物でなければ人間ではない」

◎かつ（∧・AND)、または（∨・OR)

$A \land B$は、A・Bが共に真のときに真の命題になる。「空は青く、かつ雲は白い」

$A \lor B$は、A・Bどちらかが真ならば真の命題になる。「彼は陸上部か、または生徒会長」

◎三段論法

「北海道（a）は寒冷地（b）」($a \to b$）と「札幌（c）は北海道（a）にある」($c \to a$）という2つの命題から、「札幌（c）は寒冷地（b）」($c \to b$）という結論を導くことを三段論法という。

[考え方の手順]

一般に命題論理では、それぞれの命題の対偶を考えに入れながら、3段論法で何が導かれるかを考える。

命題$p \to q$と、命題$\overline{q} \to \overline{p}$は同値（互いに対偶の関係)。

命題$p \to q$と、命題$q \to r$から、命題$p \to r$が言える（3段論法)。

①条件から論理式を作る。　[例：$A \to B$、$\overline{C} \to \overline{B}$、$D \to \overline{C}$]

②論理式で対偶を考える。　[例：$\overline{B} \to \overline{A}$、$B \to C$、$C \to \overline{D}$]

③選択肢を論理式で表す。　[1. $C \to A$、2. $A \to \overline{D}$、3. $B \to \overline{A}$]

④条件から導き出せる選択肢を三段論法で選ぶ。　[$A \to B \to C \to \overline{D}$なので、$A \to \overline{D}$が正解]

※たとえば、A：お金持ちである、B：才能がある、C：話が上手い、D：幸せである、だとすると、正解は、$A \to \overline{D}$「お金持ちは幸せではない」になる。一般的な解釈に惑わされずに判断するためにも、文章ではなく論理式（または後述のベン図）で判断するようにする。

【基礎演習】

次はある人の持論である。

・パズルの好きな人は、スポーツに無関心であり、また、変わったものに興味を示す。
・社交的な人は、変わったものに興味を示さない。
・パズルの嫌いな人は、考えることが嫌いである。

この人の主張から確実に導かれることは次のうちどれか。

1　パズルの嫌いな人は、社交的である。
2　考えることが嫌いな人は、スポーツに関心がある。
3　変わったものに興味を示す人は、考えることが好きである。
4　考えることが好きな人は、社交的ではない。
5　社交的でない人は、パズルが好きである。

<解き方>

命題を以下のようなp~tとする。　すると、条件からこの人の主張は、

p：パズルが好きである。
q：スポーツに関心がある。
r：変わったものに興味を示す。
s：社交的である。
t：考えることが好きである。

$p \to \overline{q}$かつr
$s \to \overline{r}$
$\overline{p} \to \overline{t}$
となる。

選択肢は、1. $\overline{p} \to s$　2. $\overline{t} \to q$　3. $r \to t$　4. $t \to \overline{s}$　5. $\overline{s} \to p$

さて、この人の3番目の主張は、$t \to p$と同値である（対偶）。
また、1番目の主張は「$p \to \overline{q}$」と「$p \to r$」の2つの命題を意味する。
よって、$t \to p$と、$p \to r$から、$t \to r$がいえる（3段論法）。
2番目の主張の対偶は、$r \to \overline{s}$である。
よって、$t \to r$と$r \to \overline{s}$から、$t \to \overline{s}$がいえることになる（3段論法）。

正解　4

【基礎演習】

あるクラスの子どもについて調べたところ、次のことがわかった。

・国語の好きな子は、算数が嫌いである。
・国語の嫌いな子は、理科が好きである。
・社会の嫌いな子は、算数が好きであるか、理科が好きである。

以上のことから判断して、確実にいえることは次のうちどれか。

1　社会の好きな子は、算数も理科も嫌いである。
2　算数の好きな子は、国語も社会も好きである。
3　算数の嫌いな子は、国語か社会が好きである。
4　理科の好きな子は、国語も好きである。
5　理科の嫌いな子は、国語も社会も好きである。

<解き方>

命題を以下のようなp〜sとする。

p：国語が好きである。
q：算数が好きである。
r：理科が好きである。
s：社会が好きである。

すると、条件からこの人の主張は、

$p \to \overline{q}$
$\overline{p} \to r$
$\overline{s} \to q \vee r$

となる。

選択肢は、1. $s \to \overline{q} \wedge \overline{r}$　2. $q \to p \wedge s$　3. $\overline{q} \to p \vee s$　4. $r \to p$　5. $\overline{r} \to p \wedge s$

条件は必ず対偶を作ってみるが、AND「かつ・∧」の否定はOR「または・∨」になり、ORの否定はANDになることに注意する。
命題「qまたはr」の否定は「$\overline{q}$かつ$\overline{r}$」に、
命題「qかつr］の否定は「$\overline{q}$または$\overline{r}$」になる。
このことから3番目の命題の対偶をとると、
　$\overline{q} \wedge \overline{r} \to s$　となる。
2番目の命題の対偶（$\overline{r} \to p$）と1番目の命題（$p \to \overline{q}$）から、$\overline{r} \to \overline{q}$が言える（3段論法）。
$\overline{r}$を仮定すると$\overline{q}$がいえるので、$\overline{q} \wedge \overline{r}$がいえることになり、$s$が出てくる。すなわち、$\overline{r} \to s$である。$\overline{r} \to p$と$\overline{r} \to s$が成り立つので、$\overline{r} \to p \wedge s$が正しい。

正解　5

5 集合とベン図

Level 1 ▷ **Q04,Q05**　Level 2 ▷ **Q42**

命題や推論を視覚的に表すためにベン図が利用される。pという命題が真である場合をPという集まり、qという命題が真である場合をQという集まりと考え、ベン図を利用して下のように表すことができる。

[1] 交わり（∩）と結び（∪）

ベン図の集合が重なる共通部分の集合のことを共通集合（交わり）といい、$A \cap B$と表す。また、2つの集合の少なくとも一方に属する数の集まりを和集合（結び）といい、$A \cup B$と表す。**$P \cap Q$は$p \wedge q$（かつ・AND）、$P \cup Q$は$p \vee q$（または・OR）と同じ意味になる。**

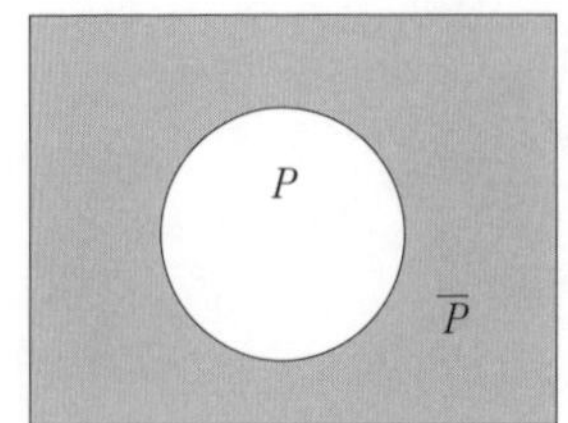

pの否定、補集合

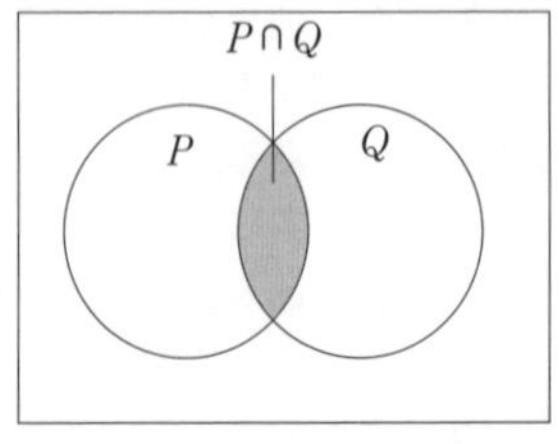

pかつq

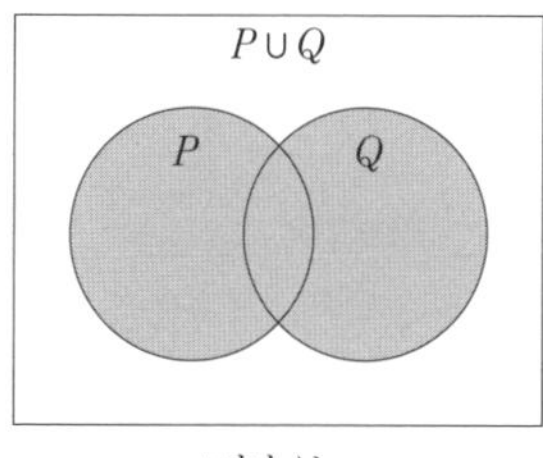

pまたはq

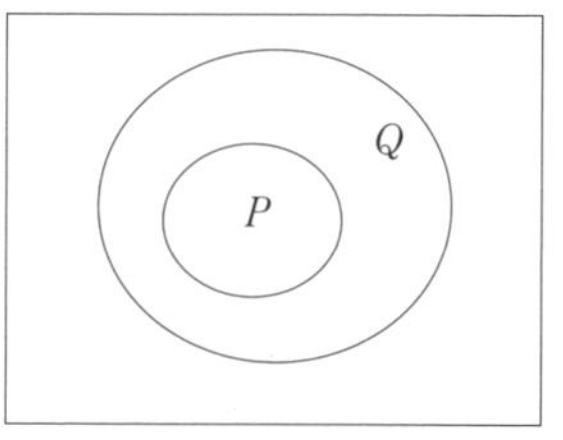

$p \to q$が　真の状態

[2]　ド・モルガンの法則

Pをカレー好き、Qをラーメン好きの集合として考えてみよう。

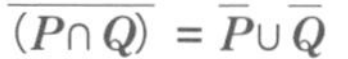

$\overline{(P \cap Q)} = \overline{P} \cup \overline{Q}$

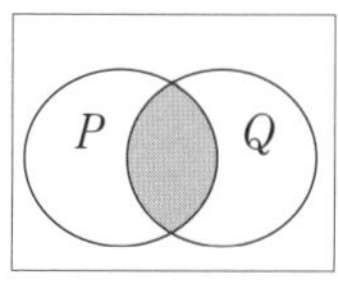

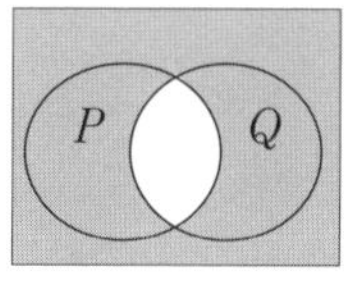

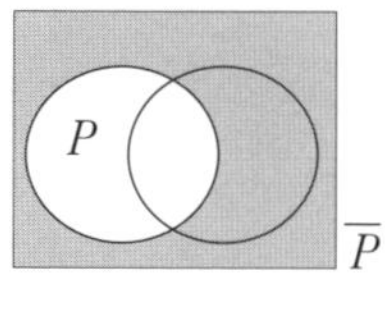

$\overline{P}$

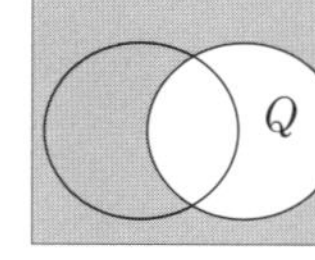

$\overline{Q}$

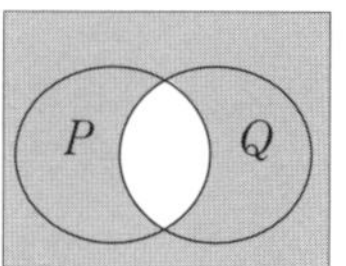

論理では、「PかつQ」の否定は、「Pではない」または「Qではない」となる。

$\overline{(P \cup Q)} = \overline{P} \cap \overline{Q}$

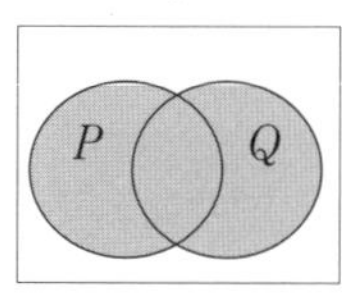

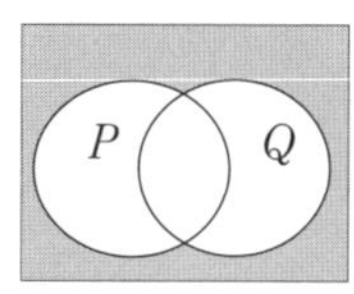

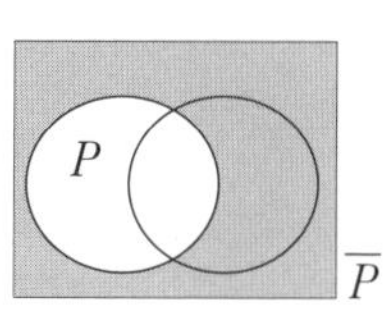

$\overline{P}$

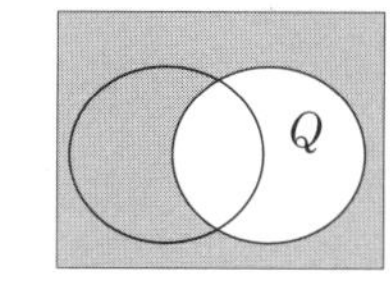

$\overline{Q}$

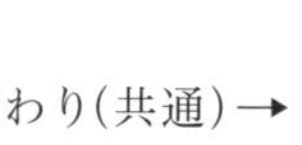

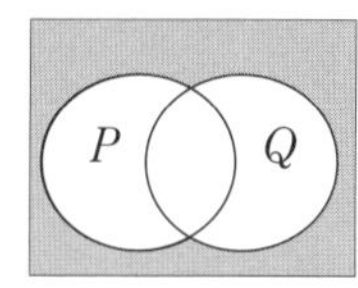

論理では、「PまたはQ」の否定は、「Pではない」かつ「Qではない」となる。

【基礎演習】

あるグループの人たちに、A、B、C、Dの料理が好きか嫌いかを聞いたところ、次のことがわかった。

・AとBの両方とも好きな人がいた。

・Cが嫌いであるか、Dが好きな人は、Aが嫌いであった。

このとき、どの人も好きか嫌いかどちらかに答えたとして、正しくいえることは、次のうちどれか。

1 A、B、Cが好きで、Dが嫌いな人がいた。

2 A、B、Dが好きで、Cが嫌いな人がいた。

3 B、Cが好きで、A、Dが嫌いな人がいた。

4 B、Dが好きで、A、Cが嫌いな人がいた。

5 A、Dがともに好きな人がいた。

<解き方>

料理A、B、C、Dの好きな人の集合を、まずは一般的なベン図で描いてみるが、確実に存在する部分がどこであるかをよく考える。

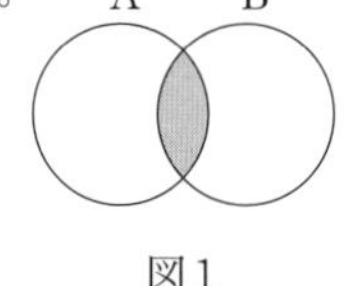

図1

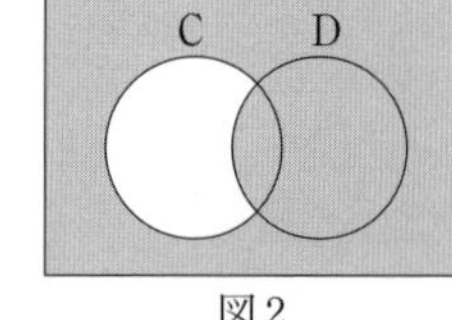

図2

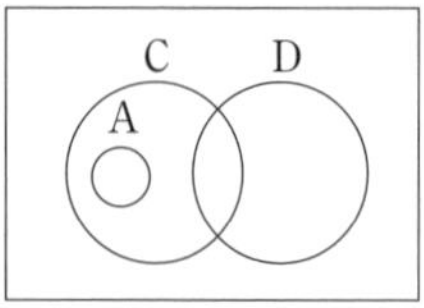

図3

最初の条件から、図1の網掛けの部分が必ずあることになる。

2番目の、「Cが嫌いであるかDが好きな人」は図2の網掛けの部分である。この部分が、Aが嫌いな人の集合に含まれるので、図3のような関係になっているはずである。よって、Aが好きな人はCが好きであることがわかる(肢2は誤)。

最初の条件図1の網掛けの部分は、A、B、Cが好きで、かつDが嫌いな人となり、これに該当する人は必ずいることになる（肢1は正)。またDが好きな人にAが好きな人はいないことになる（肢5は誤)。

ところで、BはAと交わるが、交わる部分以外でBとCの共通部分があるかはわからず、同様にBとDの関係も定まっていないので、肢3と肢4は確実に断定できない。たとえば、BがAに完全に含まれる可能性もあり、その場合は肢3、4ともに存在しないことになる。

正解　1

スピードチェック！

1　あるクラスにおいて生徒の持っている筆記用具について調べたところ、次のようであった。

・シャープペンシルを持っている者は、ボールペンも持っている。

・シャープペンシルを持っていない者は鉛筆を持っている。

このとき、確実にいえるものはどれか。

1　ボールペンを持っていない者は、鉛筆を持っている。

2　ボールペンを持っている者は、鉛筆も持っている。

3　ボールペンを持っていない者は、シャープペンシルを持っている。

4　鉛筆を持っていない者は、シャープペンシルも持っていない。

5　鉛筆を持っている者は、ボールペンも持っている。

・2つの条件について、論理式を立て、対偶をとるという、基本的な解法パターン。

・条件が少ない問題では、じっくり時間をかけて可能性を確実につぶしていくか、非常にやさしい問題のいずれかである。試験では、まず難易レベルを見分けてから、手をつけるかどうかを決めるようにしたい。

条件から、

「シャープペンシルを持っている者は、ボールペンも持っている」

シ → ボ　…①

→（対偶）$\overline{\text{ボ}}$ → $\overline{\text{シ}}$　…②

「シャープペンシルを持っていない者は、鉛筆を持っている」

$\overline{\text{シ}}$ → 鉛　…③

→（対偶）$\overline{\text{鉛}}$ → シ　…④

各選択肢を論理式に直すと、

1「ボールペンを持っていない者は、鉛筆を持っている」　$\overline{\text{ボ}}$ → 鉛

これは、②$\overline{\text{ボ}}$ → $\overline{\text{シ}}$と③$\overline{\text{シ}}$ → 鉛を組み合わせ、導くことができる。

2「ボールペンを持っている者は、鉛筆も持っている」　ボ → 鉛

ボールペンを持っていることで始まる式がなく、導くことはできない。

3「ボールペンを持っていない者は、シャープペンシルを持っている」　$\overline{\text{ボ}}$ → シ

②は$\overline{\text{ボ}}$ → $\overline{\text{シ}}$となっており、「ボールペンを持っていない者は、シャープペンシルを持っていない」ので正しくない。

4「鉛筆を持っていない者は、シャープペンシルも持っていない」　$\overline{\text{鉛}}$ → $\overline{\text{シ}}$

④は$\overline{\text{鉛}}$ → シとなっており、「鉛筆を持っていない者は,シャープペンシルを持っている」ので正しくない。

5「鉛筆を持っている者は、ボールペンも持っている」　鉛 → ボ

鉛筆を持っていることで始まる式がなく、導くことはできない。

正解　1

2　次の命題から正しく導かれる結論はどれか。

「彼はスポーツマンである」
「不健康な人はスポーツマンではない」
「病院に行く人は不健康である」

1　スポーツマンも病院に行くことがある。
2　不健康な人は病院に行く。
3　健康な人はスポーツマンである。
4　彼は不健康である。
5　彼は病院に行かない。

・命題を論理式に直し、それぞれの対偶を考えておく。練習のため、式の意味も考えておこう。

① 彼 → ス……(対偶) $\overline{\text{ス}}$ → $\overline{\text{彼}}$
「スポーツマンでなければ、彼ではない」
② $\overline{\text{健}}$ → $\overline{\text{ス}}$……(対偶) ス → 健
「スポーツマンなら、健康である」
③ 病 → $\overline{\text{健}}$……(対偶) 健 → $\overline{\text{病}}$
「健康なら、病院に行かない」

・文章の意味が通じるかどうかではなく、条件をつなげていって、その結論が導かれるかどうかをみることが大切。

・たとえば、③と②から 病 → $\overline{\text{健}}$ → $\overline{\text{ス}}$ となり、「病院に行くならスポーツマンではない」となる。これは現実の意味としてはおかしいところがあっても、条件から導かれる「論理的な結論」としては正しい。

1「スポーツマンも病院に行くことがある」は論理式に直すと、〔ス → 病〕である。これが、条件の式とその対偶から、導くことができるか考える。

まず、②の対偶から、ス → 健。③の対偶から、健 → $\overline{\text{病}}$。これをつなげると、ス → 健 → $\overline{\text{病}}$。

すなわち、途中を省けば、〔ス → $\overline{\text{病}}$〕となってしまい、条件から〔ス → 病〕は導けないことになる。

2「不健康な人は病院に行く」 $\overline{\text{健}}$ → 病

意味は通じるが、条件からは、②と①の対偶から、$\overline{\text{健}}$ → $\overline{\text{ス}}$ → $\overline{\text{彼}}$ しか導けない。

3「健康な人はスポーツマンである」 健 → ス

健康から始まるのは③の対偶だけで、そこからつながらず、健 → ス は導けない。

4「彼は不健康である」 彼 → $\overline{\text{健}}$

①と②の対偶から、彼 → ス → 健 となり、逆に「彼は健康である」が導かれる。

5「彼は病院に行かない」 彼 → $\overline{\text{病}}$

①と②の対偶と③の対偶から、彼 → ス → 健 → $\overline{\text{病}}$ と導かれ、〔彼 → $\overline{\text{病}}$〕は正しい。

正解　5

3　表と裏に色のついた紙**A~E**があり、現在、図のように置かれている。このとき、命題「表が赤ならば、裏は青または白である」が正しいかどうか確認するために、表または裏に返さなくてはならない紙はどれとどれか。

表が赤もしくは赤になる可能性のあるカードで、裏が青・白にならない可能性のあるものを確認すればいいと考える。

まず、Aは表が赤だから、裏返して、青か白であることを確認する。
次に、Dは裏が黄色だから、表にして、赤

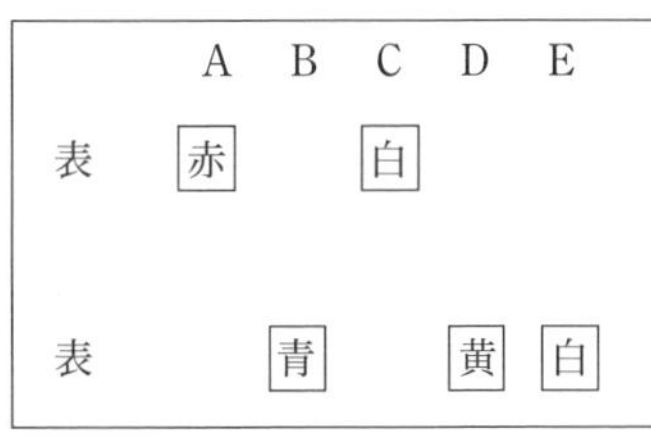

1 A、B　**2** A、D　**3** B、C
4 C、E　**5** D、E

・間違いが多いのが、「BとEを表にして、赤だったらいいのでは?」と考えるもの。しかし、これでは、Aを裏返してみて、青・白以外になることを否定できず、命題が正しいとはいえない。
・また、誤解しやすいのは、「表が赤なら、裏は青または白」というのを、「裏が青か白なら、表は赤」と考えてしまうこと。裏が青で、表は黄色でも命題には関係がなく、このようなカードがあっても命題は正しい可能性がある。
・さらに、「裏が青または白」というのは、表が赤の場合に、裏が青か白のどちらかであればいいということ。裏が青・白どちらか一方だけでも、命題は正しいことになる。

でないことを確認する。
これで、どちらも成り立つならば、B・C・Eの片面がどんな色でも、「赤の裏側は、青か白」といえる。なぜなら、Cはそもそも表が赤ではないから、裏がどんな色でも命題とは無関係と考えられる。また、B・Eは裏が青か白だから、表が赤であれば命題どおりになるし、逆に赤以外だとしたら命題とは関係のないカードになる。よって、B・C・Eは確認しないでも、A・Dだけで命題の真偽が確かめられるのである。

これを論理式で説明すると、命題は次のようになる。
「表が赤　→　裏が青または白」…①
この命題の対偶は、
「裏が青かつ白ではない　→　表は赤ではない」…②
①は、Aを裏返すことで確認できる。そして、②は、裏が青でも白でもない黄色のDを表にして確認することができる。

正解　2

4　あるクラスで数学および英語の宿題をしているか調査した。次のア～オのことがわかっているとき、確実にいえるものはどれか。
ア　数学の宿題を忘れてきた者は昨夜テレビを見た。
イ　数学の宿題をしてきた者は眼鏡をかけていた。
ウ　英語の宿題を忘れてきた者の中には昨夜テレビを見た者もいれば見ない者もいた。

「数学の宿題をした」を「数」、「英語の宿題をした」を「英」、「テレビを見た」を「テ」、「眼鏡をかけている」を「眼」、「英語の勉強が好き」を「ｴｽ」、「数学の勉強が好き」を「ｽｽ」と表す。
論理式を作り、その対偶をとる。
ア　$\overline{\text{数}} \to \text{テ}$　…(対偶)　$\overline{\text{テ}} \to \text{数}$
イ　$\text{数} \to \text{眼}$　…(対偶)　$\overline{\text{眼}} \to \overline{\text{数}}$
ウ　$\overline{\text{英}} \cap \text{テ} \neq \phi$、$\overline{\text{英}} \cap \overline{\text{テ}} \neq \phi$
エ　$\text{英} \to \text{ｴｽ}$　…(対偶)　$\overline{\text{ｴｽ}} \to \overline{\text{英}}$
オ　$\text{ｴｽ} \cap \text{ｽｽ} \neq \phi$

エ　英語の宿題をしてきた者は英語の勉強が好きであった。

オ　英語の勉強が好きな者の中には数学も好きな者がいた。

1　眼鏡をかけていない者は昨夜テレビを見ていた。

2　昨夜テレビを見た者は数学の宿題を忘れてきた。

3　英語の宿題を忘れてきた者は英語の勉強が嫌いである。

4　昨夜テレビを見た者の中に英語の宿題をしてきた者がいる。

5　数学の勉強が好きな者の中には英語の宿題をしてきた者がいる。

・条件が多く、すべての選択肢に結論を出すのは難しいかもしれない。

・条件のウとオは、集合（ベン図）で考えたほうがわかりやすいので、複雑になる。

・ただし、正解はすぐに出るので、多くの条件に惑わされず、確実に正解を導き出せるかどうかが試されている問題である。

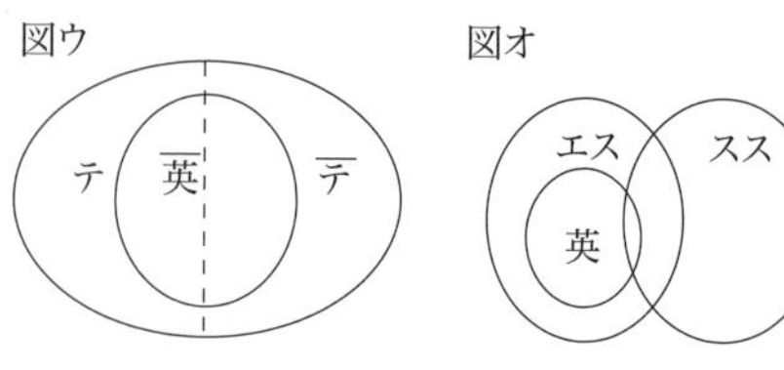

1「眼鏡をかけていない者は昨夜テレビを見ていた」 $\overline{\text{眼}}$→テ

アとイの対偶から、$\overline{\text{眼}}$→$\overline{\text{数}}$→テとなり、$\overline{\text{眼}}$→テが成り立つ。

2「昨夜テレビを見た者は数学の宿題を忘れてきた」 テ→$\overline{\text{数}}$

ア（$\overline{\text{数}}$→テ）の逆であり、逆は必ずしも正しいとはいえない。

3「英語の宿題を忘れてきた者は英語の勉強が嫌いである」 $\overline{\text{英}}$→$\overline{\text{エス}}$

エ（英→エス）の裏であり、裏は必ずしも正しいとはいえない。

4「昨夜テレビを見た者の中に英語の宿題をしてきた者がいる」 テ∩英≠ϕ

ウ（$\overline{\text{英}}$∩テ）はいるが、テ∩英がいるかどうかは決められない(図ウのテの部分と$\overline{\text{英}}$の部分が全部重なる場合も考えられる)。

5「数学の勉強が好きな者の中には英語の宿題をしてきた者がいる」 スス∩英≠ϕ

オ（エス∩スス）はいるが、エス→英（エの逆）とはいえない。また図オのススの部分と英の部分が重なるとは限らない。

正解　1

5　外国旅行の好きな人たちが集まっているグループがある。この人たちが**A**から**E**の国に行ったかどうかについて、次のことがわかっている。

・**A**に行った人は、**B**に行ったか、あるいは**C**に行っていない。

・**B**に行った人は、**D**に行っている。

・**C**に行った人は、**E**に行っていない。

ある人がAに行ったという命題をa、Bに行ったという命題をb、というようにして、命題aから命題eを考える。すると、3つの条件は、

$a \to b \vee \overline{c}$

$b \to d$

$c \to \overline{e}$

のように書ける。

以上のことから確実に言えることは次のうちどれか。

1　**A**と**D**に行った人がいる。

2　**B**に行き、**A**に行っていない人は、**E**に行っている。

2　**B**に行き、**A**に行っていない人は、**E**に行っている。

3　**B**と**C**に行った人は、**A**と**D**に行っている。

4　**C**に行き、**D**に行っていない人は、**A**にも**E**にも行っていない。

5　**E**に行った人は、**D**に行っている。

・条件を組み合わせる問題で、若干複雑になってくる。ベン図を描いてみると状況は理解できるが、論理式のみで短時間に処理することを目指そう。

・$X\wedge Y\to Z$、$W\to X$から、$W\wedge Y\to Z$が導けることを活用。

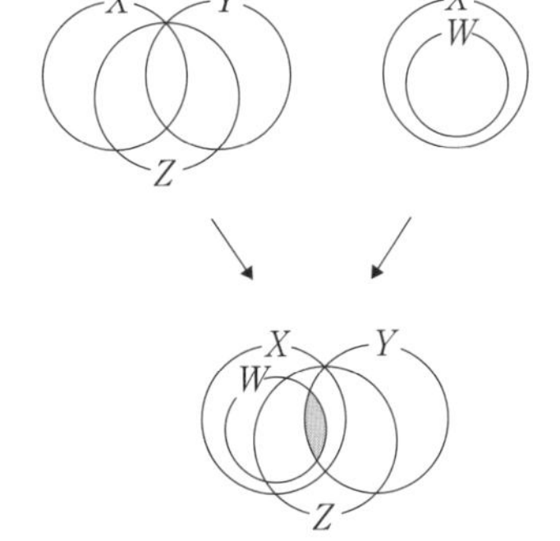

初めの2つの対偶をとると、

$\overline{b}\wedge c\to\overline{a}$、$\overline{d}\to\overline{b}$

この2つから、$c\wedge\overline{d}\to c\wedge\overline{b}$がいえ、さらに、$c\wedge\overline{b}\to\overline{a}$がいえるので、

$c\wedge\overline{d}\to\overline{a}$

ところで、3番目の条件は$c\to\overline{e}$なので、$c\wedge\overline{d}\to\overline{e}$も当然いえる。

したがって、$c\wedge\overline{d}\to\overline{a}\wedge\overline{e}$がいえることになる。

正解　4

第2章 いろいろな判断

Level 1 p138～p157　Level 2 p212～p233

■問題文をしっかり読み、条件を見落とすことのないように。

推論の問題では、**与えられた条件がそれぞれ何を表しているのかをしっかりつかむ**ことが大切。そして、それらをうまく結びつけて、**あり得る可能な状態を絞りこむ**。嘘の主張が含まれているときは、どの主張が嘘かを仮定して調べる。定型的なテクニックが少ない分野ではあるが、**対応関係に関する問題では対応表を書くことが有効**な手段である。文章が複雑でも、しっかり読んで内容をつかめば大丈夫。

1 ゆるい条件からの判断

Level 1 ▷ Q06～Q08　Level 2 ▷ Q49,Q51

ここでは、条件が少なかったり、条件から決まるものが複数存在して、1つに限定されないような問題を扱う。方程式の数よりも未知数の数のほうが多い不定方程式と同じで、条件が少ないために答えが定まらない場合である。条件がゆるい場合には、それらを少しずつ組み合わせて、いろいろな場合を想定しながら、徐々に可能性を絞っていく。このとき「命題論理」で述べた推論規則が生かされることもある。

【基礎演習】

A～Eの5人から、次の条件を満たすようにして、2人を選ぼうとした。

・BかCを選んだら、Dも選ぶ。

・Eを選んだら、Aは選ばない。

この選び方で、確実にいえるのは次のうちどれか。

1　Aは常に選ばれる。　**2**　Bは常に選ばれる。　**3**　Cは常に選ばれる。

4　Dは常に選ばれる。　**5**　Eは常に選ばれる。

<解き方>

2人選ぶということは、3人以上選んではいけないということ。最初に誰を選ぶかで場合分けして、状態が完全に決定されなくても共通していえることを考える。

まず最初の条件から、BとCの両方が選ばれることはない。なぜならDも選ばれなければならず、3人が選ばれることになってしまうからである。したがって、BとCについては、BD、CDの2組しか成立しない。

また、2番目の条件も合わせて考えると、Eを選んだら、AだけでなくB、Cも選べないことになる。したがって、Eを選んだらDのみの組となる。

さらに、Aを選んだら、EのみでなくB、Cは選べず、AとDのみの組となる。

簡単な表を作ると明確になる。

Dを除く4人は、選ばれるか選ばれないかが確定できないが、Dだけは確実に選ばれる。

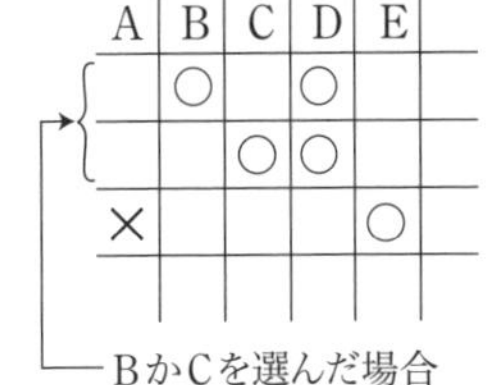

正解 4

【基礎演習】

ある探偵がx氏の人間関係を調べていた。x氏がA～Dの4人をそれぞれ知っているかどうかについて、次のことがいえる。

・A、B、Cを3人とも知らない、ということはない。

・Aを知っているなら、あと1人を知っていて、残りの人は知らない。

・Bを知っているなら、あと2人を知っていて、残りの人は知らない。

このとき、確実にいえることは次のうちどれか。

1 Dを知っているなら、AかBを知っている。

2 Dを知っているなら、Cを知っている。

3 Dを知らないなら、Bも知らない。

4 Dを知らないなら、Cも知らない。

5 Dを知らないなら、Aを知っている。

<解き方>

場合分けして考える前に、ありえない場合がすぐわかれば、調べる場合が少なくなる。

本問の場合、x氏がA～Dを知っているかどうかなので、表にしてみると、

	A	B	C	D	
	○→	×			2人
	×	○→			3人

x氏がAを知っていれば全部で2人を知っていることになるし、Bを知っていれば全部で3人を知っていることになるので、AとBの両方を知っていることはない。

x氏がAを知っているとすると、知っている人は、AとC、または、AとDである。

x氏がBを知っているとすると、知っている人は、BとCとDである。

x氏がAもBも知らない場合は、最初の条件からCを知っていることになるので、知っている人は、C、または、CとDである。以上、5通りの可能性がある。

	A	B	C	D	
1	○→	×	○	－	2人
2	○→	×	－	○	2人
3	×	○→	○	○	3人
4	×	×	○	×	1人
5	×	×	○	○	2人

このことから、Dを知っているときは、A、B、Cのそれぞれを知っているかどうかはなんとも言えないが、Dを知らないときは、知っている人が、AとC、またはC、の2つの可能性がある。このいずれの場合も、Cを知っていてBを知らないことになる。

正解　3

2 嘘を含む主張からの判断

Level 1 ▷ **Q09,Q10**　Level 2 ▷ **Q52**

嘘を含む主張の問題とは、条件として提示される主張の一部が間違っているものである。ある人の主張が故意に真実と異なる場合や誤認した内容を含む主張で、その嘘を見抜くだけでなく、正しい状況や最低限正しい事実を問われる。最初に、矛盾した主張がないか、矛盾した結論がでないかを調べ、嘘でありそうな主張を特定する。次に、探し出した主張を「嘘である」と仮定して調べる。「嘘である」と仮定する主張を順に変えていって、矛盾した結論がでないものに決める。

【基礎演習】

A～Eの5人がそれぞれ値段の違う品物を買った。5人がそれぞれ次のように述べているが、1人だけ嘘をついている者がいる。

A「Dが買った物はBが買った物より値段が高い」

B「Aが買った物はEが買った物より値段が高い。またEが買った物は、5人の中で一番安い物ではない」

C「Dが買った物は、5人の中で安い方から数えて、2番目か3番目である」

D「Cが買った物は私が買った物より値段が高い」

E「Bが買った物は、5人の中で高い方から数えて、2番目か3番目である」

以上のことから確実にいえることは次のうちどれか。

1　Aは一番高い品物を買った。

2　Cは2番目に高い品物を買った。

3　Eは3番目に高い品物を買った。

4　Dは4番目に高い品物を買った。

5　Bは一番安い品物を買った。

<解き方>

順に嘘をついている人を仮定し、それぞれ調べ矛盾が起こらないかどうかをチェックすれば、原理的には解ける。しかし、その前によく調べて、嘘をついている可能性のある人がある程度限定されないか考えてみる。この時、同じ人についての発言や同じ内容についての発言が矛盾である場合が多く、本問では、BDに関するACEの発言に注目する。

Aの発言：安　B<D　高

Cの発言：安　○<D？<D？<○<○　高

Eの発言：安　○<○<B？<B？<○　高

もし、CとEの発言が正しければ、BがDより高い物を買ったことになり、Aの発言と矛盾する。したがって、ACEのうちの1人が嘘をついていることになる。

Bの発言：安　…＜E＜A　高
Dの発言：安　D＜C　高

ここで、Aの発言が嘘だとしてDの発言と合わせて考えると、Eが一番安い物を買ったことになりBの発言と矛盾する。同様に、Cの発言が嘘だとしてDの発言と合わせて考えても、Eが一番安い物を買ったことになりBの発言と矛盾する。

Eの発言が嘘だとすると、AとDの発言からB＜D＜Cであり、Bの発言から、…＜E＜Aだから、一番安い物を買ったのがBとわかる。それ以外の順番は確定できない。

正解　5

3 道順・作業工程

Level 1 ▷ **Q11**　Level 2 ▷ **Q44,Q45**

図を書き、可能な道順を探す。このとき、制約条件をよく調べ、1つ1つ可能性を絞ることが、解決への早道になる。簡潔な図を書き、条件によって複数の図にして、問題文の条件から手際よく選択肢を絞っていく練習が必要となる。

【基礎演習】

次は、市営住宅に住んでいるA〜Eの5人が、駅へ向かう道順について述べたものである。

・どの人も最短経路で駅へ向かう。
・どの道も必ず誰かが通り、同じ道順の人はいない。
・Aは学校の前を通り、Bは市役所の前を通る。
・Cはデパートの前を通らず、Dは病院の前を通らない。
・Eは市役所の前を通らず、デパートの前を通る。
・Cの道順とEの道順は、一度交差しているが、市営住宅と駅の所の道以外に共通な道を含まない。
・市役所の前を通るのは2人である。

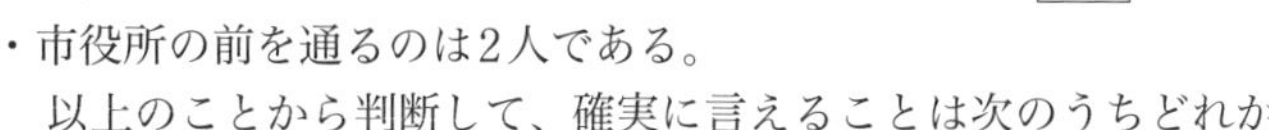

以上のことから判断して、確実に言えることは次のうちどれか。

1　Aは市役所の前を通る。　**2**　Bはデパートの前を通る。　**3**　Cは病院の前を通る。
4　Dは学校の前を通らない。　**5**　Eは病院の前を通らない。

＜解き方＞

条件に最もよく出てくるC、Eを中心に、特にCとEが交差する道順を考える。

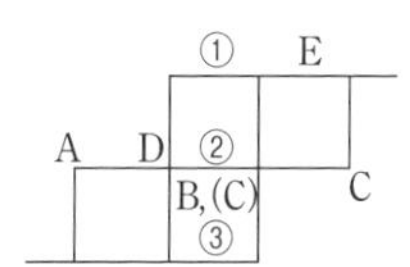

右の図でCはデパートの前を通らないので、1番上の①の道は通らない。もし、Cが図の下の③の道を通ると仮定すると、デパートの前を通らないのでEと交差する可能性がなくなる。

よって、Cは真中の②の道を通ると考えられる（市役所の前を通るのはBとCのみ）。

Eは②の道を通らず、Cと交差して①か③を通る、次の2通り（太線）が考えられる。

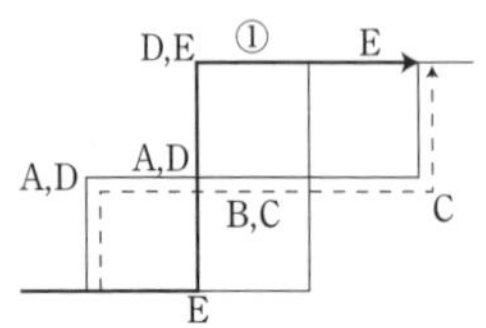

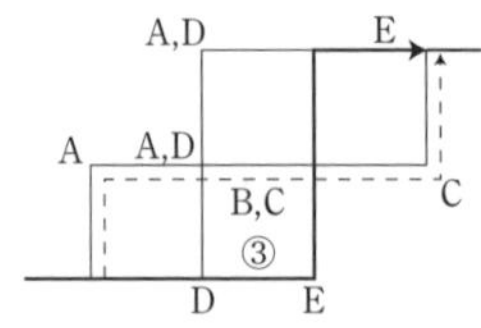

(1) Eが①を通る場合

Cは点線のように決まり、市役所の前の②を通るのはBとCだけ。Dは病院前の③は通れずEとも同じになれないので、学校前を通り①を通る。するとAも学校前を通るのでDと同じ順となり不適。

(2) Eが③を通る場合（肢5×）

同様に市役所の前の②を通るのはBとCだけ（肢3×）。Dは学校前を通らなければAとは別の道順となり（肢4○）、AとDが①を通る（肢1×）。Bは3通りの道順がある（肢2×）。

正解　4

4 対応表

Level 1 ▷ **Q12〜Q14**　Level 2 ▷ **Q48,Q49,Q51**

ある人の選んだ品物、その職業、出会った人や出会った日など、対応関係で出題されるものは様々である。解法の基本は、わかっている条件から順次対応表を埋めていくことである。

[考え方の手順]

A〜Dの4人がa〜dの4つの品物のうちからそれぞれ1つずつ選ぶとして、A〜Dとa〜dの対応表を書いてみる。

①A〜Dのどの行にも○（選ぶ）がただ1つ入り、あとは×（選ばない）になる。どの2人も異なったものを選べば、a〜dのどの列にも○がただ1つ入る。

②複数個を選ぶ場合は、○がいくつもつくが、そのときは、各行、各列の合計数に注意する。複数個を選ぶとき、もし希望順があれば、1、2、3、…などと数字をふっていけばよい。

③条件を見て、わかるところに○や×を記入し、あとは縦横の合計数などから推論で埋めていく。可能性がいろいろあるときは、とりあえず入れて先に進むこと。ダメなら戻ればよい。

	a	b	c	d
A	×	×	○	×
B	×	○	×	×
C	×	×	×	○
D	○	×	×	×

	a	b	c	d	計
A		1		2	2
B	2		1		2
C	1	2			2
D			1	2	2

【基礎演習】

5人の教官A～Eには、それぞれa～eという指導学生がいる。どの教官も自分の指導学生以外はよく知らないので面接をすることにした。どの教官も、自分の指導学生以外の学生4人を毎日1人ずつ面接し、また、どの学生も1日に1人の教官と面接した。

・Aは2日目にeを、Cは2日目にbを、Eは3日目にaを面接した。
・cを3日目に面接した教官は、2日目にdを面接した。
・Dはeを面接した次の日にcを面接した。
・Eがdを面接した日と、Bがeを面接した日は同じであった。

以上のことから確実にいえることは次のうちどれか。

1　Eは1日目にcを面接した。　**2**　Dは2日目にbを面接した。
3　Aは3日目にdを面接した。　**4**　Bは4日目にeを面接した。
5　Cは1日目にaを面接した。

＜解き方＞

教官と面接した日と学生の対応表を作る。対応表をよく見渡して確定できる所をどんどん決めていく。

最初の条件を書き込むと下の左の表ができる。

2番目の条件（2日目d→3日目c）の教官は、3番目の条件(e→c)のDではない。対応表から（2日目d→3日目c）が入るのはBしかない。これで真ん中の表ができる。

	A	B	C	D	E
1					
2	e		b		
3					a
4					

→

	A	B	C	D	E
1					
2	e	d	b		
3		c			a
4					

→

	A	B	C	D	E
1				b	
2	e	d	b	a	c
3		c		e	a
4				c	

前提とこの表から、2日目に面接したのはDがa、Eがcであり、2日目がすべて決まる。次に、3番目の条件から、Dはe、cを連続して面接するのは3、4日目しかない。そうするとDは1日目に残りのbを面接したことになり、Dはすべて決まる（上の右の図）。

Eがbを面接する日は1日目か4日目だが、1日目にはDがbを面接しているので、4日目である。したがって4番目の条件に合う日は1日目で、1日目にEはd、Bはeを面接している。あとは自動的に埋めていくことができる。

完成図は右図となる。

	A	B	C	D	E
1	c	ⓔ	a	b	ⓓ
2	e	d	b	a	c
3	b	c	d	e	a
4	d	ⓐ	e	c	ⓑ

正解　5

5 対戦

試合の対戦としてはリーグ戦とトーナメント戦があり、基本は対応表を使って推論をする問題となる。ただ、別の条件が付加されて複雑な推理が必要な場合や、すべて対戦・順位が確定しない場合があるので、単純な図表の操作だけで解答は得られないと考えよう。

リーグ戦は、すべてのチームが総当たりで1回ずつ対戦する。

nチームなら、 $_nC_2 = \frac{n(n-1)}{2}$ 試合が行われる。

リーグ戦では、どのチームも自分以外のチームと戦うので、対戦表を書くと対角線上には何も入らない。さらに、例えば、AがCに勝てば、A－Cに○が、C－A に×がつくことになる。対戦表は対応表と同じ原理で推論していくことができる。

	A	B	C	D
A	＼		○	
B		＼		
C	×		＼	
D				＼

トーナメント戦は、勝ったチームだけに次の試合の資格が与えられる対戦方法。

トーナメント戦では、1回の試合が行われるたびに1チームが負けるので、最後には優勝したチームだけが残る。したがって、nチームで行うトーナメント戦では$n-1$試合が行われる(トーナメントの問題は、「順位」の問題として扱う)。

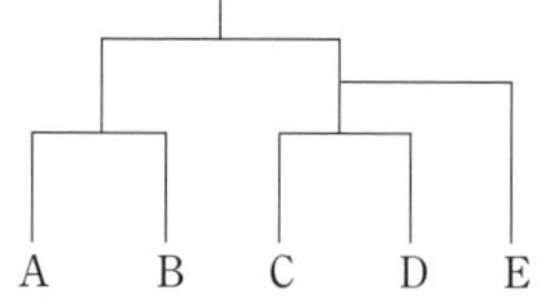

【基礎演習】

クラスが2つあり、一方にAとB、他方にCとDが属している。この4人で、1人対1人の試合を、毎日1試合ずつ4日行った。最初の3日は違うクラスの人が対戦し、4日目に同じクラスの人が対戦した。また2回以上出場した人は、少なくとも2日は連続した日に出ていた。なお同じ人との試合は1試合だけであり、BとDは対戦しなかった。

このことから確実にいえることは次のうちどれか。

1　1日目にBが対戦した。　**2**　2日目にAが対戦した。
3　3日目にDが対戦した。　**4**　4日目にCが対戦した。
5　3日連続して出場した人がいた。

<解き方>

2通りの場合があって、1通りに決まらないことに注意。可能性がいくつかあって1つに決まらなくても、どの場合にも共通して、確実にいえることを探す。

まず、4人の組合せは、AB、AC、AD、BC、CDの5通り（BDの組合せはない）。このうち、同じクラスの人同士はABとCDで、どちらかひとつが4日目の対戦。結局、次の2つの場合が考えられる。

AC、AD、BC、AB(4日目)　あるいは　AC、AD、BC、CD(4日目)

初めのケースで対戦順を考える。2回以上出場した人は連続した日になるが、Aは3日Dは1日のみ出ているので、2日出ているBとCを考える。4日目がABだから、3日目にBが出ているはずで、それはBCである。すると、2日目にCが出ているはずで、それがAC、そして残ったADが1日目になる。まとめると、AD→AC→BC→ABの順になる。

もうひとつのケースは、Cが3日、AとDが2日出ている。同様に考えれば、3日目にAD、2日目にACとなり、BC→AC→AD→CDとなることがわかる。

どちらのケースであるかは確定できないが、どちらのケースでも、2日目にAとCが対戦したことは確実にわかる。

正解　2

6 スケジューリング

Level 1 ▷ Q06,Q08　Level 2 ▷ Q44,Q45

研修の時間割を作成するような場合も、右のような表を作り、確定するものから順に埋めていく。

曜日・時間・出席者・人数・科目などの複数の条件が絡み合うので、合計欄を工夫したり、表を2段にすることで、条件がすべて吸収できるよう作表する。

	月	火	水	木	金	土
1						
2						
3						
4						

【基礎演習】

ある会社で、新入社員向けの研修の時間割を、次のように作成した。

・研修は月曜日から金曜日までの週5日間で、毎日3科目である。
・金曜日の3時間目と、あとどこか1つが空いている。
・科目はA～Eの5つある。
・Aは週3回で、3日続きで同じ時間に入っている。
・Bは週3回で、3日続きで、いずれも違う時間に入っている。
・Cは週3回で、1日おきで同じ時間に入っている。
・Dは週2回で、2日空けて同じ時間に入っている。
・Eも週2回で、2日空けて同じ時間に入っている。
・Dは空き時間の前後には入っていない。
・BとCが続いた時間に入っているのが2日ある。

以上から判断するとき、確実にいえることは次のうちどれか。

1　月曜日の2時間目はAである。　**2**　火曜日の1時間目はDである。
3　水曜日の1時間目はCである。　**4**　木曜日の3時間目はBである。
5　金曜日の1時間目はEである。

<解き方>

対応表は、曜日と科目の表を作り、時間を書き込むか、曜日と時間の表に科目を書き込むか、選択しなくてはならないが、科目の並びを考えるには次図のようにするとよい。

条件を丹念に見て、ありえない場合を早く捨て、パズルのように少しずつ確定していく。

	月	火	水	木	金
1					
2					
3					

・A＝A＝A
・B≠B≠B　※3日連続異なる時間
・C＝○＝C＝○＝C
・D＝○＝○＝D
・E＝○＝○＝E

金曜日に3時間目はなく、Cが3時間目に入ることはない。Cの時間帯には、AもDもEも入らないから、Bが1つ入るだけで、あと1つは空き時間になっているはずである。よって、CBC×CかC×CBCのどちらかが1、2時間目になる。

また、AとD、AとEはそれぞれ同じ時間帯には入らず、DとEは同じ時間帯で1、2時間目になると考えられる。このことから、3時間目はAAAB／かBAAA／となる。

さらに、DとEは、DE○DEかED○EDとなり、水曜日にBが入る。また、BとCが続いた時間を2日にするためには、DEBDEかEDBEDが1時間目に入ると考えられる。

Dが空き時間に続かないような1、2時間目は、①「DEBDEとC×CBC」か、②「EDBEDとCBC×C」である。

Bを3日連続させるためには、①火曜か②月曜の3時間目にBが入らなければならないので、②で3時間目にBAAA／が入る。

よって、1時間目 EDBED、2時間目 CBC×C、3時間目BAAA／となる。

	月	火	水	木	金
1	E	D	B	E	D
2	C	B	C	×	C
3	B	A	A	A	／

正解　2

7 暗号

Level 1 ▷ Q15

規則性の応用問題である暗号には、換え字式、転置式、分置式がある。換え字式は原文（平文）の文字を規則的に置き換えるもの、転置式は原文の配列を一定の規則で並び替えるもの、分置式は原文の文字間に規則的に余計な文字を挿入するものである。古典的と思われがちな問題だが、セキュリティの面からの新傾向出題が予想される分野である。

[暗号の基本テクニック]

◎暗号問題を解くには、例文から、まず原文の文字の種類（かな、アルファベット、漢字）と文字数を考えていく。

◎必要に応じて暗号表（換え字表）や対応図を作るが、初めから完ぺきなものはできないので、試行錯誤を想定した柔軟な関係図でよい。

◎暗号化の方式の混合や式による転換があると非常に難問になるが、どこかに重要なヒントが隠されている場合が多い。

◎数文字確定すれば選択肢から答えが出せることもあり、試行錯誤でヒントを見つけ出すことが求められていると考えよう。

【基礎演習】

東京を「5D、3A、2B、5H、3A」、札幌を「1C、3D、5F、？、5I」、新潟を「2E、2A、1B、＃、1D」と表せるとき、「2B、＃、1K、1B、3B、2C、＃」で表される建造物のある都道府県はどれか。

1 奈良県　**2** 熊本県　**3** 京都府　**4** 神奈川県　**5** 栃木県

＜解き方＞

都市名をひらがなに直して暗号と対応させると、「数字・英字」が「子音・母音」にあたることがわかる。特徴的な記号が出てきたら濁音・促音・拗音と見当をつける。

「とうきよう」は5文字で、区切られた数・英の5組に対応する。

「さつぽろ」は4文字だが、半濁音を1字にすると「さつほ゜ろ」で、数・英の5組に対応し、半濁点は「？」と推測できる。

「にいがた」も濁音を1字にすると「にいか゛た」で、数・英の5組に対応し、「＃」が濁音と推測できる。

あ		か	1B	さ	1C	た	1D	な		は		ま		や		ら		わ		ん	1K
い	2A	き	2B	し	2C	ち		に	2E	ひ		み				り				゛	＃
う	3A	く	3B	す		つ	3D	ぬ		ふ		む		ゆ		る				゜	？
え		け		せ		て		ね		へ		め				れ					
お		こ		そ		と	5D	の		ほ	5F	も		よ	5H	ろ	5I	を			

50音表では、数字が母音の段、英字が子音の行となり、「2B、＃、1K、1B、3B、2C、＃」は、「き　゛　ん　か　く　し　゛」、すなわち銀閣寺を示している。もちろん、カ行とサ行を変換するだけでも答えは推測できるので、換え字表を全面展開する必要はない。

以上から、銀閣寺の所在地として京都府が正しいことになる。

正解　3

スピードチェック！

1　**A～Eの5人が、1人の勝者を出すために全員でジャンケンをした。途中で負けた者はそこで抜け、残った者だけでジャンケンを続けたところ、4回目で勝者1人が決まった。A～Eはア、イ、ウのルールにより、自分が出した手を次の表のように述べた。このとき4回目で勝った者はだれか。**

ア　自分が勝った回または引き分けの回については、実際に出した手を述べる。

イ　自分が負けた回については、実際に出した手以外の手を述べる。

ウ　勝負に負けて参加できなかった回については、適当な手を述べる。

	1回目	2回目	3回目	4回目
A	パー	グー	チョキ	グー
B	グー	パー	グー	チョキ
C	パー	パー	パー	チョキ
D	グー	グー	チョキ	パー
E	チョキ	パー	グー	パー

1　A　**2**　B　**3**　C　**4**　D　**5**　E

・問題の趣旨が理解できれば意外と早く結論が出る。まずは頭の体操だと思ってじっくり考えよう。

・3種類が出ている1回目の申告は全員が本当のことを言っていることに注意する。

・引き分けの場合と、負けの可能性をどう見破るかがポイントになり、負けと判定した者を検討から外していく。

【1回目】
1回目だから、適当に出すものはいなく、全員が勝負に参加している。グー･チョキ･パーのいずれが勝ちと考えても、それに対する負けの手があるので(負けたら手を変えるはず)、ここで誰かが勝ったとは考えられない。引き分けと考えて次を検討する。

【2回目】
1回目が引き分けなので、ここも5人全員が勝負をしている。グーかパーが勝ちと考えるが、負けたほうは違う手を出しているはずである。とすると、パーが本当はチョキを出していたと考えられる（グーの1人が実は負けていたということもあるが、そうするとここで勝ちが決まってしまう)。

【3回目】
BCEは負けたので適当に出している。AとDが残り、ここはチョキで引き分けとなる。

【4回目】
Aのグーが負けのように見えるが、負けているほうが変えているので、Dは本当はチョキで、Aの勝ちである。

正解　1

2　**ある会社で社長がA～Eの5人の社員に残業状況を尋ねたところ、A～Eの5人は次のように答えた。この中で一番後に帰った者だけが嘘をついているとすると、最後に帰った者はだれか。ただし、**

簡単な図表にまとめてみると、以下のようになる。

同時に帰った者はいない。

A：「私はB、Cよりも早く帰った」

B：「私はCとDの後に帰ったが、私は最後ではない」

C：「私が帰るとき2人が残っていた」

D：「私は一番初めに帰ったので何も知らない」

E：「私はAより先に帰った」

1 A **2** B **3** C **4** D **5** E

・順位についての条件は、数直線や表を使ってまとめる。
・本問では、あわせて「嘘つき」の条件が含まれているので、順位の決定とハッキリ区別して作業をすること。

	早← →遅
A	A＜（B、C）
B	（C、D）＜B ＜⑤
C	C③
D	D①
E	E＜A

Cが中間にいると話がまとまりやすそうなので、まずCを中心に順位を決めていく。カッコ内は順位は決まっていないので、ABCの話をまとめると、以下のようになる。

	早← →遅
A	A＜（C B）
B	（D C） ＜B ＜⑤
C	C③
D	D①
E	E＜A

ここから、Eが嘘をついているとすると、ABCDの話から、D、A、C、Bの順に帰ったことになり、最後に帰ったのはEでつじつまが合う。

正解 5

3 あるパーティーの出席者についてバッグとコートの色を調べたところ、次のア～オのようになった。これらのことから確実にいえることはどれか。ただし、出席者は全員コートを着て、バッグを1つずつ持っていた。

ア バッグとコートの色はベージュ、グレー、黒で、それぞれ何人かずついる。また、この3色以外の色はない。

イ バッグとコートがともにグレーの人はいない。

ウ 黒いコートの人はすべてベージュのバッグを持っている。

エ 黒いバッグの人はグレーのコートを着ていない。

オ バッグとコートの色が同じ人が3人いる。

イ・ウ・エ・オの条件を順に書き込むと、以下のようになる。

バ＼コ	ベ	グ	黒
ベ	3人		○
グ		×	×
黒		×	×

条件アから、各バッグ・コートの人が何人かはいるはずなので、表の残りの部分は○になる。

バ＼コ	ベ	グ	黒
ベ	3人	○	○
グ	○	×	×
黒	○	×	×

選択肢を検討すると、肢3の「グレーのコートを着てベージュのバッグを持っている人がいる」が正しい。

正解 3

1　グレーのコートを着ている人のバッグの色は2種類である。
2　ベージュのコートを着ている人のバッグの色は2種類である。
3　グレーのコートを着てベージュのバッグを持っている人がいる。
4　ベージュのコートを着て黒のバッグを持っている人はいない。
5　ベージュのコートを着てベージュのバッグを持っている人はいない。

・バッグとコートの組み合わせについて、対応表を作る。表を作ることによって、条件から導かれる結論があることに注意してまとめよう。

4　**A**～**E**の**5**人がアルバイトをした。仕事は月曜日から金曜日まで連続で**5**日間あり、必要な人員は毎日**2**人だったことのほか、以下のことがわかっている。このとき、確実にいえることは次のうちどれか。
ア　**5**人とも**2**日働いて**3**日休んだ。
イ　月曜日に**A**は働いたが**E**は休んだ。
ウ　火曜日に**B**は働いたが**C**は休んだ。
エ　水曜日に**D**は働いたが**A**は休んだ。
オ　木曜日に**E**は働いたが**B**は休んだ。
カ　**2**日連続で働いた者はいない。
1　**E**は火曜日には休んだ。
2　**C**は金曜日には働いた。
3　**D**は月曜日には休んだ。
4　**A**は木曜日には働いた。
5　**B**は金曜日には休んだ。

・スケジュール表を作っていく。条件は多いがゆるいので、最終的に全部は決まらない。

カから出勤の前後は休みであり、イ～オの条件とまとめて表を作る。

	月	火	水	木	金
A	○	×	×		
B	×	○	×	×	
C		×			
D		×	○	×	
E	×		×	○	×

2回出勤であることから、Eは火曜に出勤、Bは金曜に出勤となる。
毎日2人が必要であることから、水曜はCが出勤となる。
また、Cは木曜が休みになるから、木曜はAが出勤となる。

	月	火	水	木	金
A	○	×	×	○	×
B	×	○	×	×	○
C		×	○	×	
D		×	○	×	
E	×	○	×	○	×

CDが月曜・金曜のどちらに働いたかは決められない。

以上から、肢4の「Aは木曜日には働いた。」が正しい。

正解　4

5　**A～Eの5チームが総当たり戦方式で試合を行った。以下のことがわかっているとき、確実にいえることは次のうちどれか。ただし、勝ち点は勝ちが3点、引き分けが1点となっている。**

ア　Aは4勝した。

イ　BはEに勝ったが、1勝3敗で勝ち点では最下位だった。

ウ　DとEは引き分けた。引き分け試合はもう1試合だけあった。

1　AはDより勝ち点が6点多かった。

2　BはEより勝ち点が2点少なかった。

3　CとEは同点だった。

4　勝ち点が7点のチームがあった。

5　Dは勝ち点が6点だった。

・勝ち点のあるリーグ戦の勝敗表を作る。条件から勝敗を決め、勝ち点を計算していく。

・条件が少ないが、Bが最下位であることに着目して最終的に順位を決定する。

条件から勝敗表を作り、ここまでの勝ち点を計算する。

	A	B	C	D	E	点
A	＼	○	○	○	○	12
B	×	＼	×	×	○	3
C	×	○	＼	△		4
D	×	○	△	＼	△	5
E	×	×		△	＼	1

現時点で、Bは勝ち点でEを上回っている。Bが勝ち点で最下位であることから、EはCに勝ったことになる。

	A	B	C	D	E	点
A	＼	○	○	○	○	12
B	×	＼	×	×	○	3
C	×	○	＼	△	×	4
D	×	○	△	＼	△	5
E	×	×	○	△	＼	4

以上から、肢3の「CとEは同点だった」が正しい。

正解　3

6　**A～Eの5チームがサッカーのリーグ戦（総当たり戦）を1回行った。このリーグ戦では、一試合ごとに、勝ったチームに勝ち点3、負けたチームに勝ち点0、引き分けの場合は両チームに勝ち点1を与え、勝ち点の合計で順位を決定した。また、勝ち点の合計が等しいときは、勝った試合数の多いほうのチームを上位とした。**

次のア～オのことが分かっているとき、確実にいえるのはどれか。

ア　Aが勝った試合はなかった。

イ　Bは1勝2敗1分けだった。

条件から勝敗表を順に書いていく。まず、全部引き分けのCの縦横には全部△。

Bは1勝2敗1分けで、Aは勝ちなし、Dは無敗なのでBはAに勝ち、Dに負けと決まる。やはりD無敗より、EはAに勝ち、Dに負けとなる。

	勝	敗	分	A	B	C	D	E	点
A	0			＼	×	△		×	
B	1	2	1	○	＼	△	×		
C	0	0	4	△	△	＼	△	△	4
D		0			○	△	＼	○	
E	2	1	1	○		△	×	＼	

Bは2敗なので、Eに負けていることになる。

ウ　Cはすべての試合で引き分けた。
エ　Dが負けた試合はなかった。
オ　Eは2勝1敗1分けだった。

1　AはBと引き分けた。
2　BはDと引き分けた。
3　Cは3位であった。
4　DはEと引き分けた。
5　Eは2位であった。

・勝ち点のある勝敗表の応用問題。条件が多いように見えるが、実はゆるい条件なので、じっくり検討して、いくつかの可能性から検討していく。

逆にEはBに勝ち、BCDは勝ち点も決まる。

	勝	敗	分	A	B	C	D	E	点
A	0			＼	×	△		×	
B	1	2	1	○	＼	△	×	×	4
C	0	0	4	△	△	＼	△	△	4
D		0			○	△	＼	○	
E	2	1	1	○	○	△	×	＼	7

AとDの試合の勝敗で、勝ち点を計算し順位を決める。条件アから、Aの負けか引き分けなので、
［AがDに負けた場合］A(0勝・3敗・1分)＝1点、D(3勝・0敗・1分)＝10点
順位：1位D、2位E、3位B、4位C、5位A
［AとDが引き分けた場合］A(0勝・2敗・2分)＝2点、D(2勝・0敗・2分)＝8点
順位：1位D、2位E、3位B、4位C、5位A
以上から選択肢を検討すると、
1. BがAに勝っている。　2. DがBに勝っている。　3. BCは勝ち点4だが、勝ち試合が多いBが3位でCが4位。　4. DがEに勝っている。　5. Eは勝ち点7でいずれも2位となっており、正しい。

正解　5

7　**A、B、Cの3人の趣味について次のことがわかっているとき、確実にいえるのはどれか。**
ただし、それぞれの趣味は音楽、読書、スポーツのいずれか1つであるとする。
○Aの趣味が音楽であるならば、Cの趣味は読書である。
○Bの趣味が読書でないならば、Cの趣味は読書ではない。
○Cの趣味がスポーツでないならば、Aの趣味はスポーツである。
○3人のうち、少なくとも1人は音楽が趣味である。
○3人のうち、読書が趣味である人は多くとも1人である。

読書が趣味のものは多くとも1人しかいないから、読書から決めていく。
［Aの趣味を読書と仮定する］
(B、C) ＝ (音、ス) (ス、音) (音、音)
……4番目の条件から（ス、ス）はない
ここで、3番目の条件から、「Cの趣味がスポーツでないならば、Aの趣味はスポーツ」となり、(ス、音) (音、音) は仮定に反することになる。よって、(A、B、C)＝（読、音、ス）となる。
［Bの趣味を読書と仮定する］
(A、C) ＝ (音、ス)(ス、音)(音、音)
ここで、1番目の条件から、「Aの趣味が音楽であるならば、Cの趣味は読書」であり、(音、ス) (音、音) は条件に反するこ

1　Aの趣味は音楽ではない。
2　Aの趣味はスポーツではない。
3　Bの趣味は音楽ではない。
4　Bの趣味は読書ではない。
5　Cの趣味はスポーツではない。

・3人と3つの趣味だから、最終的に3×3×3＝27通りあるが、5番目の条件が、「読書が趣味の人は1人」としているのだから、1人を読書と仮定して確定していく。
・さらに、4番目の条件が、「少なくとも1人は音楽」なのだから、さらに限定できることになる。これらをどう要領よくまとめられるかが勝負になる。

とになる。よって、(A、B、C) ＝ (ス、読、音) となる。
[Cの趣味を読書と仮定する]
(A、B) ＝ (音、ス)(ス、音)(音、音)
ここで、2番目の条件から、「Bの趣味が読書でないならば、Cの趣味は読書ではない」となっているので、すべての場合が仮定に反するので、Cが読書というのは成り立たない。
[読書が趣味のものがいないとする]
1番目の条件から、Aの趣味は音楽にはならない。また、4番目の条件からスポーツだけはない。
よって、(A、B、C) ＝ (ス、音、音)(ス、音、ス)(ス、ス、音)
以上から、(A、B、C) ＝ (読、音、ス)(ス、読、音)(ス、音、音)(ス、音、ス)(ス、ス、音)
確実にいえるのは、肢1の「Aの趣味は音楽ではない」ということになる。

正解　1

8　ある人が買いたいと思っているおみやげが**A**～**E**の**5**つある。
・少なくとも**3**つは買う。
・**A**と**B**を買えば、あと**1**つだけ買う。
・**C**を買えば、**D**とあと**1**つだけ買う。
このとき確実にいえるのは次のうちどれか。

1　**A**と**E**を買えば、**C**を買わない。
2　**B**と**E**を買えば、**D**を買う。
3　**C**と**E**を買えば、**A**を買う。
4　**D**と**E**を買えば、**B**を買わない。
5　**E**を買わなければ、**A**を買う。

可能な組合せを順に調べる。
AとBを買うならあと1つだけだが、Cは3番目の条件に反するので、(ABDまたはABE) となる。
AとCを買うなら、3番目の条件から(ACD)となる。
AとDのときは (ADE)
BとCのときは3番目の条件より (BCD)
BとDなら (BDE) である。
CとDなら (CDE) となる。
以上をまとめると、
ABD、ABE、ACD、ADE、BCD
BDE、CDE
選択肢を検討すると、ABE、ADEから、「AとEを買えば、Cを買わない」といえる。

正解　1

9　あるクラブで月曜日から金曜日まで、午前午後**2**回ずつ、水泳教室を開いている。

今**A**～**D**の**4**人が受講することにした。**A**～**D**について次のようになっている。

・どの曜日も**2**人ずつ受講しており、その**2**人は同じ時間である。

・**2**人の組合せは、すべて違っている。

・週**2**日の人は続いた**2**日であるが、週**3**日の人は続いた**3**日ではない。

・どの人も違った時間に受講している。

・火曜日は**B**、水曜日の**3**時間目は**D**、木曜日の**1**時間目は**A**、金曜日の**3**時間目は**C**になっている。

・**C**は**1**時間目に受講していない。**D**は**2**時間目に受講していない。

以上のことから確実にいえることは次のうちどれか。

1　月曜日に**B**が入っている。
2　火曜日に**C**が入っている。
3　水曜日に**A**が入っている。
4　木曜日に**B**が入っている。
5　金曜日に**D**が入っている。

・2人ずつ同じ時間に受講するので、各曜日一つの時間を選択していけばよい。

	月	火	水	木	金	
1			／	A	／	×C
2			／	／	／	×D
3			D	／	C	
4			／	／	／	
		B	D	A	C	

どの人も違った時間なので、水曜日と金曜日の3時間目のもう1人はAとBが入る。2人の組合せはすべて違っていることも考え合わせると、同じ時間が受講されるのは2日以内であり、3時間目にはもう入らない。また、1時間目もCが受講していないので、月・火に2人の組は入れられない。

	月	火	水	木	金	
1	／	／	／	A	／	×C
2			／	／	／	×D
3	／	／	D	／	C	A､B
4			／	／	／	
受講		B	D	A	C	

入れる組合せは、AB、AC、AD、BC、BD、CDの中の5つで、木曜から順に決めていく。

木曜日をABとすると、水曜・金曜日はAD - BCかBD - ACのどちらか。しかし、AD - BC では火曜はBDに決まるが、3番目の条件を考えると月曜に入るものがない。また、BD - ACではBが3日続くので不適。

	月	火	水	木	金
受講	×	BD	AD	AB	BC
受講		B×	BD	AB	AC

木曜日をADとすると、水曜・金曜日はBD-ACで、次の表のように決まる。

	月	火	水	木	金
1	／	／	／	AD	／
2		BC	／	／	／
3	／	／	BD	／	AC
4	CD		／	／	／

正解　2

10　**A**～**E**の**5**人が属しているクラスについて、以下のことが言える。

・**A**～**E**のうち、少なくともある**3**人は同じクラスである。

・**A**は**B**、**C**、**D**と違うクラスである。

3番目の条件から、B、C、Dは2つか3つのクラスにまたがっている（B、Cが同じなら2つ、違えば3つ）。すると、2番目の条件から、A、B、C、Dは3つか4つのクラスにまたがっていることになり、クラ

・DはB、Cと違うクラスである。

このことから、確実にいえるのは次のうちどれか。

1 AとEは同じクラスである。
2 CとEは違うクラスである。
3 DとEは同じクラスである。
4 Eと同じクラスの人はいない。
5 BとEは同じクラスである。

・条件を見て、クラスの数などの全体構造がわかれば、推論は楽になる。
・当然、1人だけのクラスもある。「1人のクラス」というのは「5人のうち1人が属しているクラス」という意味。
・初めはクラスがいくつあるとを仮定して、5人を適当に分けてみる。

スの数は3つ以上ある。そして、最初の条件から、3人以上のクラスがあるので、クラスの数は3つより多くはない。以上から、クラスの数は3つで、それぞれ、3人のクラス、1人のクラス、1人のクラス、となっている。
Aについて考えてみる。Aが3人のクラスに属しているとすると、それと違うクラスの人は2人しかいないから、明らかに2番目の条件に矛盾する。だから、Aは1人のクラスである。
次に、Dが3人のクラスに属しているとすると、それと違うクラスは、A1人のクラスとあと1人のクラス1つだけなので、3番目の条件に反する。だから、Dも1人のクラスとなる。
結局、AとDがそれぞれ1人のクラスに属していることがわかったので、残りのB、C、Eは同じ3人のクラスに属していることになる。

正解 5

11 **A〜Eの5人の年齢は、Aが一番高く、B、C、D、と続き、Eが一番若い。この5人の身長について、AはBより高く、CはDより高い。5人のうちの2人を比べたとき、だいたいは年齢の高い人の方が身長も高いが、例外が2組だけある。同じ身長の人はいないものとして、確実に言えることは次のうちどれか。**

1 DとEは、年齢順と身長順が同じである。
2 CとEは、年齢順と身長順が同じである。
3 BとEは、年齢順と身長順が同じである。
4 BとDは、年齢順と身長順が同じである。
5 BとCは、年齢順と身長順が同じである。

・身長順が決まった組をセットにして、一列に並べていく。
・年齢順と逆転する例外が2組できるように場合に分けて考える。

年齢順は、A→B→C→D→E。これと、身長順のA＞B、C＞Dの条件を組み合わせて、例外が2組になるように考える。
まず、Eが例外になると考えてみる。
①A＞B＞E＞C＞D　例外E＞C、E＞D
②A＞B＞C＞E＞D　例外E＞D
この②は例外が1組なので、もう1つ例外を作れるのは、Cを動かして、
A＞C＞B＞E＞D　例外E＞D、C＞B
次に、Dが例外になると考えてみる。DはCよりも低くなるから、Cも合わせて動かす。
③A＞C＞D＞B＞E　例外C＞B、D＞B
さらに、Cが例外になると考えてみる。
④C＞A＞B＞D＞E　例外C＞A、C＞B
この4つ以外に、身長順が年齢順を逆転する場合はない。
結局、条件のA＞B、C＞D以外で、年齢

12　社会人野球のチームで、4年前に発足したあるチームで2年ずつ監督をした甲、乙と、これまでそのチームで1年または2年連続してプレーした選手A～Dについて、ア～オのことがわかっているとき、確実にいえるものはどれか。ただし、監督及び選手は1年ずつ契約しており、退団した選手は再加入しないものとする。

ア　監督は必ずしも2年連続して務めているとは限らない。

イ　A、B、Cは同じ年にプレーしたことがある。

ウ　Bは乙監督の下でのみ1年だけプレーした。

エ　Cは甲、乙両監督の下で2年連続プレーした。

オ　DはAの退団1年後に入団した。

1　1年目は、乙が監督を務めていた。

2　2年目は、Cがプレーしていた。

3　3年目は、乙監督の下でBがプレーしていた。

4　4年目は、甲監督の下でDがプレーしていた。

5　Aは2年、Dは1年にわたりプレーしていた。

・与えられている条件から得られる対応関係が4通りだが、ほとんど確定しないので少々面倒である。そのような場合、対応表を作るよりも、解説のような処理が適している。

・選択肢を念頭に置いて、わかるところ

順と身長順が同じなのは、Eが例外となる①のA＞B＞Eと、Dが例外となる③のA＞Dである（つまり、EはA、Bを越せず、DはAを越せない）。

正解　3

A､B､Cが同時にプレーした年を［基準年］に考える。この年には1年だけのBがいるので監督は乙となる。Cは2年連続で甲、乙監督の下でプレーしているから、基準年の前または後に甲監督の下でCがプレーしている。［　］を1年間として、以下の2通り。

［甲・C］［基準年］　…①

［基準年］［甲・C］　…②

次にAの退団後1年おいてDが入団しているが、Aが基準年に退団したとすればDの入団までは3年間、Aが基準年の翌年に退団したとすればDの入団までに4年間あることになる。

［基準年］［　］［D］　…③

［基準年］［A］［　］［D］　…④

以上の①②と③④を組み合わせて4年間を推測するが、①④は5年になるので不適。

①③：［甲・C］［基準年］［　］［D］の4年

②③：［基準年］［甲・C］［D］の3年なので､［　］［基準年］［甲･C］［D］または､［基準年］［甲・C］［D］［　］

②④：［基準年］［甲・AC］［　］［D］の4年

以上のように、1・3・4年目には未確定の［　］があり、Dの前後にも未確定がありうる。確実にいえるのは肢2のみである。

正解　2

から絞り込んでいくことが早道。

13 ある暗号によると、「蘇我馬子」は、「**HLTZMLFNZPL**」と表され、「卑弥呼」は「**SRNRPL**」と表される。では「**ZHRPZTZGZPZFQR**」と表される人物は、次のどの時代に当てはまるか。

1 鎌倉時代 **2** 平安時代 **3** 奈良時代
4 江戸時代 **5** 室町時代

- 「そがのうまこ」と「HLTZMLFNZPL」を比較するが、アルファベット2個ずつでうまく対応しない。そこで、母音の「う」を1文字と考える。
- ア段を考えると「Z」が対応し、イ段を考えると「R」が対応し、ウ段は「F」、オ段「L」のように考えられる。
- 問題の暗号は、母音に注意して分割すると、「Z / HR / PZ / TZ / GZ / PZ / F / QR」となる。
- わかるところだけ変換して選択肢を絞れれば、すべての対応を確定する必要はない。

「蘇我馬子」は「そがのうまこ」(SOGANOUMAKO)で、アルファベット11個。「卑弥呼」は「ひみこ」(HIMIKO)で、アルファベット6個である。
したがって、ひらがなの子音・母音に、アルファベットが対応する関係と推測できる。
ここで、暗号とアルファベット1つずつの対応を見ると、

S O G A N O U M A K O　　H I M I K O
↓ ↓ ↓ ↓ ↓ ↓ ↓ ↓ ↓ ↓ ↓　　↓ ↓ ↓ ↓ ↓ ↓
H L T Z M L F N Z P L　　S R N R P L

この条件から、子音・母音とアルファベットの対応を確定させる。
AがZに対応していること、GHIの順並びが、RSTの逆並びに対応していることなどから、アルファベット順で対応関係を見てみると、

A B C D E F G H I J K L M N O P Q R S T U V W X Y Z
↓↓↓↓↓↓↓↓↓↓↓↓↓↓↓↓↓↓↓↓↓↓↓↓↓↓
Z　　　　T S R　P　N M L　　　H　F

アルファベットの並びが逆になって対応していると推測される。

A B C D E F G H I J K L M N O P Q R S T U V W X Y Z
↓↓↓↓↓↓↓↓↓↓↓↓↓↓↓↓↓↓↓↓↓↓↓↓↓↓
Z Y X W V U T S R Q P O N M L K J I H G F E D C B A

ここから変換すると、

(Z H R P Z T Z G Z P Z F Q R)
↓ ↓ ↓ ↓ ↓ ↓ ↓ ↓ ↓ ↓ ↓ ↓ ↓ ↓
(A S I K A G A T A K A U J I)
＝「足利尊氏」

以上から、室町時代にあてはまる。

正解 5

第3章 # 順位と位置

Level 1 p158～p173　Level 2 p234、p235

■人や物の相互関係を図に反映させよう。

順位は、1つまたは複数の**数直線上に人や物を並べて可能性を絞っていく**。テーブルの座席の位置は、円または多角形の周囲に人を配置し、**回転・反転させたりして条件を表現**する。部屋の割り振りでは、**平面図だけでなく、立体的な理解ができるように表す**問題があり、与えられた相互関係を明らかにすることが難しい。多くの場合、最終的な確定ができず、いくつかの可能性がある。その1つ1つについて条件との矛盾を調べていくことになる。

1 順位

Level 1 ▷ Q16,Q18,Q21

マラソンの順位などは直線的、テーブルの座席は円形的、ビルの部屋などは平面あるいは立体的になっているが、すべて位置決めというテーマで共通している。

順位は直線上に表すのを基本とするので、グラフのx軸と同様に、数値の少ないものが左、大きいものが右になる（1＿2＿3＿…）。また、記号（>、→）を使って前後や大小関係を数式のように表すことも有効だが、昇順か降順かを明確にすること。順位の前後関係で「1位←2位」としたり、順番という意味で「1番→2番」。また、不等号では、大小関係が不等号の向きになるので、順位は「1位＜2位」となり、得点では「1位＞2位」となる。いずれにしても、どう表現するかのルールを決めておくことが大切である。

なお、2人の間の距離が中心問題になる場合は、「数量」で扱う。

[順位の基本テクニック]

何人かを1列に並べる問題では、直線上に人を配置していくことを考える。

例えば、A、B、C、D、Eの5人が並ぶ場合、

①「AとBの間に2人がいる」　②「AはBより上位である」

③「Aの次がDで、CはDより下位」

という状況は、それぞれ次のように表せ、可能性が絞られる（左が上位、右が下位）。

①

上位　下位
A○○B○
B○○A○
○A○○B
○B○○A

②

上位　下位	上位　下位
AB○○○	○A○B○
A○B○○	○A○○B
A○○B○	○○AB○
A○○○B	○○A○B
○AB○○	○○○AB

③

上位　下位
ADC○○
AD○C○
AD○○C
○ADC○
○AD○C
○○ADC

なるべく場合分けの少ないものから書き上げていていき、少しずつ残りを埋めていく。①の条件を前提にすると、②は下線のものに絞られ（Aは1位か2位、Bは4位か5位）、さらに③では3通りに限定される（Cは3位か4位か5位、Dは2位か3位）。ここでたとえば、「Bは4位にはならない」という条件があれば正解が判断できる。

【基礎演習】

A～Fの6人で、100m競走を行った。その結果について聞いたところ、A～Dが次のように答えた。

A「私は、Eより後にゴールした」　B「私は、Dより後にゴールした」
C「私は、Eより先にゴールした」　D「私は、Fより先にゴールした」

この時、全員の着順を確定するためのFの発言として妥当なものはどれか。ただし、同着のものはいなかったものとする。

1「私は、AおよびBより後にゴールした」
2「私は、BおよびCより先にゴールした」
3「私は、Cより先にゴールしたが、Bより後にゴールした」
4「私は、Dの次にゴールし、Cより後にゴールした」
5「私は、Eの次に5着でゴールした」

<解き方>

それぞれの発言をもとに、わかっている順位を整理する（先＜後）
A、Cの発言から「C＜E＜A」、Bの発言から「D＜B」、Dの発言から「D＜F」となる。
BとFはどちらか先かはわからない。
選択肢の条件を加えて、これがどうなるか考えてみよう。

1　C＜E＜A＜F、D＜B＜Fとなるが、Fより先にゴールしているAとBがどちらが先にゴールしたかは判断できない。
2　F＜C＜E＜A、D＜F＜Bとなるが、この場合もBとCでどちらが先か判断できない。
3　F＜C＜E＜A、D＜B＜Fとなり、前と後をつなげると、D＜B＜F＜C＜E＜Aとなって全体の順位が確定する。
4　C＜E＜A、C＜F、D＜F＜Bとなり、FはDの次であるから、C＜D＜F＜Bとなるが、E、Aがこの順番のどこでゴールしたかは判断できない。
5　C＜E(4着)＜F(5着)＜A(6着)、D＜B＜Fとなり、Eの4着、Fの5着、Aの6着は確定するが、CとD、Bの順位はわからない。

正解　3

2 順位の変動

Level 1 ▷ Q17,Q18　Level 2 ▷ Q50

順位が変わる場合は、変わる前と変わった後の図を同時に書いて調べることになる。「昨年の順位と今年の順位」では、それぞれの年の位置関係と、昨年と今年を比較したときの位置関係の2種類の情報がある。最初に条件のきつい組合せを先に埋めていき、なるべく場合分けの手間を省くような工夫が大切である。

【基礎演習】

次は、A～Fの6つのテニスチームの、昨年と今年の総合順位について述べたものである。

・Aチーム：今年は昨年より2つ順位が上がった。
・Bチーム：今年は昨年より1つ順位が下がった。
・Cチーム：今年は昨年より2つ順位が下がった。
・Dチーム：今年は昨年より3つ順位が下がった。
・Eチーム：今年は昨年より順位が上がった。
・Fチーム：今年の順位は昨年のBの順位と同じだった。
・EチームとFチームは、昨年も今年も、間に2チーム入っていて、EとFの順位は入れ替わらなかった。

以上から、確実にいえることは次のうちのどれか。

1　今年の3位はAである。　**2**　今年の4位はFである。
3　今年の最下位はDである。　**4**　昨年の2位はBであった。
5　昨年のトップはCであった。

<解き方>

条件のきつい組合せのEとFについて、次の3つの場合が考えられる。ここで●▲印はEまたはFを、○印はそれ以外を表す。

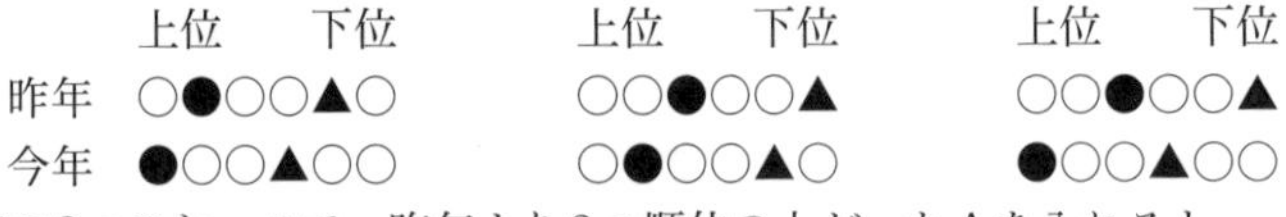

前の2つのケースで、昨年より2つ順位の上がったAを入れると、

昨年　○●○A▲○　○○●○A▲
今年　●A○▲○○　○●A○▲○

となる。しかし、1つ順位を下げたBを入れるところがない。よって、不適。

ところで、順位変動においては、順位を上げたチームの順位のプラスの合計と、順位を下げたチームの順位のマイナスの合計は同じという考え方がある。下がったB、C、Dの順位のそれぞれのマイナスの合計は6で、Aが2上がっているので、残ったプラスの4は、EとFのものとなる。EとFの前後関係は同じなので、EもFも同じ2つ上がったことになる。このことからも、●▲印が2つ上がっている、3つ目のケースが妥当とわかる。

3つ目のケースで順位が3つ下がるのは1カ所なのでDが決まる。すると、今年のFと同じで順位が1つ下がるBが決まるので、自動的にEFCAが決まってくる。

昨年　BDFCAE
今年　FBAEDC

正解　1

3 テーブルの座席

Level 1 ▷ Q23　Level 2 ▷ Q53

テーブルの問題では長方形、正方形、円形などがあるが、普通はテーブル全体の置き方は問わないので、長方形を180°回転させたり、円を回転させても、配置としては同じ。座り方の決定のほうが重要な条件となる。

図1

［考え方の手順］

①例えば、図1のような長方形のテーブルの場合、最初に決める人の位置は●のどちらかに固定してかまわない。
また、図2のような正方形や、図3のような円形の場合も同じように考え、1カ所を固定することができる。

図2　図3

②次に、条件に合うように、順に人を配置していく。「AとBが向かい合って座っている」とか「Aの右隣がBである」というように、普通、相互の関係が与えられているから、その人たちを一緒に配置する。

③可能性がいくつか考えられる場合はそのすべての場合について調べていくが、このとき、条件のきつい人から配置していけば、調べる数が少なくなる。なお、性別、大人・子供、同一家族などの情報も、分かりやすい記号で書き入れていく。

【基礎演習】

丸いテーブルに、3組の男女のカップル（男がA、B、Cで、その相手がそれぞれa、b、c）が同じ間隔で座っている。

・どのカップルも離ればなれに座っている。
・Aの向かいは男である。
・Bの左はAでもaでもない。
・bとcは並んでいる。

以上のことから、確実に言えることは次のうちどれか。

1　aとbは隣り合っている。
2　AとCは隣り合っている。
3　aとcは隣り合っている。
4　BとCは隣り合っている。
5　Cとbは隣り合っている。

<解き方>

未定の席を○、男＝□、女＝△と表し、対称なものは同じとして処理する。
2番目の条件から、Aの位置を決めると、次の2通りの場合が考えられる。

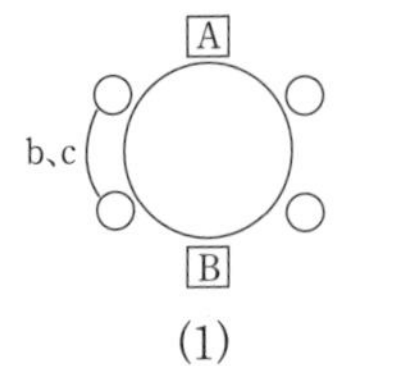

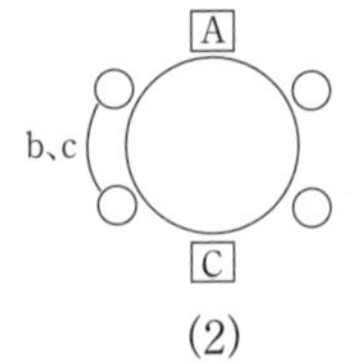

(1) に1番目の条件をあてはめると、Bとbは並ばず、Aとaも並ばないので、

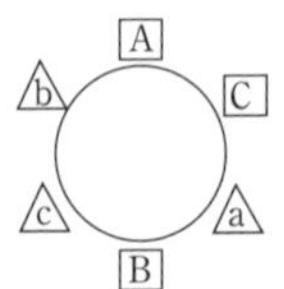

(2) に1番目の条件をあてはめると、Cとcは並ばず、Aとaも並ばないので、

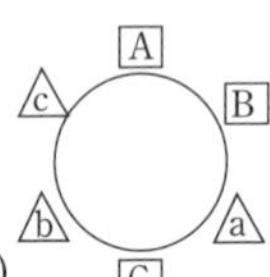

(Bの左がaになってしまい不適)

よってに (1) が適当となり、AとCは隣り合っている。

正解　2

【基礎演習】

A、B、C、x、y、zの6人が、長方形のテーブルの両側に3人ずつ向き合って座っている。A、B、Cは男で、x、y、zはA、B、Cの妻である。ただし、夫婦の組合せはわからない。この6人の職業は、教師、新聞記者、デザイナー、医師、保母である。保母は2人いる。

・Aの斜め前には教師が座っている。
・Bの隣には新聞記者が座り、斜め前には保母が座っている。
・Cの隣に女性がいる。
・Cのみ妻と向かい合って座っている。
・xは保母ではなく、xの夫は新聞記者ではない。
・yの夫も新聞記者ではない。

以上のことから判断して、確実に言えることは次のうちどれか。

1　Aの妻は新聞記者である。
2　Bの妻は教師である。
3　Cの妻は保母ではない。
4　xの夫は教師ではない。
5　yの夫はデザイナーではない。

<解き方>

条件がきつい2番目の条件から、上下対称、左右対称は同じとして、次の3つが考えられる。

①	②	③
○　○　保母 記者　B　○	○　○　保母 ○　B　記者	○　保母　○ B　記者　○

3番目と4番目の条件から、前（妻）と隣が女性になるようCを入れる。また、5番目の条件「xは保母でなく」から、他の2人が保母（女性）と推測できる。

①	②	③（i）	（ii）	（iii）
C　保/女 保/女 記/女　B　○	C　女　保/女 女　B　記	○　保/女　○ B　C記　女	○　保/女　C B　記　女	○　保/女 保/女 B　記/女　C

1番目の条件（Aの斜め前が教師）から、Aが入れられるのは①と③（ii）だけとなる。

②	③（ii）・(a)	③（ii）・(b)
C　教/女 保/女 保/女　B　A記	教/女 保/女　C B　A記 保/女	女　保/女　C教 B　A記　女

②と③（ii）・(a) で、xは保母ではないから教師となり、正面ではないAが夫ということになる。しかし、「夫は記者ではない」という条件に反する。

③（ii）・(b) で、xとyは記者の斜め前には入らないので、真ん中の保母がyでBの妻、Cの正面にいる妻がxとなり、最後にBの正面がzでAの妻で保母となる。Bとxの職業はデザイナーか医者であるがどちらか確定することはできない。したがって、Cの妻xは保母ではないとはいえるが、yの夫Bはデザイナーではないとは言い切れない。

z保母　y保母　C教師 B未定　A記者　x未定

（A、B、Cの妻はそれぞれz、y、x）

正解　3

4 位置関係

Level 2 ▷ **Q53**

人の縦横の並びや、ビルの部屋の位置など、平面的、立体的な位置決めは、テーブルの座席を決定する問題と考え方はほとんど同じ。ただ、テーブルの座席の場合は、テーブルが長方形でも円形でも、座っている人がぐるっと輪になっていると考えられるが、ここでは縦方向、横方向、上下方向といった見方が中心になってくる。まず、はっきり位置が決まるものを図に書き入れ、次に相互に関係した可能性を一緒に書き入れる。問題文に繰り返し出ているものや、制約のきついものから順に埋めていくことが鉄則。

【基礎演習】

図のようなマンションにA～Mの13世帯が住んでいる。

・Aの両隣はHとLである。
・Bの上の階はKである。
・Cの下の階はGである。
・Eの下の階はHである。
・F、I、Jのどの2つも同じ縦の列にない。

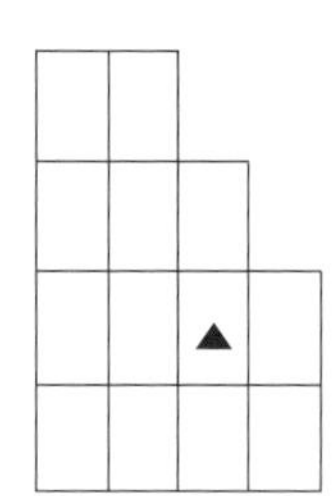

・Gの隣にMがある。
・Jの両隣はBとDである。

以上のことから判断して、▲に住んでいるのはどの世帯か。

1 B　**2** D　**3** G　**4** H　**5** L

<解き方>

入れ方がいくつか組にまとめられるときは、ブロックの組合せを考えるとよい（FとIがないのに注意）。後半で学習する図形の分割のセンスが重要である。

条件から、つながっているものをまとめると右のようになり、さらにこれらを左右に反転させたものも含めて考える。

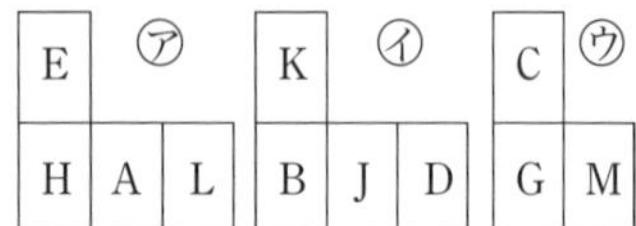

この3つのブロックの入れ方は次のようになる。すなわち、ア・イの形は、どちらかを上から1、2段目に入れると、ウが入らない。1、2段目のウの入れ方で3通りとなる。

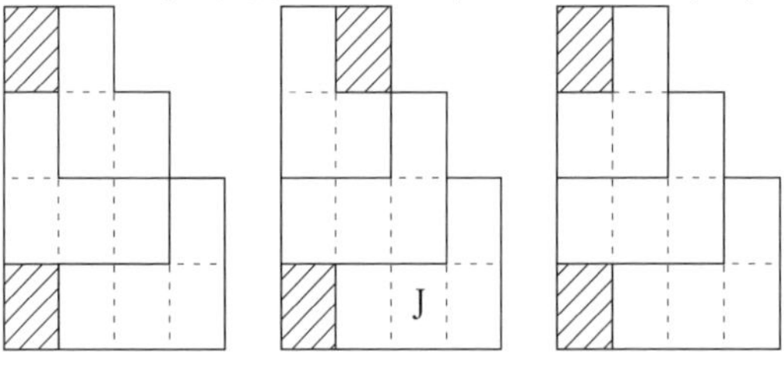

図の斜線部分には、ブロックに出てこないFかIが入る。

ここで、5番目の条件「F、I、Jのどの2つも同じ縦の列にない」から、真ん中の状態であることがわかる。Jの位置も決定するので、FとIを除いて確定する。

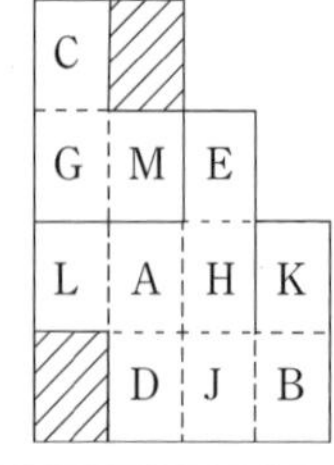

正解　4

【基礎演習】

図のような3行3列のます目に、A～Eの5文字を以下の条件を満たすように入れる。

・BはAより下で、しかもAより右にある。
・AとDの位置関係は縦、横、斜めのどの方向でもない。
・CとEの位置関係も縦、横、斜めのどの方向でもない。
・BとCとDは縦に並ぶ。
・Eは角にくる。

A～Eをこのように入れる入れ方は何通りあるか。

1 2通り　**2** 3通り　**3** 4通り　**4** 5通り　**5** 6通り

<解き方>

場合分けするときは、規則的に、漏らさないように注意し、あわせて制限条件をよく考える。AとBの位置によって場合分けすると、以下の9通りが考えられる。

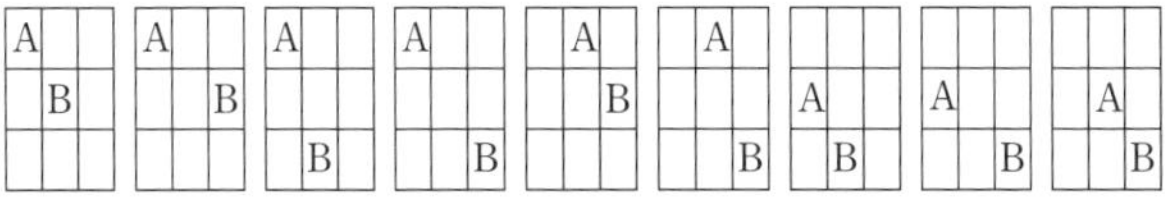

A		
	B	

A		
		B

A		
	B	

A		
		B

	A	
		B

	A	
		B

A		
	B	

A		
		B

	A	
		B

図1

次に2番目の条件からAとDは「桂馬飛び」の関係で、4番目の条件からB・C・Dは縦に並ぶことから、CとDを入れる。すると、図1の1、4、5、8番目についてだけ以下のような可能性がある。

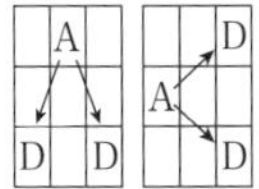

A	C	
	B	
	D	

A		C
		D
		B

	A	C
		B
		D

		D
A		C
		B

図2

3番目の条件からCとEも「桂馬飛び」の関係でEは角に入ると、結局、図2の1番目から2通り、4番目から2通り、合計4通りの入れ方が決まる。

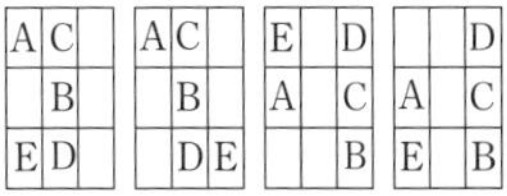

A	C	
	B	
E	D	

A	C	
	B	
	D	E

E		D
A		C
		B

		D
A		C
E		B

正解　3

5 平面上の位置関係

Level 1 ▷ **Q19,Q23**

平面上あるいは地理上の位置関係では、2点間の距離や角度などの知識も必要になる。

例えば、東に1m進み、北に1m進めば、北東に$\sqrt{2}$m進むことになる。また、ある点から等距離にある点は、円周上にある。これらのことを組み合わせて、推論を進めよう。

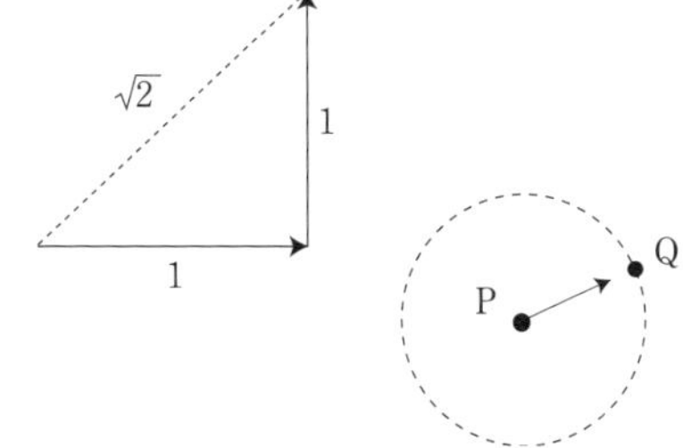

一般的には三平方の定理のあてはめがよく使われるが、数的推理で確認するような基本的な直角三角形の辺の長さは覚えておくとよい。さらに､典型的な図形はよく出題されるので、見慣れた図の出題の場合は確実に得点しなければならない。

【基礎演習】

キャンプ場でA～Fの6人がそれぞれテントを張った。

・A～Fはすべて異なる場所である。

・A、E、FはDから等距離にある。

・C、D、FはEから等距離にある。

・B、E、FはCから等距離にある。

・どれか4つのテントは一列に並ぶが、等間隔ではない。

このとき、等間隔ではなく一列に並んだ4人以外の人は、次のうちどれか。

1 A　**2** B　**3** C　**4** D　**5** E

<解き方>

条件の2・3・4番目から、D・E・Cが中心になる円を書き、円周上に等距離の人の位置を決めていく。円の中心になる人と、2点から等距離になる人は動かしづらいので、それ以外の位置を調整しながら、場所を決めていく。

2番目の条件から　　3番目の条件を加えると　　4番目の条件を加えると

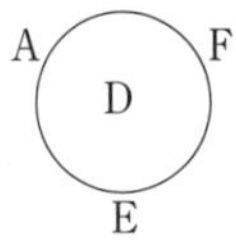

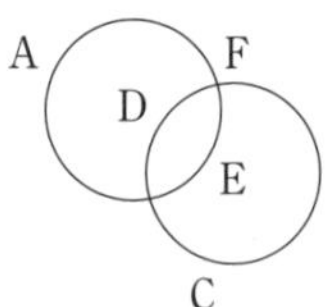

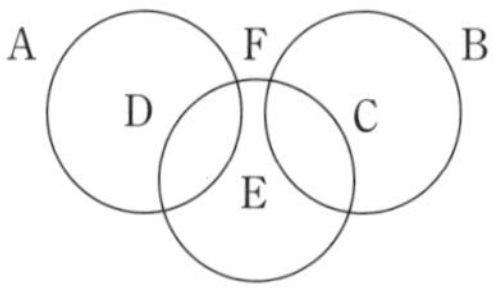

ここから、右の図のC・D・E・Fは相互の間隔を保たなければならず、重ならない限り一直線上には並ばないと考えられる。

よって、場所が確定できないAとBを、C・Dを結んだ直線状に置けば一直線になり、かつ、円の半径を調整すればA、B、C、Dは等間隔ではないことになる。以上から、直線状に並ばないのは、EとFのどちらかである。

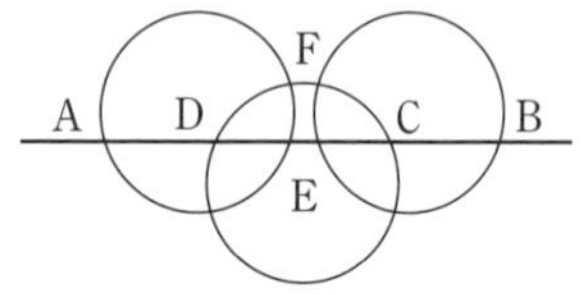

正解　5

スピードチェック！

1　**A～Eの5校が参加して駅伝が行われた。5校の最終走者に関して次のことがわかっているとき、ゴールした順位について正しく述べているのは次のうちどれか。**

- **A**は**2**校抜いた。
- **B**は**1**校抜いたが、**E**より順位は下だった。
- **C**は**3**校に抜かれ、**D**より後にゴールした。
- **D**は**1**校に抜かれた。
- **E**は**1**校抜いた。

1　**A**は**1**位で、**E**は**3**位であった。
2　**B**は**2**位で、**A**は**3**位であった。
3　**C**は**5**位で、**B**は**2**位であった。
4　**D**は**2**位で、**C**は**4**位であった。
5　**E**は**3**位で、**D**は**4**位であった。

・条件をどう整理するかがポイントであ

まず、スタート地点の順位を考える（○は前に人がいることを表す）。

○○A	2校抜く→前に2校
○B	1校抜く→前に1校
C○○○	3校に抜かれる→後に3校
D○	1校に抜かれる→後に1校
○E	1校抜く→前に1校

Aが2校抜いているので、抜かれているCDがそれだと仮定する（AC、ADの条件を組み合わせる）。

CA○○ DA
○B
○E

Cが抜かれた2校をBEとすると、

る。ゴールの順位を先に考えると、保留しておかなければならない事項(誰を抜いたか、はじめに何位だったかなど)が若干多くなるので、ここではスタート地点(最終走者への中継地点)の順位を考えることにする。

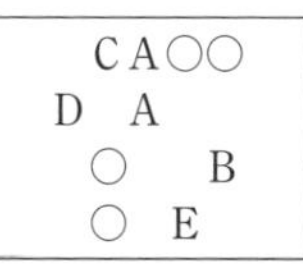

CはABEに抜かれ、Dより下位にゴールし、かつ、BはEより下位だから、

CA○○
D　A
○　　B
○　E

以上から、スタート地点では、DCAEB、ゴールでは、ADEBCとなる。
選択肢を検討すると、肢1の「Aは1位で、Eは3位であった。」が正しい。

正解　1

2　A〜Dの4人がトーナメント戦をして、Aが優勝した。順位のつけ方は自分が対戦して負けた相手の次になるとする。以下の図の場合、Aは1位、B、Dは2位、Cは3位となる。

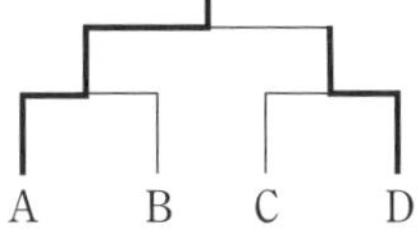

では、A〜Pの16人が下の表でトーナメント戦を行うと、3位の者は何人になるか。

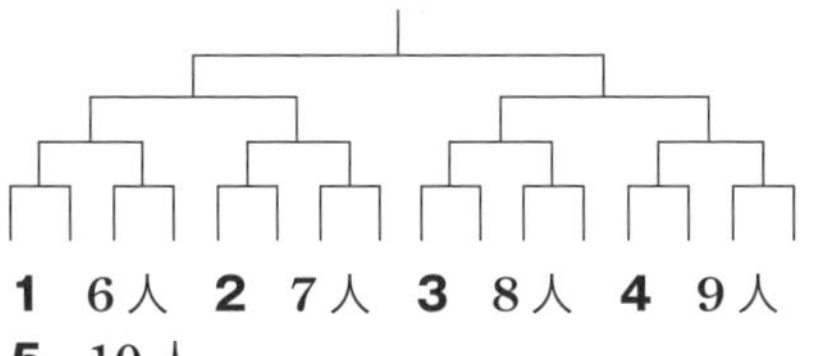

1　6人　**2**　7人　**3**　8人　**4**　9人
5　10人

・はじめは実際にトーナメント表に書き込んで考えていくことになる。
・1位の者に負けた者（2位）が4人いることに気がついたら、3位の人数はトーナメント表の位置から推測していきたい。

1位になるものは、4試合する。1位に負けたものが2位だから、
第1試合での2位、第2試合での2位、第3試合での2位、第4試合での2位、の4人がいる。

2位に負けたものが3位だから、2位の4人が何試合したかを考える。
第1試合の2位は、1試合で負けているので、3位となるものと対戦していない。
第2試合の2位は、2試合しているので、3位になるのは1人。
第3試合の2位は、3試合しているので、3位になるのは2人。
第4試合の2位は、4試合しているので、3位になるのは3人。
以上から、3位は6人いることになる。

正解　1

3 **A～Gの7人**がトーナメント方式でテニスのシングルスの試合を行ったところ、次のような結果になった。なお、トーナメントの図の中の太い線は勝ち上がりを表すものとする。

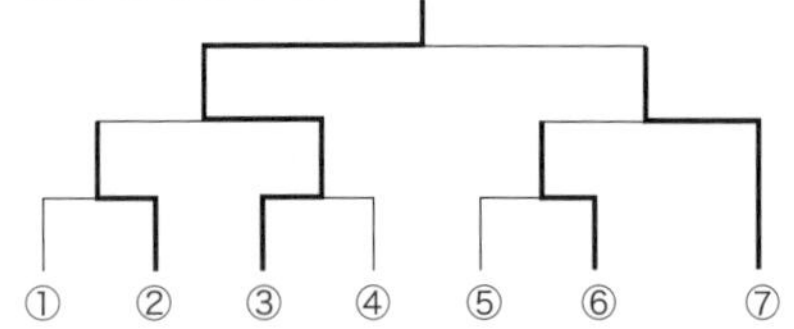

・**A**は**B**に勝ったが、**F**に敗れた。
・**E**は**F**と試合をしていない。
・**C**は**D**、**G**と試合をした。
このとき、確実にいえるのはどれか。

1 Cが優勝した。
2 Eは初戦敗退した。
3 Fが優勝した。
4 Dは初戦敗退した。
5 Gが優勝した。

・最後までしっかり確定しないと答えが出ない問題である。じっくり、条件とトーナメント表から、絞り込める者を探し出すこと。

勝敗を確認すると、①1敗、②1勝1敗、③3勝、④1敗、⑤1敗、⑥1勝1敗、⑦1勝1敗
1番目と3番目の条件から、AとCは2回戦っているから、②・⑥・⑦の可能性がある。
A＝②とすると、B＝①、F＝③となる。しかし、CはFと戦っていないので⑦には入らず、⑥に入れると、Eを入れるところがなくなる。
A＝⑥とすると、B＝⑤、F＝⑦となる。C＝②、①・③がD・Gとなり、Eが④なら、条件に合致する。
A＝⑦とすると、B＝⑥、F＝③となる。しかし、この場合、C＝②とすると、CはFと戦うことになり不適。
以上から、A＝⑥、B＝⑤、C＝②、E＝④、F＝⑦、(D, G) ＝ (①, ③) となり、肢2の「Eは初戦敗退した。」が正しい。

正解　2

4 着色された**6**つの箱が、赤・青・黄・白・黒・緑の順に並んでいる。隣り合った**2**個の左右を入れ替える作業を何回か繰り返して、青・黄・白・緑・黒・赤の順に並べ替えたい。作業は最低何回行えばよいか。

1 5回　**2** 6回　**3** 7回　**4** 8回
5 9回

・隣の2個に限定された作業なので楽である。基本的な解法をしっかりマスターして、さらに出来上がりから元に戻す方法なども試してみよう。

入れ替えた前後をよく見比べる。
前…　赤・(青・黄・白)・(黒・緑)
後…　(青・黄・白)・[緑・黒]・赤
赤が、左端から右端に移り、「青・黄・白」の順に変わりはなく、「黒・緑」が入れ替わっている。
隣の左右を入れ替えるのだから、まず順に赤を移して、5回の作業となる。
(青・黄・白・黒・緑)・赤
さらに、黒と緑を入れ替える。
(青・黄・白)・[黒・緑]・赤
よって、計6回の作業になる。

正解　2

5 **A～Fの6人が横に1列に並んで2回写真撮影を行った。1回目は左からA、B、C、D、E、Fの順に並んで撮影した。2回目の撮影では、AとFの間に3人、CとDの間に2人いたことがわかった。1回目と2回目で同じ位置の人はいなかった。このとき2回目の位置について確実にいえるのは次のうちどれか。**

1 AとCは隣どうしである。
2 BとDは隣どうしである。
3 CとEは隣どうしである。
4 DとFは隣どうしである。
5 EとFは隣どうしである。

・AとFの間に3人いることから、AかFのどちらかが左右の端にいる。ここからCDの位置を決めていく。

AとFは、●□□□●□か□●□□□●の関係であり、ここにCとDの▲□□▲を重ねると、

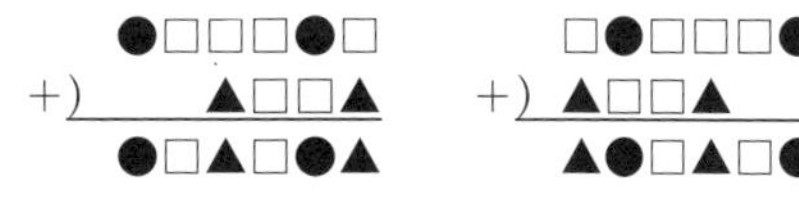

この2種類の並び方になる。
●にAかF、▲にCかDを入れるが、ABCDEFの順は1回目に並んでいるので、1番目にはA、6番目にはFを入れられない。
すると　F□D□AC　と　DF□C□A　の2種類になる。
残りのBとEも、1回目と違うように入れると、FEDBAC　と　DFECBA　のどちらかになる。
選択肢を検討すると、どちらにも共通するのは、肢5の「EとFは隣どうしである。」となる。

正解　5

6 **A～Eの5人が、この順番で1列に並んでいる。以下のことがわかっているとき、確実にいえるものは次のうちどれか。ただし、5人は、真北・真南・真東・真西のいずれかを向いている。**

・**Aの右にも左にも人はいない。**
・**BはDと同じ方向を向いており、左にCがいる。**
・**EはAと同じ方向を向いており、右には人はいない。**
・**Cの横にはDがいるが、それはCの北ではない。**
・**Aは真北を向いている。**

1 Bは西を向いている。
2 Cは東を向いている。
3 Dは東を向いている。
4 北を向いているのは3人である。
5 西を向いているのは2人である。

1番目と5番目の条件から、Aは北向きで、左右（西東）に人がいない。
よって、（北）ＡＢＣＤＥ　か　（北）ＥＤＣＢＡ　の順になるが、4番目の条件を考えると、DはCの南にいるから、（北）ＡＢＣＤＥ　が適当となる。

残った条件から、向きを考える。ここで、Bは、左にCがいるので西向きになる。DはBと同じ西向き。Cは横にDがいることから、南北を向いていないことはわかるが、東西どちらかは確定できない。

東
北　←A　B↓　C↑↓　D↓　←E
西

以上から、肢1の「Bは西を向いている。」が正しい。

正解　1

第1章
第2章
第3章
第4章
第5章
第6章
第7章
第8章

・順序は決まっていて向きを決める問題。Aを決めたら、条件から可能性を消していく。

7　図のアパートに**A**～**H**の**8**人が住んでいる。ア～オのことがわかっているとき、確実にいえるのは次のうちどれか。

	a	b	c	d	
西←	e	f	g	h	→東

ア　**A**の部屋の真上に**H**がいる。
イ　**C**の真上の部屋の隣に**B**がいる。
ウ　**H**の部屋の隣に**D**と**F**がいる。
エ　**A**の東隣に**G**がいる。
オ　**G**の部屋の真上に**D**がいる。

1　**A**は**f**の部屋に住んでいる。
2　**C**と**G**は隣り合っている。
3　**D**は**H**の西隣である。
4　**E**は**e**の部屋に住んでいる。
5　**F**は**c**の部屋で**E**の隣である。

アとエとオから、以下の配置が決まる。

H	D
A	G

これに、ウを合わせ考えると、以下のような位置関係となる。

F	H	D
	A	G

さらに、イから1階のCの位置を考えると、□にBを入れるために、Cは○の部屋になる。

□	F	H	D	
	○	A	G	

以上からBがCの左上、残りにEが入り、全部が決まる。

B	F	H	D
E	C	A	G

選択肢を検討すると、肢4の「Eはeの部屋に住んでいる。」が正しい。

正解　4

・位置関係の問題では、実際に配置図や地図を書いていく。条件をいくつか組み合わせると、何組かの配置が決まるので、それから可能性を考えていく。

8　図のように、川を挟んで両側に**7**軒の家が並んでいる。これらの家の配置についてア～オのことが分かると、家の位置がすべて確定するという。

川上

川下

オの［　　　］に入るものとして最も妥当なのはどれか。

ア　**A**の家は、**D**の家の川を挟んだ正面の

条件アから、AとDは下図のような桂馬飛びの関係にある。
また、条件イから、B・Cは丸の位置にいることになる。

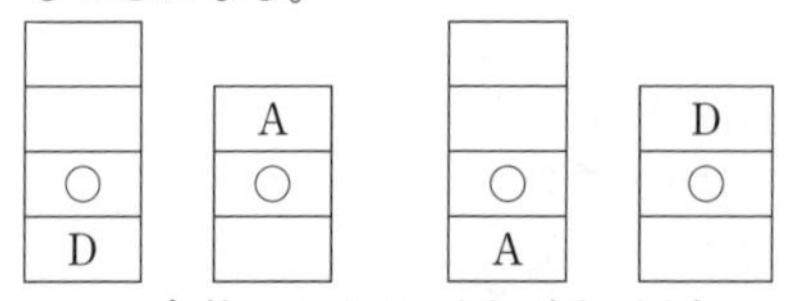

ここで条件エからCの同じ側の川上にEがいなくてはならず、C・Bが決まる。
また、GはBよりも川上だから、三角の位

置家の**1**つおいた左にある。

イ　**B**の家は、**C**の家の川を挟んだ正面にある。

ウ　**B**と**F**の家は、**G**の家より川下にある。

エ　**E**の家は、**C**の家と同じ側の川上にある。

オ　[　　　　　　　　　　　　]

1　**A**の家は、**B**の家より川上にある。

2　**B**の家の川を挟んだ正面の左隣は**D**の家である。

3　**D**の家と同じ側に**E**の家がある。

4　**E**の家の川を挟んだ正面に**A**の家がある。

5　**F**の家は一番川下にある。

・並ぶ順番の問題と位置・向きの問題が複合されている。まずは、向きを考えず、いくつかの順番を書き上げてみて、そこから条件で絞っていくとよい。

置にEかGが入り、残りのFも決まる。

△	
△	A
C	B
D	F

△	
△	D
C	B
A	F

あと1つ条件を加えて、位置が確定するのだから、E・Gに関する選択肢から確認していく。

4の「Eの家の川を挟んだ正面にAの家がある。」を加えると、次のように確定する。

G	
E	A
C	B
D	F

正解　4

9　図のような駐車場の①～⑥のスペースに、**A**～**E**の所有する**5**台の車が駐車されており、**1**つの空きスペースがある。これらの車の色は赤か白のどちらかである。

次のア～オのことが分かっているとき、空きスペースとなる可能性のあるもののみをすべて挙げているのはどれか。

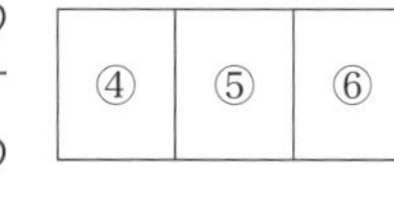

ア　①の車の色は赤である。

イ　**A**と**B**の車の色は赤で、**E**の車の色は白である。

ウ　**B**のスペースの真向かいは空きスペースであるが、その空きスペースの隣は**A**のスペースである。

エ　**C**のスペースの隣は**A**のスペースである。

条件ウとエから、以下の配置が決まってくる(上下左右の反転した場合は考えない)。

B 赤		
空	A 赤	C

条件オから、Eの真向かいになるのはAで、Cは白と考えられる。さらに、Cの真向かいがDに決まる。

B 赤	E 白	D
空	A 赤	C 白

ここから、上下左右に反転した場合を考えるが、①には赤の車がくるので、BかDが赤の場合の2通りとなる。

オ　Eのスペースの真向かいの隣にある車の色は白である。

1　②、③　　**2**　②、⑤　　**3**　③、④
4　④、⑥　　**5**　⑤、⑥

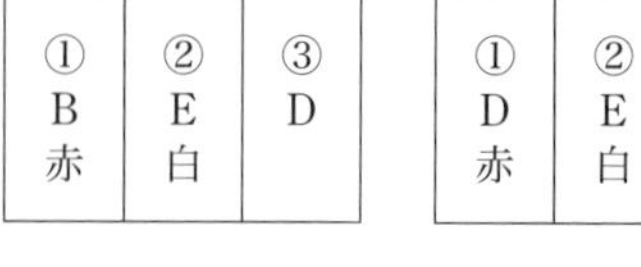

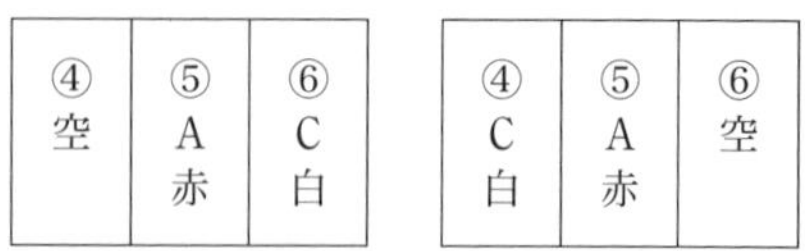

以上から、④か⑥が空きスペースと考えられる。

正解　4

10　**A～Hの8人**が図のような配置でテーブルについて、赤ワインと白ワインのいずれかを選択して飲んでいる。次のア～オのことがわかっているとき、確実に言えるものはどれか。なお、テーブルの角をはさんで座っている場合は、隣に座っているとはいわない。

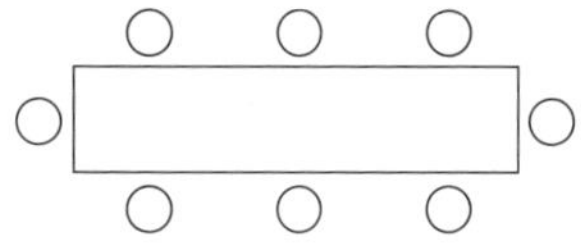

ア　**A**は白ワインを飲んでおり、**A**の両隣の人は赤ワインを飲んでいる。
イ　**B**の正面には白ワインを飲んでいる**F**が座っている。
ウ　隣り合わせに座っている**C**と**H**は、**2**人とも白ワインを飲んでいる。
エ　**C**は**G**の正面から**1**人置いた隣に座っている。
オ　**D**の左隣も正面も白ワインを飲んでいる。

1　**B**は赤ワインを飲んでいて両隣には誰も座っていない。
2　**C**の左隣は**H**で、**H**の左隣は**D**である。
3　**D**は白ワインを飲んでいて、正面は**C**である。
4　**E**の正面は赤ワインを飲んでいる**G**で

図のように、席に番号を振り、条件に沿って、位置関係がわかるところから埋めていく。

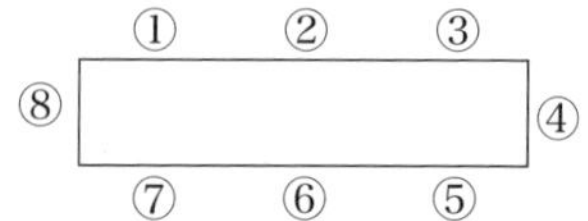

Aの両隣に座っている人がいるから、Aは②か⑥の席で、どちらの場合でも回転させて考えると重なるので、Aは、②の席だと考える。次に、CとHが隣り合わせだから、⑤と⑥または⑥と⑦（順不同）ということになる。さらに、Cの正面から1人置いてGだから、Cは⑤か⑦、Hが⑥でなければならない。Cが⑤ならGは①、Cが⑦ならGは③である。
ここで、Dの席を考えてみると、左端ではないから、①か⑤だから、CとGで①と⑤を埋めることができない。したがってCは⑦、Gは③であることがわかる。
また、GはAの隣なので赤ワインを飲んでいるから、白ワインを飲んでいる人の正面に座っているDは、⑤ではありえず、①でなければならない。
こうして下の図のように、席が決まる。残っているのはB、E、Fの3人だが、Fは白ワインを飲んでいてBの正面だから、2

ある。

5 **H**の右隣は**E**で、正面は**D**である。

人とも⑤ではありえず、Eが⑤になる。BとFは④と⑧だが、どちらがどちらかは確定できない。

以上のことから、順に選択肢を検討する。

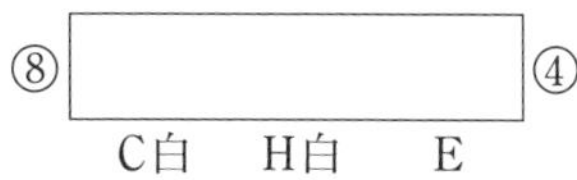

Bは両隣はいないが、赤白どちらを飲んでいるかはわからない。HはCの右隣だから、間違っている。Dの正面はCだが、Dは赤ワインを飲んでいるから間違いである。Eの正面はGで確かに赤ワインを飲んでいるから、これが正解である。Hの右隣はEだが、正面はAだから、これも間違いである。

正解　4

11　次の図のような座席で**A**～**E**の**5**人が朝食をとっている。昼食時の座席について**A**～**E**が次のように希望を述べたが、希望通りになったのは**C**だけであった。昼食時の座席について確実にいえるものはどれか。

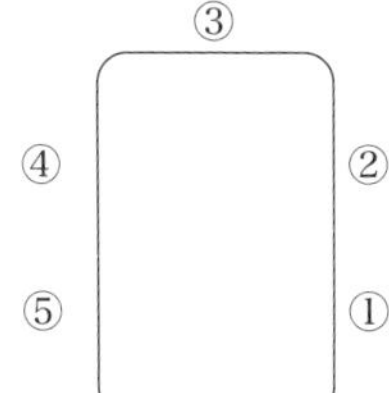

A　今度こそ、**B**の隣の席になりたい。

B　今度こそ、**C**の真向かいの席になりたい。

C　今度こそ、**A**の真向かいの席になりたい。

D　今度こそ、**C**の隣の席になりたい。

E　今度こそ、**D**の隣の席になりたい。

1　**A**と**E**は隣り合っている。

2　**B**と**D**は隣り合っている。

3　**C**と**B**は隣り合っている。

発言通りになったのはCだけであるから、C以外の発言は事実に反していることになる。

つまり、

　AとBは隣り合っていない
　BとCは向かい合っていない
　AとCは向かい合っている
　CとDは隣り合っていない
　DとEは隣り合っていない

となる。Dは、C、Eと隣り合っていないので、A、Bの両方または一方と隣り合っている。AとCが向かい合っていて、Aの隣は、D、Eの両方または一方である。

Aが①の位置だとするとCは⑤、DとEは隣り合っていないのでBが③に座って、DはCと隣り合わないので②、残りの④にEと順に決まっていく。

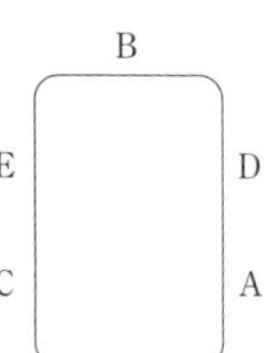

Aが⑤の位置なら、これと左右対称の位置に決まる。

4　**DとAは隣り合っている。**
5　**EとBは隣り合っている。**

12　**下図のように互いに壁で隣り合っている部屋12室からなる2階建てのアパートがあり、1部屋に1人ずつA～Lの12人が住んでいる。このうちの5人はそれぞれ自室で次のようにいっている。**

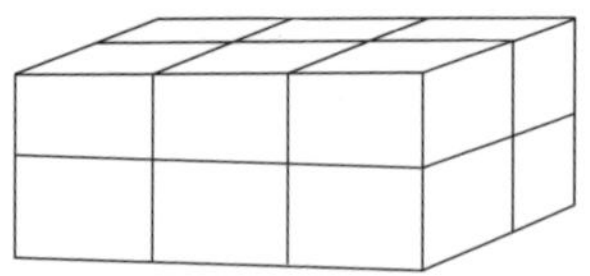

A　「私はGの真上に住んでいる」
B　「隣のCの部屋に向かって立つと、私の右隣にEの部屋がある」
I　「隣のHの部屋に向かって立つと、私の右隣にLの部屋がある」
J　「隣のGの部屋に向かって立つと、私の左隣にKの部屋がある」
L　「私の真上にはFが住んでいる」
Kの真上に住んでいる可能性のあるものはだれか。

1　**B、C**
2　**B、D**
3　**B、E**
4　**C、D**
5　**C、E**

次にAが②の位置だとするとCは④、DはAの隣でCと隣り合わない席であるから①、Aの隣の③はE、残りのBは⑤の席に決まる。この場合も、Aが④なら左右対称の位置になる。

以上のことを踏まえて選択肢を検討してみよう。肢1、肢2、肢3、肢5は、片方の場合でしか当てはまらないが、肢4は2つの場合のどちらでも言えるので、正解は肢4である。

正解　4

まず、AとFは2階、GとLは1階に住んでいることがわかるから、B、I、Jの発言の内容を平面図にして考えてみる。

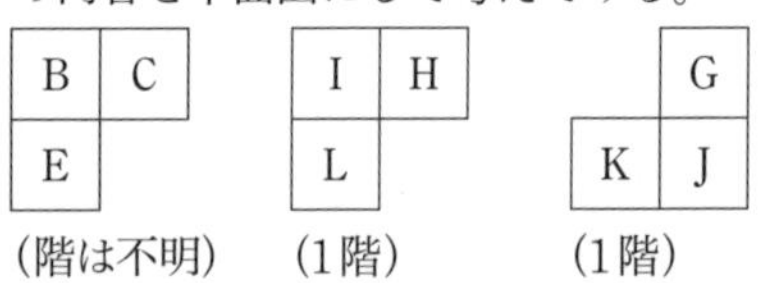

したがって、1階は

I	H	G
L	K	J

となる。

さらに2階は、Gの上がA、Lの上がFだから、

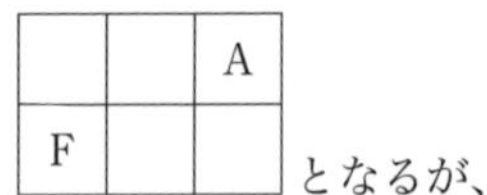

ここに

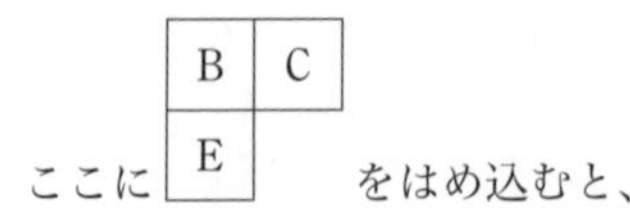

をはめ込むと、

	C	A
F	B	E

または

E	B	A
F	C	

となる。

したがって、Kの真上に住んでいる可能性があるのは、BかCだから、正解は肢1である。

正解　1

13　A～Eの5人が1000 m競争をした。スタートから1分後にCはDの26 m後ろ、AはBの30 m前を走り、Eの前には2人走っている。また先頭を走る者から最後方を走る者までの差は50 m以下である。この時、確実にいえるものはどれか。

1　Aの前を走る者はいない。

2　Bの前を走る者は3人いる。

3　CはBより後ろを走っている。

4　Dの後ろを走る者は3人以上いる。

5　Dの前を走る者は1人以上いる。

DからCまでが26 m、AからBまでが30 mであるが、D、C、A、Bあるいは、A、B、D、Cの順だとすると、この4人の先頭から最後方までの差が50 mを超えてしまう。したがって、この4人の順番は、D、A、C、Bか、A、D、B、C、またはA、D、C、Bの順であることになる。

Eの前には2人走っているので、考えられる順番は次の3通りになる。

① D、A、E、C、B
② A、D、E、B、C
③ A、D、E、C、B

この結果をもとに選択肢を検討してみる。肢1、肢2、肢3、肢5は当てはまる場合と、当てはまらない場合があるが、肢4だけはどの場合でも言えるので正解は肢4である。

正解　4

第4章 数量

Level 1 p134～p137、p176～p183 Level 2 p222、p223

■わかる数値を図に書き入れて、残りを埋めよう。

条件に応じて有効な図表を考えながら書くことが大切で、その選定のセンスを身につけたい。問題によって、直線であったり、ベン図であったり、表であったり、まちまちである。まず、条件から**わかるところの数値を図に書き入れ、残ったところはとりあえず条件を満たしそうな数値を入れていって、行き詰まったら元に戻す**。ときには、簡単な方程式を立てて数値を求めることもある。

1 カード

カードに関する問題では、その組合せや、並べ方を考えるものがほとんどで、推論と場合の数の発展問題と位置づけできる。数的推理と異なるのは、与えられる条件が数値だけでなく、単純な計算だけでは判断できないことである。結果として、最終的に一意に確定できない場合もあり、可能性のあるものを選択肢から選ぶだけの問題もある。

［考え方の手順］

6枚のカード、赤1、赤2、赤3、青1、青2、黄1を2枚ずつの組にするとして、どの組も異なる色の組合せで、組の数字の和がそれぞれ異なるようにする。条件からいろいろな組合せを順に手作業で考えてみる。

①色の組合せ：異なる色だから、赤・青、赤・黄、青・黄。しかし、青・黄を選ぶと、残りの1組は赤・赤になるので不適。

②数字の和の組合せ：組の和の可能性は、2・3・4・5がある。しかし、4を作ると、残りの1組の和が4になり不適。

③色と和の組合せ：赤・青2組、赤・黄1組で、和が2・3・5になるように組み合わせる。

答え：(赤1青1)、(赤2黄1)、(赤3青2)、あるいは、(赤1黄1)、(赤2青1)、(赤3青2)

【基礎演習】

赤、青、緑、黄のカードが5枚ずつあり、どの色のカードにも○印をつけたカードと×印をつけたカードが1枚ずつある。この20枚のカードをA、B、C、Dの4人に5枚ずつ配った。

A：同じ色のカードが4枚ある。また、○印のカードと×印のカードが1枚ずつあり、その2枚は色が違う。

B：赤いカードが3枚、青いカードが1枚ある。また、○印か×印のカードが4枚あって、そのうち3枚は同じ印である。

C：緑色のカードが3枚あって、残り2枚は同じ色である。また、○印か×印のカードがある。

D：すべての色のカードがある。また、○印のカードがある。

以上のことから、確実に言えることは次のうちどれか。

1　Aは青の×印を持っている。
2　Dは黄の○印を持っている。
3　Cは緑の×印を持っている。
4　Bは青の○印を持っている。
5　Dは赤の○印を持っている。

＜解き方＞

下の解説のように条件を記号で表すと、だいぶ見通しがよくなる。そして、合計枚数その他から、だんだん絞っていくが、右のような対応表を作る方法もある。選択肢の条件を加えて、これがどうなるか、合わせて考えてみよう。

	赤	青	緑	黄
	D	D	D	D
	B	B	C	
	B		C	
	B		C	
	○	○	○	
○	B	A	C	D
×	B	B	B	A

Cと決まる

Aと決まる

ここでは、赤をr、青をb、緑をg、黄をyとして条件をまとめると、下の矢印の左のようになるが、印について調べると、矢印の右のようになる。

A：xxxx ？　(○×色違い)　　　　　　○×（色違い)
B：rrrb ？　(○○○×または○×××)　→　○×××
C：gggzz　(○または×を含む)　　　　○
D：rbgy ？　(○を含む)　　　　　　　○

各色のカードは5枚しかないので、x＝y、z＝b、？＝r・b・g(1枚ずつ)、となる。

Bには×印のカードが3枚あるので、少なくとも3種類の色のカードがあるはずである。これから、B＝rrrbg(○はr、×はrbg）となる。

Aの？は印のカードである。rの印のカードは2枚ともBにあるから、Aの？はbである。あとは自動的に決まり、A＝yyyyb(○はb、×はy)、C＝gggbb(○はg)、D＝rbgyr（○はy）となる。

正解　2

【基礎演習】

1～9の数字が書かれたカードが1枚ずつあり、このカードをA～Fの6人に配った。A～Fが、自分のカードの数字を合計したところ、それぞれ、10、4、7、12、3、9であった。どの人もカードを3枚以上は受け取っていないものとして、確実にいえることは次のうちどれか。

1　1のカードはEが持っている。

2　2のカードはCが持っている。

3　5のカードはFが持っている。

4　6のカードはCが持っている。

5　8のカードはFが持っている。

<解き方>

それぞれの人の持っている枚数をまず考え、それによって場合を分ける。

まず、総和を確認しておくと、

A　10＝9＋1、8＋2、7＋3、6＋4

B　4＝3＋1、4

C　7＝6＋1、5＋2、4＋3、7

D　12＝9＋3、8＋4、7＋5

E　3＝2＋1、3

F　9＝8＋1、7＋2、6＋3、5＋4、9

のように分解して、準備しておくとよい。

カードの数字の合計は、1＋2＋…………＋9＝45であり、A～Fの数の和が、10＋4＋7＋12＋3＋9＝45なので、カードはすべて配ったことになる。A～Fの6人はカードを必ず受け取っているから、3枚がダブって配られている。その3枚は誰が持っているだろうか。

カードの数字は9までしかないので、AとDは2枚以上カードを持っている。3枚以上ということはないので、AとDはカードをちょうど2枚（それぞれのカードをa・b、c・dとする）持っている。すると残りのB、C、E、Fのうち1人が2枚カードを持っていることになる。

Bが2枚持っている場合、Bのカードは3と1になるが、Eの3が作れなくなる。だから、この場合は起こらない。Bは4となる。

Cが2枚持っている場合、Cのカードは6と1であるか5と2である。4と3ということはない（Bは4なので）。

・Cが6と1の場合：aとb、4、6と1、cとd、3、9

(a＋b＝10、c＋d＝12)

2、5、7、8をa、b、c、dのいずれかにそれぞれ入れると、

8＋2、4、6＋1、7＋5、3、9となる。

・Cが5と2の場合：aとb、4、5と2、cとd、3、9

1、6、7、8はa、b、c、dのいずれかにそれぞれ入れられない。

Eが2枚持っている場合も、Fが2枚持っている場合も、同じように考えていくと、不可能であることがわかる。

正解 4

2 順序

順序の決定では、並んでいるものの相互関係の情報から、位置を決めていく。

単純に差がわかっていて順序を決める問題では、数直線上に配置していくのが一番。このとき、いろいろな可能性があるなかでも、できるだけ条件のきついものから調べていき、範囲を絞るのが鉄則である。

[順序の基本テクニック]

「AとBの差がxのとき」とは、A＞Bの場合とB＞Aの場合が考えられること。複数の図を作るか、仮定で複数配置するかの対応が必要となる。

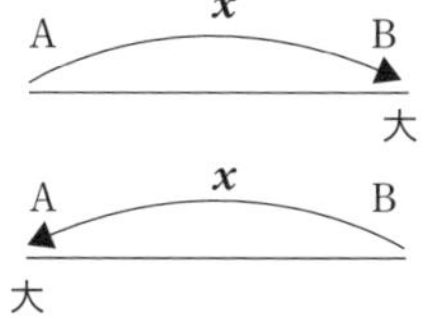

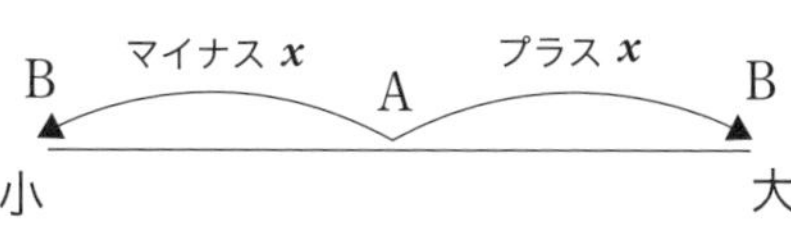

【基礎演習】

A～Eの5人の得点について次のことがいえる。

・得点の一番高い人と一番低い人では、20点の差がある。
・AとBは3点差で、Aの方が得点が高い。
・CとDは9点差である。
・BとEは16点差である。
・Cの得点は5人のうちの真ん中である。
・どの2人の得点の差も異なる。

以上のことから、確実に言えることは次のうちどれか。

1 DとEは4点差である。　**2** BとCは5点差である。
3 CとEは8点差である。　**4** Aの得点は1番目か2番目である。
5 得点の一番低い人はDである。

<解き方>

条件をいくつか組み合わせて、大まかな順位をあらかじめ決めるとよい。

1、2、4番目の条件から、A、B、Eの順位について次の場合が考えられる。なお左が上位である。

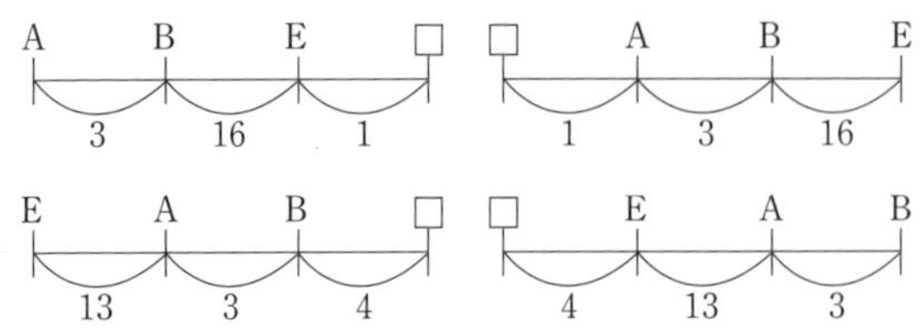

3、5番目の条件から、最高得点か最低得点がDで、9点差のCは次のように決まる。

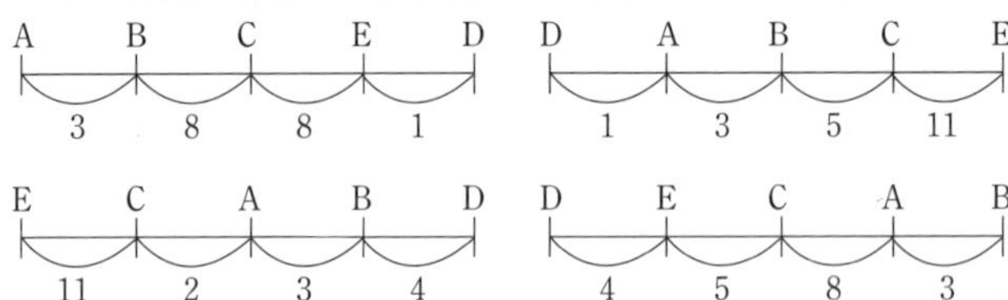

このうち、Cの得点が真ん中となり、5番目の条件を満たすのは、最初の場合と最後の場合である。

しかし6番目の条件から、最初の場合ではないことがわかる（BとCが8点差、CとEも8点差）。

最後の場合は、6番目の条件を満たしている。

正解　1

3 人数の決定

Level 1 ▷ **Q04,Q05**　Level 2 ▷ **Q48**

① ベン図の利用

人数や数量を推測する場合も、ベン図の利用が有効な場合がある。

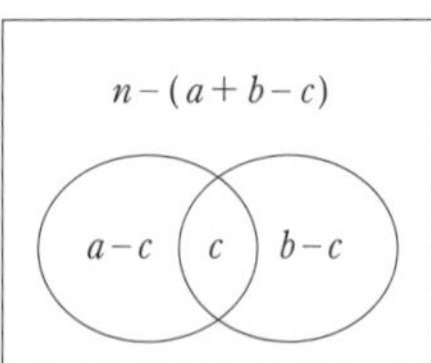

Aに属す人がa人、Bに属す人がb人、AとBの両方に属す人がc人、全体の人数がn人であれば、各領域に属す人の数は、右図のようになる。

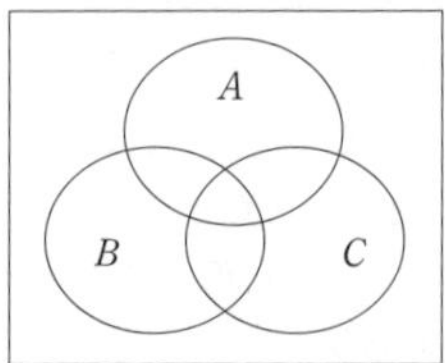

【3つの領域の重なり】

3つの領域の重なりなら、右の中央・下のような図で考える。

［ベン図の基本テクニック］

A、B、Cに属す人の数をそれぞれa、b、cとし、AとB、AとC、BとCに属する人の数をそれぞれx、y、zとし、A、B、Cのすべてに属する人の数をw、とすると、$\boldsymbol{A}$か$\boldsymbol{B}$か$\boldsymbol{C}$に属す人の数は、

$a+b+c-x-y-z+w$　　になる。

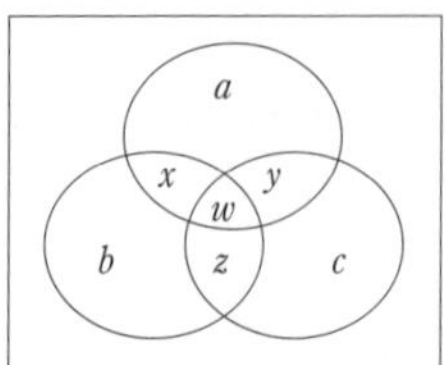

② ベン図が書きにくい場合

領域が4つ以上ある場合は、複数のベン図を書いて推測するか、以下のように補助的な図を数値を書き入れて考えてみる。残りの数値は､簡単な計算で順に埋めていくことができる。

たとえば、A・B・C・Dの4つの製品を所有する人数を調べる場合は以下のようになる。

	4つ全て	3つの組合せ	2つの組合せ	1つだけ	なし
A	○	○ ○ ○ ×	○○○×××	○ × × ×	×
B	○	○ ○ × ○	○××○○×	× ○ × ×	×
C	○	○ × ○ ○	×○×○×○	× × ○ ×	×
D	○	× ○ ○ ○	××○×○○	× × × ○	×
人数					

③ 集計表

集計表から、各部分の人数を割りだすこともできるようにしよう。わかっている欄の数値を記入し、あとの数値は若干の計算で求める。

【基礎演習】

A、B、Cの3人について、互いに相手に電話をかけた回数をある1カ月について調べたら次のようになった。

・Aが電話した回数とBが電話した回数は等しかった。
・Cは4回電話した。
・Bは他の2人に同じ回数だけ電話した。
・BもCも5回電話を受けた。
・CはBに1回だけ電話した。

これらのことからいえることは、次のうちどれか。

1 Aは6回電話した。
2 Aは5回電話を受けた。
3 BはCに2回電話した。
4 Bは4回電話した。
5 A、B、Cの電話した回数は、合わせて15回であった。

<解き方>

お互いにやりとりがあるタイプの問題は、表を作ってみるとはっきりする。

左側に電話をかけた人、上側に電話を受けた人を書いた表を作る。2、4、5番目の条件から、数値を記入すると下の左の表ができる。これから2つの欄の数がわかるので、それを書き入れると右のようになる。

AがBにかけたのは5－1＝4回
CがAにかけたのは4－1＝3回

相手

本人	A	B	C	計
A	×			
B		×		
C		1	×	4
計		5	5	

→

	A	B	C	計
A	×	4	x	$4+x$
B	y	×	y	$2y$
C	3	1	×	4
計		5	5	

AがCに電話した回数をx、BがAに電話した回数をyとする。Bが電話した回数は$2y$だから、1番目の条件から、$4+x=2y$が成り立つ。またCが電話を受けた回数から$x+y=5$が言える。この2つの方程式を解くと、$x=2$、$y=3$となる。これをまとめたのが次の表である。

	A	B	C	計
A	×	4	2	6
B	3	×	3	6
C	3	1	×	4
計	6	5	5	

正解　1

【基礎演習】

60人からなるグループの人たちに、A、B、Cという3つの地方に行ったことがあるかどうかを尋ねた。

・A地方に行ったことのある人は24人、B地方に行ったことのある人は33人、C地方に行ったことのある人は20人いる。
・A地方にもB地方にも行ったことのある人は9人いる。
・B地方にもC地方にも行ったことのある人は10人いる。
・A地方、B地方、C地方のすべてに行ったことのある人は4人いる。
・A地方、B地方、C地方のどこにも行ったことのない人は5人いる。

このとき、AにもCにも行ったことのある人の数は次のうちどれか。

1　4人　　**2**　5人　　**3**　6人　　**4**　7人　　**5**　8人

<解き方>

典型的な問題なので、ベン図を適切に使いこなせるようにしておこう。
また、次の基本的な関係を押さえておこう。

$$|A\cup B| = |A| + |B| - |A\cap B|$$
$$|A\cup B\cup C| = |A| + |B| + |C| - |A\cap B| - |B\cap C| - |C\cap A| + |A\cap B\cap C|$$

以下のような図（ベン図）を描き、各ブロックに所属する人数で確定できるものを記入する。人数は次のように計算できる。

AとBに行き、Cに行かない人：9－4＝5人

BとCに行き、Aに行かない人：10－4＝6人

Bに行き、AとCには行かない人：33－5－4－6＝18人

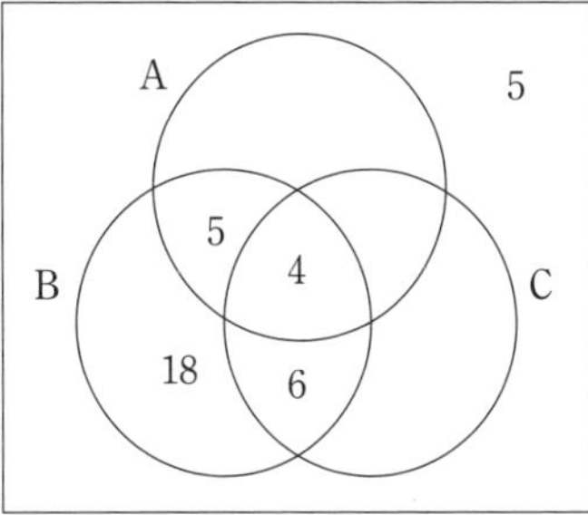

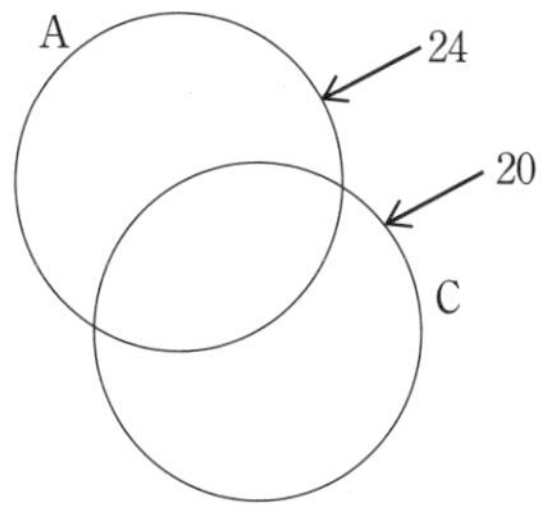

$|A \cup C| = 37$

$|A| = 24$、$|C| = 20$、$|A \cup C| = 60 - 18 - 5 = 37$より、

$|A \cap C| = |A| + |C| - |A \cup C| = 24 + 20 - 37 = 7$

となる。ここで、$|A \cap C|$はAとCの両方に行った人の数である。

正解　4

【基礎演習】

ある店で売っている4種類のパンA、B、C、Dの値段は、それぞれ70円、100円、120円、180円である。ある時間帯に39人の人がこの4種類のパンのどれかを買った。以下はその情報である。

・一番多く支払った人の金額は290円で、それ以下のすべての組合せの金額が支払われた。

・170円、190円、220円、290円を支払った人は、それぞれ5人、6人、8人、6人であった。

・同じパンを2つ以上買った人はいなかった。

・A、B、C、Dの売れた数は、それぞれ20個、25個、23個、4個であった。

以上のことから判断して、70円か180円のパンを買った人の人数として正しいものは、次のうちどれか。

1　18人

2　19人

3　20人

4　22人

5　23人

<解き方>

1番目の条件の「それ以下（290円）のすべての組合せの金額が支払われた」という意味を考えてみよう。

A＋B＋C＝70＋100＋120＝290円　だから、4種類のパンから3種類を買ったのはこの290円だけで、あとは2種類か1種類のみ買ったという意味である。

290円以下のすべての組合せを書くと次の表のようになる。

	70	100	120	170	180	190	220	250	280	290	
70のパンA	a	－	－	5	－	6	－	ⓔ	－	6	20個
100円のパンB	－	b	－	5	－	－	8	－	f	6	25個
120円のパンC	－	－	c	－	－	6	8	－	－	6	23個
180円のパンD	－	－	－	－	d	－	－	ⓔ	f	－	4個
人　数	a	b	c	5	d	6	8	e	f	6	計39人

この表を横に見ていくと、$a+e=3$、$b+f=6$、$c=3$、$d+e+f=4$がわかる。
人数39人と$c=3$、$d+e+f=4$から　$a+b=7$。
また、$a+e=3$でa、eは1か2しかない。
適するのは$a=2$、$e=1$。

(i)　$a=1$の場合
($e=2$) $b=7-1=6$、
しかし　$b+f=6$で$f=0$
となって不適。
$d+1+1=4$から$d=2$

(ii)　$a=2$の場合
($e=1$)　$b=7-2=5$、
$f=6-b=6-5=1$
$d+1+1=4$から$d=2$
適する。

70円か180円のパンを買った人数は（eだけがダブっている）
$(a+5+6+e+6)+(d+e+f)-e=20+4-1=23$人である。

正解　5

【基礎演習】

次はA～Dの4つのクラスの、4日間にわたる欠席者数について述べたものである。
・1日目から4日目までの毎日の欠席者数は、それぞれ、3人、5人、10人、5人であった。
・Aクラスは、2日目に1人、4日目に2人欠席し、3日目は誰も欠席しなかった。
・Bクラスは、3日目に3人欠席した。
・Cクラスは、2日目に3人欠席し、1日目は誰も欠席しなかった。
・Dクラスは、1日目に2人欠席し、4日目は誰も欠席しなかった。
・欠席者数の4日間の合計は、BクラスとCクラスが同数で、Dクラスが5人であった。

以上のことから、確実にいえることは次のうちどれか。

1　Aクラスの欠席者の4日間の合計は3人であった。
2　Bクラスの欠席者の4日間の合計は6人であった。
3　Bクラスには4日間とも欠席者はいなかった。
4　Cクラスは4日目に2人欠席した。
5　Dクラスは2日目に誰も欠席しなかった。

<解き方>

一覧表を作って考えるとよい。合計がわかっているので、その条件を生かして解いていく。

欠席者数の一覧表を書き（左図）、空欄をa～hとする（右図）。

	1	2	3	4	計
A		1	0	2	
B			3		x
C	0	3			x
D	2			0	5
計	3	5	10	5	

→

	1	2	3	4	計
A	a	1	0	2	
B	b	c	3	g	x
C	0	3	e	h	x
D	2	d	f	0	5
計	3	5	10	5	

$a+b=1$、$c+d=1$、$e+f=7$、$g+h=3$、$d+f=3$、$b+c+3+g=3+e+h$である。
$c=0$とすると、$d=1$、$f=2$、$e=5$となるので、$h=3-g$と合わせて最後の式に代入する。
$b+0+3+g=3+5+3-g$　つまり、$b+2g=8$
となるが、$b\leqq 1$、$g\leqq 3$より、これを満たすbとgはない。
$c=1$とすると、$d=0$、$f=3$、$e=4$となるので、
$b+1+3+g=3+4+3-g$　つまり、$b+2g=6$
となり、これから、$b=0$、$g=3$となる。

正解　5

4 はかりかた

Level 1 ▷ Q27,Q28

天びんとおもりを使ってはかる方法では、2進法あるいは3進法の原理がよく使われる。

[はかりかた・天びんの基本テクニック]

1、2、$2^2=4$、$2^3=8$、$2^4=16$、…のおもりがあれば、それを組み合わせていろいろな整数の重さがはかれる。3進法のおもりの場合は、天びんの両側にのせることになる。

2進法の場合	3進法の場合
1＝1	1＝1
2＝2	2＝3－1
3＝2＋1	3＝3
4＝4	4＝3＋1
5＝4＋1	5＝9－3－1
6＝4＋2	6＝9－3
7＝4＋2＋1	7＝9－3＋1
・・・・・・	・・・・・・

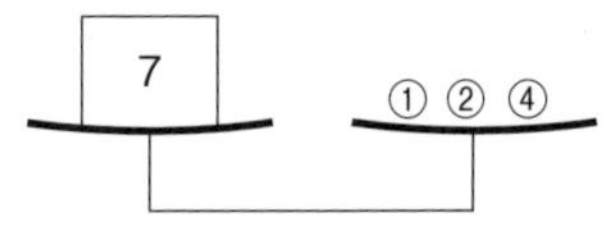

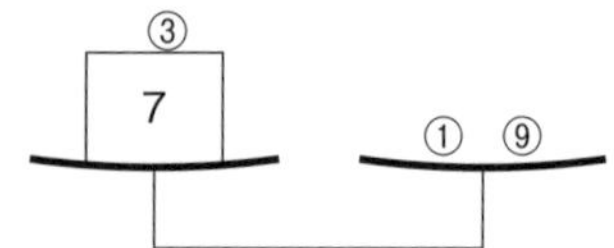

(2進法)

整数を2のべき（2^0、2^1、2^2、2^3、…）で表す表し方。

10＝8＋2より、10を2進法で表記すると、1010と書ける。

一の位の0←$1=2^0$

十の位の1←$2=2^1$

百の位の0←$4=2^2$

千の位の1←$8=2^3$

(3進法)

整数を3のべきで表したのが3進法である。

15＝9＋2×3より、15を3進法で表記すると、120になる。

一の位の0←$1=3^0$

十の位の2←$3=3^1$

百の位の1←$9=3^2$

【基礎演習】

見かけ上同じ8個のコインA～Hがある。このうち6個は本物で、すべて同じ重さである。残りの2個は、重さがほんのわずか軽い、にせコインである。にせコイン2つの重さは等しい。

上皿天びんを使って、にせコインを見つけようとした。

・左側にA、B、C、右側にD、E、Fを乗せたところ左に傾いた。
・左側にA、F、G、右側にD、E、Hを乗せたところつり合った。
・左側にB、E、G、右側にC、F、Hを乗せたところつり合った。

以上のことから判断して、確実にいえることは次のうちどれか。

1　Bはにせコインである。
2　Cはにせコインである。
3　Dはにせコインである。
4　Eはにせコインである。
5　Gはにせコインである。

<解き方>

天びんの左右に乗せるものの位置を変えることによってつり合いの状態が変われば、位置を変えたものの重さが他と違う可能性がある。この問題では、にせコインが2つあるので、左右ににせコインがあった場合もつり合うところが、ポイントである。

最初の量り方で天びんが傾いたことに着目する。この中ににせコインがあるはずである。にせコインは本物より軽いので、D、E、Fのどれかがにせコインである。

この中ににせコインが2つある場合と、1つだけで、他は、量っていないGかHの場合が考えられる。

ところで、D、E、Fは2番目の量り方でも使われている。ということは、2番目の左側に1つ、右側に1つにせコインがあることになる。

D、E、Fの中に2つにせコインがある場合は、2番目の量り方より、それはDとFか、EとFのどちらかである。

D、E、Fの中に1つにせコインがある場合は、2番目の量り方より、DとG、EとG、FとHのどれかである。

にせコインをDとFとする。3番目の量り方を見ると、左に傾くはずなのに、つり合っているので矛盾する。

にせコインがEとFの場合は、3番目の量り方に矛盾せず、この可能性はある。

にせコインがDとGの場合、EとGの場合、FとHの場合は、いずれも3番目の量り方に矛盾する。

したがって、にせコインはEとFである。

正解　4

【基礎演習】

上皿天びんと、1g、3g、9g、27g、81gの分銅がそれぞれ1つずつある。60gの重さのものをきちんと量るとき、使われない分銅は次のうちどれか。

1　1gの分銅

2　3gの分銅

3　9gの分銅

4　27gの分銅

5　81gの分銅

<解き方>

天びんを使った量り方では、重い分銅から置くようにしていくことが大切。また、3進法による1g、3g、9g、27g、81gの分銅に慣れておきたい。

2＝3－1

4＝3＋1

5＝9－3－1

6＝9－3

7＝9＋1－3

8＝9－1

10＝9＋1

11＝9＋3－1

12＝9＋3

13＝9＋3＋1

のように、分銅を組み合わせることで、量っていくことができる。60g以外の数もできるので、練習しておきたい。

分銅は天びんの両側に乗せられる。

小さな数値の重さの例を下に示す。原理は3進法に基づく。

	天びんの左側	天びんの右側	式
4gの例	・(4g)	・1g＋3g	・4＝1＋3
5gの例	・(5g)＋1g＋3g	・9g	・5＝9−1−3

さて60gのものを左側に置いたとする。

1g〜27gでは明らかに60gは量れないから、81gの分銅が必要である。この分銅はもちろん右側に置くことになる。すると、右側に81－60＝21gの重さを乗せ、これを1g〜27gの分銅を使って量る問題になる。

60g＋△＝81g＋□　→　△＝21g＋□

21gは1g〜9gでは量れないから、27gの分銅が必要である。これは、21gの反対側、つまり左側に置くことになる。すると、今度は、左側に27－21＝6gの重さを乗せ、これを1g〜9gの分銅を使って量る問題になる。

27g＋○＝21g＋□　→　6g＋○＝□

6gは1gと3gでは量れないから、9gの分銅が必要である。これは、6gの反対側、つまり右側に置くことになる。すると、今度は、右側に9－6＝3gの重さを乗せ、これを1gと3gの分銅を使って量る問題になる。

6g＋○＝9g＋◇　→　○＝3g＋◇

これは簡単である。まとめると、60＋27＋3＝81＋9となり、1gの分銅を使わない。

正解　1

スピードチェック！

1　A～Eの5人の年齢差について次のことがわかっているとき、年齢の高いほうから低いほうへ正しく並べてあるものはどれか。ただし、同い年の者はいないこととする。

・AとEは3つ違い
・DはEより2つ年下
・AとBは2つ違い
・BはCより3つ年下
・CとDは4つ違い

高　→　低

1　A E C D B
2　C B A E D
3　C E B D A
4　E A D C B
5　E C D A B

・このような問題の場合、解説のように図や数直線で表して考えるのが典型的な解法である。しかし、1番目の条件からAとEは3つ違いであり、これを軸に選択肢を2つに絞り、5番目の条件から、正解に達する。試験ではこの方法で1分以内に解答したい。

1年の違いを○、1つ年上を←で表す。

A○○E
E←D
A○B
C←←B
C○○○D

これを図にまとめる。図の左右は年の上下、図の上下は年の違いを表す。

E	←	D				
○		○				
○		○			A	
A		○			○	
		C	←	←	B	☆

ここで、Aが近づくように、Dを星の位置に移動させてみる。

		A				
		○	A			
		○	○			
C	←	E	B	D	◎	

こうすると、◎の位置にAがくれば条件をみたすことがわかる。

よって、CEBDAの順番が決まる。

正解　3

2　A〜Eの5人が5点満点のテストを受け、その結果について以下のことがわかっている。確実にいえるものは次のうちどれか。ただし、テストの点数はすべて整数であるものとする。

・0点を取った者はいない。
・Aは5人中単独1位の成績であった。
・DはCの2倍以上の点数だった。
・EとDは2点差だった。
・BとCは2点差だった。

1　Aは5点満点だった。
2　3点は2人いた。
3　Bは3点だった。
4　BはEより点数が上だった。
5　Cは最下位だった。

・2番目・3番目の条件から、AとCに関する条件が決め手になることがわかる。場合わけで効率的にまとめればよいが、問題の途中でもだいたいの推測はつくので、確実に正解したい問題である。

2番目の条件からA以外は、4点以下である。3番目の条件から、CはDの2分の1以下になるので、Cは1点か2点となる。
そこでまずCで場合分けし、順に「DはCの2倍以上」「EはD±2」「BはC±2」「Aは単独1位」で可能性を考えていく。

Cが1の場合、D、さらにE・Bが自動的に決まる。さらにAが単独1位になるように考える。

C	D		E (D±2)	B (C±2)
1	2	→	4	3
	3	→	1	
	4	→	2	

1位	2位	3位	4位	5位
A(5)	E(4)	B(3)	D(2)	C(1)
A (4or5)	B(3)・D(3)		C(1)・E(1)	
A(5)	D(4)	B(3)	E(2)	C(1)

Cが2の場合は1通りだけになる。

C	D		E (D±2)	B (C±2)
2	4	→	2	4

1位	2位	3位	4位	5位
A(5)	B(4)・D(4)		C(2)・E(2)	

順に選択肢を確認すると、肢5の「Cは最下位だった。」が正しい。

正解　5

3　ある会社で新入社員を募集したところ、30人の応募があった。この会社では、教養試験、面接試験、作文試験の3種目の試験を行い、すべての試験に合格した者全員を採用することにした。試験の結果が次のア〜エのとおりであったとき、この会社は何名採用したか。

ア　教養試験と面接試験の両方に合格した者は9人である。
イ　面接試験と作文試験の両方に合格した

ベン図を作る。求める採用者は、Dの部分になる。

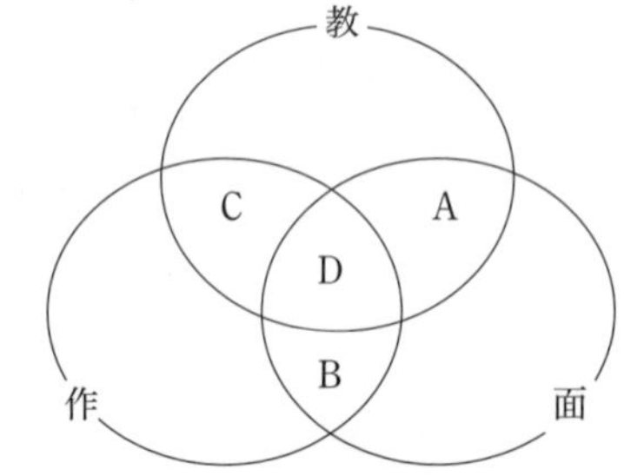

者は11人である。
ウ　教養試験と作文試験の両方に合格した者は10人である。
エ　いずれか2つの試験には合格したが残りの1つが不合格となり不採用になった者は18人である。

1　1人　　**2**　2人　　**3**　3人
4　4人　　**5**　5人

・典型的なベン図の問題。条件が、ベン図のどの範囲に入るのかをしっかり考える。

条件アから、教養・面接に合格した者は、
A＋D＝9　…①
条件イから、面接・作文に合格した者は、
B＋D＝11　…②
条件ウから、教養・作文に合格した者は、
C＋D＝10　…③
条件エから、残り1つで不合格だった者は、
A＋B＋C＝18　…④
①②③から、(9＋11＋10) 人は、(A＋B＋C＋D×3) にあたる。
よってDは、(①＋②＋③－④) ÷3 によって求まる。
(9＋11＋10－18) ÷3＝4(人)

正解　4

4　水曜日から、土日を除いて9日間にわたる会議を予定していたが、結局2日間期間を延長して昨日終了した。今日が5月28日だとすると、5月1日は何曜日か。

1　水曜日　　**2**　木曜日　　**3**　金曜日
4　土曜日　　**5**　日曜日

・誰でも計算に不安があるので、結局カレンダーを書くことになるだろうが、初めは計算で求めて注意すべき点を確認したい。1週間7日間の計算にも慣れておこう。

水曜から土日を除き9日間で、2日間延長したのだから、会議に要した日数は11日。土日は2回、計4日あることに注意して考えると、会議が終了するまでの日数は9＋2＋4＝15日（2週間＋1日）。
会議は水曜に始まり、水曜に終わったことになる。
7日×4週＝28日だから、5月1日は、今日5月28日の次の曜日になる。
5月28日は木曜だから、5月1日は金曜日。

正解　3

5　次の図のようなトンネルのある道がある。同じ道や同じ地点を2度通らないで、X町からY町まで行く経路は何通りあるか。

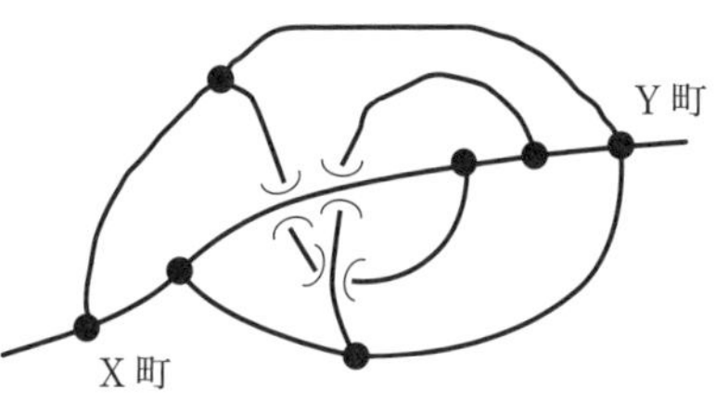

1　8通り　　**2**　9通り　　**3**　10通り

地図を簡略化して、道と地点の位置関係をつかむ。この場合、トンネルは無視する。

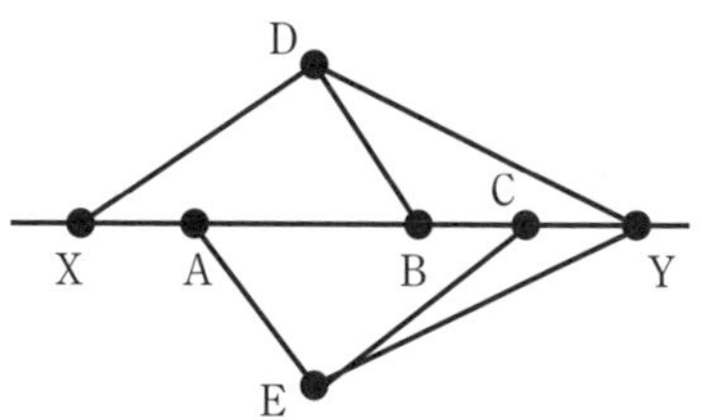

[X－A－B－Cのルート]
そのままYに行く場合と、E－Yに行く2通り。

4 11通り　**5** 12通り

・問題の意味を正確につかむこと。最短距離でXからYまで行くのではない。X町とY町の間の5カ所を、観光地と考えてみる。いくつ巡ってもいいし、遠回りでもいいが、同じ道は通らないで行くとすると、いくつのルートが考えられるか、という問題である。樹形図などにしてもよいが、地点も少ないので具体的に考えたほうが実戦的。順序・場合分け・図形の総合的センスが試される。

［X－A－Bのルート］
　Dに戻って、Yに行く1通り。
［X－A－Eのルート］
　そのままYに行く場合と、C－Y、C－B－D—Y(注意）の3通り。
［X－Dのルート］
　そのままYに行く場合が1通り。
　BにいきCに行くと、C－Y、C－E－Yの2通り。
　BからAに戻ると、A－Y、A－E－Cの2通り。
以上から、全部で11通りのルートがあることになる。

正解　4

6　図のように**5×5**のマス目に整数が書かれている。この**25**個のマス目から**5**個のマス目を選び、これらのマス目がすべて異なる行、異なる列にあるときは（例えば網掛けの**5**個のマス目）必ず、マス目に書かれた整数の積がある一定の値になっている。このとき、**X**と**Y**との和はいくつか。

24	12	32	20	8
42	21	56	X	14
12	6	16	Y	4
36	18	48	30	12
30	15	40	25	10

1　39　　**2**　42　　**3**　45
4　48　　**5**　51

・問題の意味を理解するのに時間をかけないこと。まずは、指示されたとおりに、異なる行・列の数をかけて考えてみる。

網掛けの数の積は、
$20 \times 21 \times 4 \times 36 \times 40$　…A
これとXを含み異なる行・列の5マスの積は同じだから、
たとえばXを含む斜めの1列の積を考え、
　$8 \times X \times 16 \times 18 \times 30 = A$　より、
　$X = (20 \times 21 \times 4 \times 36 \times 40) \div (8 \times 16 \times 18 \times 30) = 35$
同様に、Yも異なる行・列の積を考え、
　$24 \times 14 \times Y \times 48 \times 15 = A$　より、
　$Y = (20 \times 21 \times 4 \times 36 \times 40) \div (24 \times 14 \times 48 \times 15) = 10$
よって、$X + Y = 35 + 10 = 45$

24	12	32	20	8
42	21	56	X	14
12	6	16	Y	4
36	18	48	30	12
30	15	40	25	10

ただし、この問題は、表の縦・横1列が倍数の集まりであることに気がつくと簡単に解ける。X・Yの縦の列が5の倍数、X

7 異なる4つのチャンネルにおいてA～Dの野球の試合がそれぞれテレビ中継されることになっている。各試合の中継開始時刻と放映時間は表のとおりである。

いま、これらの4試合についてビデオ2台を使って最大限長時間録画しようとしたとき、録画することの不可能な部分の時間を合計するとどれだけになるか。

試合	中継開始時刻	放映時間
A	18：00	3：00
B	18：30	3：30
C	20：45	2：45
D	21：30	3：00

1 30分
2 45分
3 1時間
4 1時間15分
5 1時間30分

の横の行が7の倍数、Yの横の行が2の倍数である。
したがって、
X＝5×7＝35、Y＝5×2＝10　となる。

正解　3

まず、ビデオ1で録画できるものをAから順にすべて録画すると考える。

試合	中継開始時刻	放映時間	終了時刻	ビデオ1	未録画
A	18：00	3：00	21：00	18：00～21：00	なし
B	18：30	3：30	22：00	21：00～22：00	18：30～21：00
C	20：45	2：45	23：00	22：00～23：30	20：45～22：00
D	21：30	3：00	24：30	23：30～24：30	21：30～23：30

未録画の部分をビデオ2で順にすべて録画すると考えると、

試合	未録画	ビデオ2	録画不可能
A	なし	なし	なし
B	18：30～21：00	18：30～21：00	なし
C	20：45～22：00	21：00～22：00	20：45～21：00
D	21：30～23：30	22：00～23：30	21：30～22：30

録画ができない時間は、20:45～21:00の15分と、21:30～22:00の30分で、45分となる。

正解　2

8 あるオリンピックにおいてA～Cの3カ国が獲得したメダル数について、次のア～カのことがわかっているとき、正しいものはどれか。

ア　3カ国が獲得したそれぞれの合計数は、金メダルが6個、銀メダルが3個、銅メダルが5個であった。

イ　A国とB国がそれぞれ獲得したメダル数は、同数であった。

ウ　A国とC国がそれぞれ獲得した銅メダル数は、同数であった。

エ　B国が獲得した銀メダル数と銅メダル数は、同数であった。

オ　C国が獲得したメダル数は、3か国中最も少なかった。

カ　3カ国中2カ国は、金メダル、銀メダル及び銅メダルを獲得し、他の1カ国は、2種類のメダルだけを獲得した。

1　A国が獲得した金メダル数は1個。

2　A国が獲得した銀メダル数は1個。

3　B国が獲得した金メダル数は1個。

4　C国が獲得した金メダル数は1個。

5　C国が獲得した銀メダル数は1個。

下のような表をつくって考えていく。A国とB国の獲得メダル数が同じで、C国の獲得メダル数が一番少ないのであるから、C国の獲得メダル数は4個か2個でなければならない（合計が14個で、A国、B国が同数ということはC国も偶数で、14の3分の1より少なくなければならないから）。すると、A国、B国の獲得メダル数は、5個か6個である。

銅メダルは合計5個なので、A、B、Cの順に、2、1、2または1、3、1のどちらか。しかし、B国の銀メダルと銅メダルは同数で、銀メダルを獲得した国は2カ国以上あることから、B国の獲得銅メダル数（＝銀メダル数）は1でなければならない。

	金メダル	銀メダル	銅メダル	合計
A国		0×	1	5 or 6
B国		③	③	5 or 6
C国		0×	1	4 or 2
合計	6	3	5	14

したがって、銅メダルはA国から順に、2、1、2であることがわかる。C国が銅メダルを2個獲得しているから、他のメダルも合わせたC国の獲得メダル数は合計4個でなければならず、合計はAから順に5、5、4であることがわかる。

	金メダル	銀メダル	銅メダル	合計
A国	1	2	2	5
B国	3	1	1	5
C国	2	0	2	4
合計	6	3	5	14

続いて銀メダルの残り2個がどのような内訳かを検討してみよう。仮に1個ずつなら、3カ国とも金メダルを獲得していることになり、1カ国が2種類のメダルしか獲得していないというカの条件に合わない。よって、銀メダルはA国かC国かどちらかが2個を獲得し、他方が0でなければならない。C国が2個なら、C国は銀と銅しか

獲得していないことになり、A国も金と銅しか獲得していないことになるのでこれも条件に合わない。
以上のことからわかったことを表に書き入れ選択肢に照らし合わせて考察すると、肢1が正解であることがわかる。

正解　1

第5章 平面図形

Level 1 p174、p175、p184～p191

■目の前に手で触れることができる図形があると考えよう。

平面図形に関する問題は、いくつかのパターンがあり、**見方や作図の方法を経験したことがあるかどうかで取り組みやすさが異なる**。目の前に図形や紙が表示できさえすれば簡単なのに、それがないため難しく感じる問題も多く、**実際に手で図形を触れている感覚で図の構成をつかむ**とよい。なお、問題によっては場合分けが必要なこともあり、**条件を正確に把握し1つ1つ調べつくすことが必要**になることもある。

1 平面図形

Level 1 ▷ Q29,Q30

図形の数を数える問題では、図形の定義・条件・性質を正確に理解していることが必要である。例えば、平行四辺形を探すときには長方形・正方形、ひし形であれば正方形を忘れないようにする。

組み合わせてできる多角形については、その組合せを1つのパターンとして数えていく。たとえば、正三角形2枚でひし形ができる。

また、このひし形が3枚で正六角形ができる。

[考え方の手順]

下図には16個の平行四辺形がある。実際に数えてみよう。このうち7個はひし形で、さらにその中の2つが正方形である。

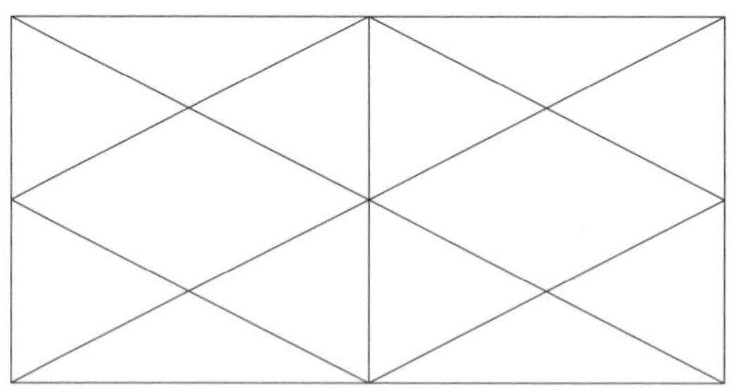

①実際に探すときは、組み合わせた同じ形を1つのパターンとして、確実に数え上げていく。

②確認するときは、問題の図を左上から右あるいは下に順に見ていき、見落としのないように注意する。

（多角形）

n個の点を順に結んでできる図形がn角形である。辺が交差していなくて、どの角も180°未満なら凸n角形であり、このうち、辺も角もみな等しければ正n角形である。多角形はn角形の総称。

【基礎演習】

次の図の中に、小正方形をいくつかつないでできる図形でL字形をしたものがいくつあるか。ただしLを回転した形も数えることにする。

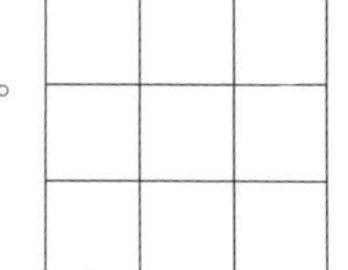

1　56個　**2**　60個　**3**　64個　**4**　68個　**5**　72個

<解き方>

数え上げの問題では、漏らさず、ダブらずに数えることが大切である。このためには順序よくカウントしていくこと。

右の形は好んで使われる。2枚組むと、長方形になることは覚えておこう。

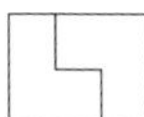

また、L字形は回転することで次の4つの形をとる。

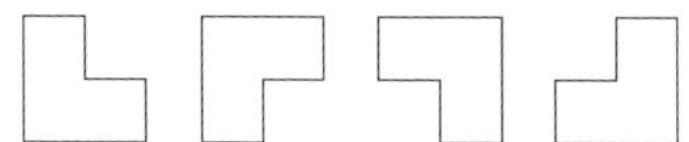

ここで、左のLの形の図形が見つかれば、盤面全体を上下180°回転させることによって、右から2番目の形の図形が得られるので、左のLの総数と右から2番目のLの総数は同じはずである。したがって、上の4種のLのどれか1つを数え、それを4倍すれば答えが得られる。

ここでは左のLを数えることにする。Lが収まる長方形で場合分けする。

2×2の場合：4カ所あり、それぞれに1つ。→4通り

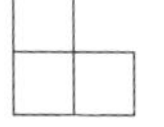

2×3の場合：2カ所あり、それぞれに2つ。→4通り

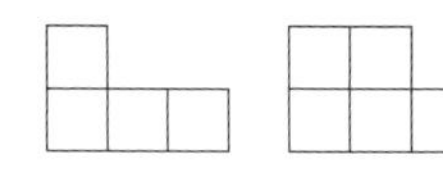

3×2の場合：上と同様で4通り

3×3の場合：4通り

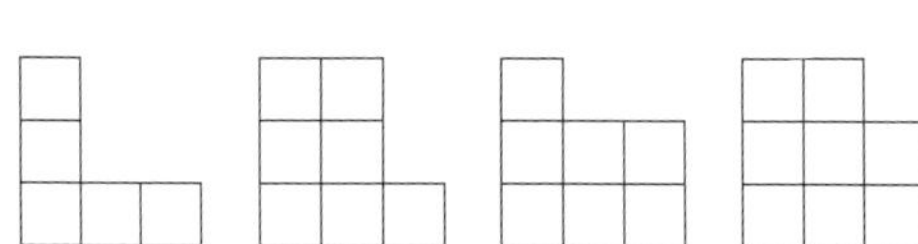

以上で、Lの形の総数は16通りあることがわかったので、全部で16×4＝64（通り）となる。

正解　3

2 タイル張り

Level 1 ▷ Q29,Q30

図形を埋め込む場合は、角や、凸凹のあるところから埋めていけば、入る図形が制限され、早く答えが見つかる。また、比較的長い長方形や、他の図形に比べ特徴があるものから決めていくようにする。

L字形の図形がよく使われる。2枚を組むと長方形になる。

また、右のように組み合わせると自己相似形になる。

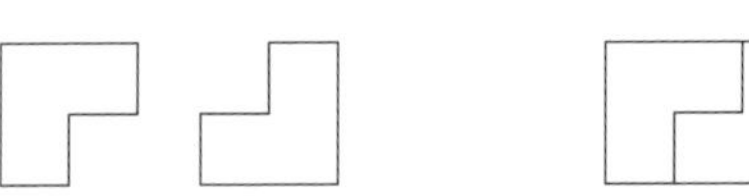

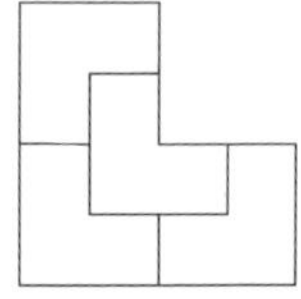

いくつかの図形を使ってある形を作る場合は、端の方から順に詰めていくことを考えよう。5種類のテトロミノや12種類のペントミノを使ってある図形を作る練習をすると、この感覚がつかめる。このとき、普通は回転や裏返しが許される。

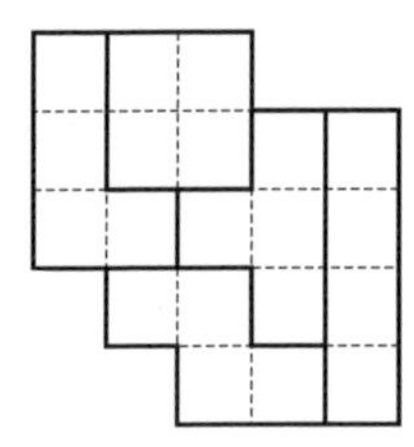

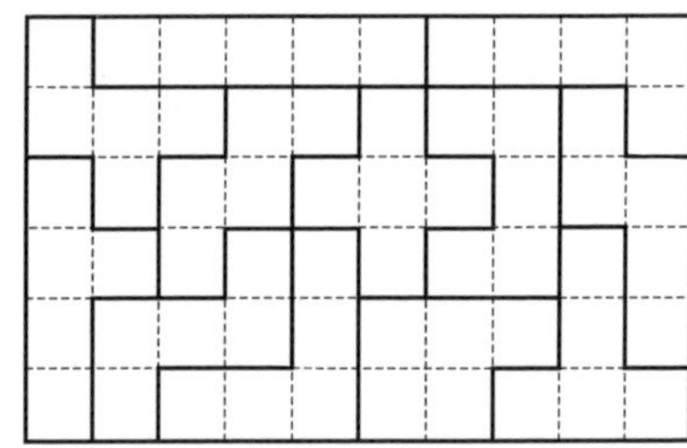

（テトロミノ）

正方形4つを辺が接するようにつないでできる図形をテトロミノといい、正方形5つのときをペントミノという。

【基礎演習】

図の長方形を8つの等しい形に分けたとき、その1つであるのは、次のうちどれか。

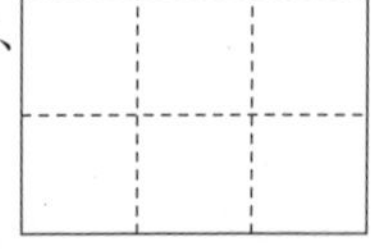

1 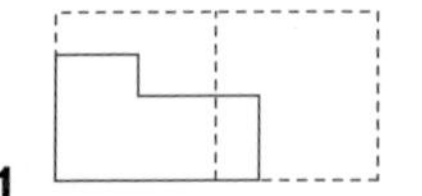 **2** 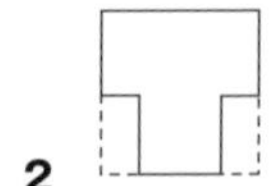 **3** 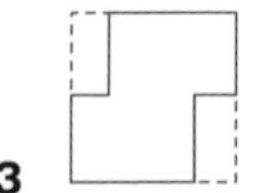 **4** 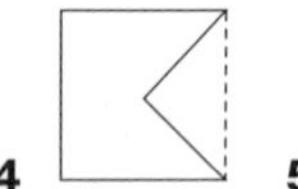 **5** 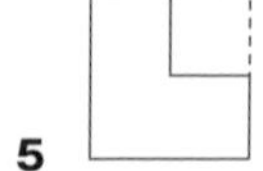

<解き方>

候補の図形を1つ1つ試していく。特に直角や直線部が表せるかどうか調べることが大切である。

このような図形の場合、5の形は基本型である。正方形の一辺を2とした場合、長方形の面積は4×6＝24となり、5の形の面積は3となる。面積では、1～4も同じく、3となるが1～3は辺の長さが$\frac{1}{2}$、$\frac{3}{2}$、$\frac{5}{2}$のものがあり、これらは組合せで、整数にしなくてはならず、長方形にするには困難と考えられる。

以上の検討から候補のうちどの図形が長方形を覆うかを1つ1つ試していく。置くときは、長方形の頂点の所からにする。そうすれば、Lの形しか長方形を覆えないことがわかる。他の形では、長方形の頂点の部分や辺の直線部分が表せない。

分割例を下に示す。Lの形4つで大きなL(自己相似形)ができている。

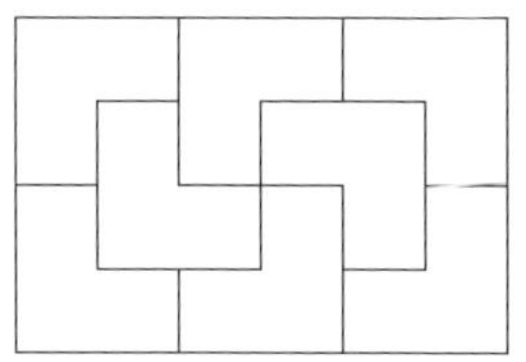

正解　5

【基礎演習】

5種類の型紙から4種類を使って、図のような形を作る。このとき、不用の型紙となるものは次のうちどれか。ただし、型紙は裏返して使わないものとする。

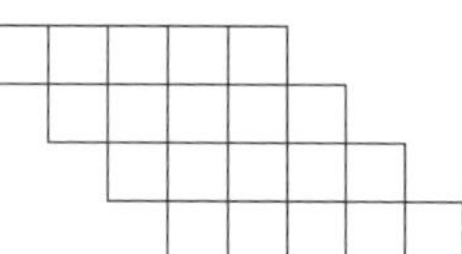

1 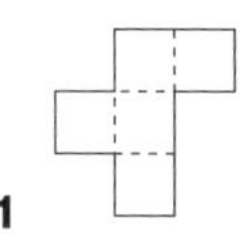
2 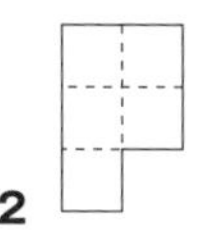
3 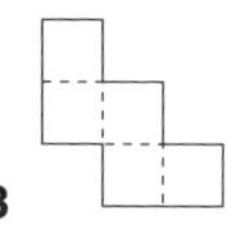
4 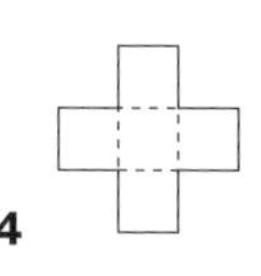
5 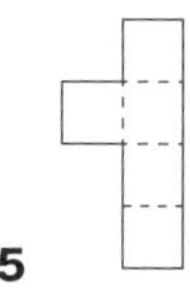

<解き方>

図形を埋め込む場合は、角や、凹凸のある所から埋めていけば、入る図形が制限され、速く答えが見つかる。

端から埋めていくことにする。両端は同じ形なので、そこに肢2、3、5の形が置ける。肢3の形を右端に置くと、その左には肢2の形しか置けない（下左図）。しかしこの場合、あとが続かなくなる。

したがって、端にくるのは肢2と5の形である。そうすると、残りの部分を埋めるのは難しくはない（下右図）。

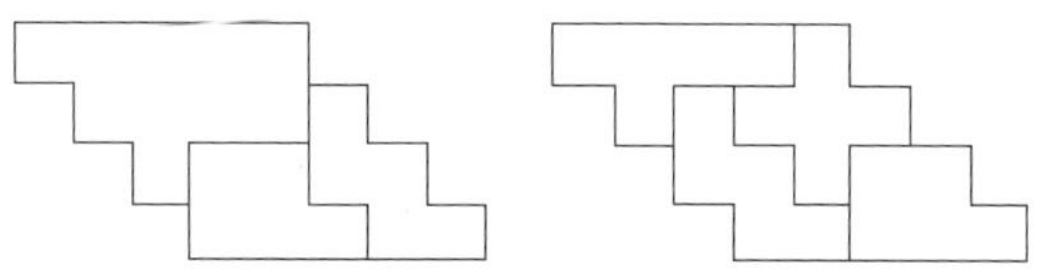

正解　1

【基礎演習】

図1のように、1×3の形の図形に黒丸を1個つけたものを、A、Bとする。A、Bをそれぞれ何枚か使って、図2の形の図形を作りたい。A、Bを使う枚数の組合せとして正しいものはどれか。

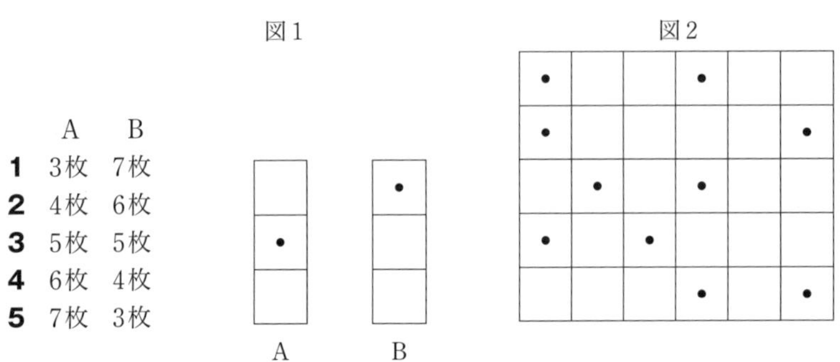

<解き方>

黒丸の状態によって置き方の決まる所があるので、決まり次第順次入れていく。図2は5×6＝30なので、AとB合わせて、10枚使うことになる。選択肢はすべて10枚となるので、●印に注目して、図2をAとBで分割していく。

AもBも黒丸は1つしかない。このことに注意すれば、かなり機械的に解ける。

左上にはAやBを縦に置くことはできないから、まずBを1つ横に置く。次も縦に置けないからBを横に置く。

4行目の左にはBを横に置けないから、Aを縦に置く。その右隣もBを横に置けないから、Bを縦に置く（左図）。このような手順をくりかえして、右図が得られる。

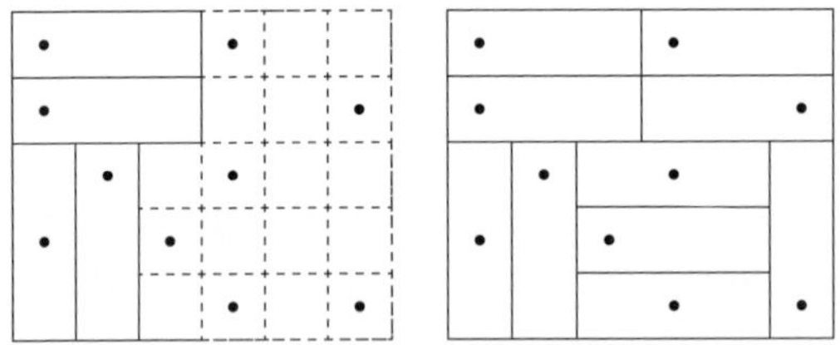

正解　1

3 平面充填

Level 1 ▷ Q29,Q31

平面充填の問題は、いくつかの図形を重ならないように組み合わせて、平面を覆うことを求められる。1種類や2種類の図形で覆うと、全体がきれいな模様になる。

1種類あるいは2種類の図形で平面が埋めつくされているときは、たいてい繰り返しパターンがあらわれる。繰り返しの部分は1つとは限らないが、どれが基本になっているのかを見抜くことが重要。

下に簡単な例を示そう。網掛けの部分を平行移動させることによって、全体が得られることがわかる。向きや方向、組合せ方は自由だが、常に一定の規則で組み上げていく。

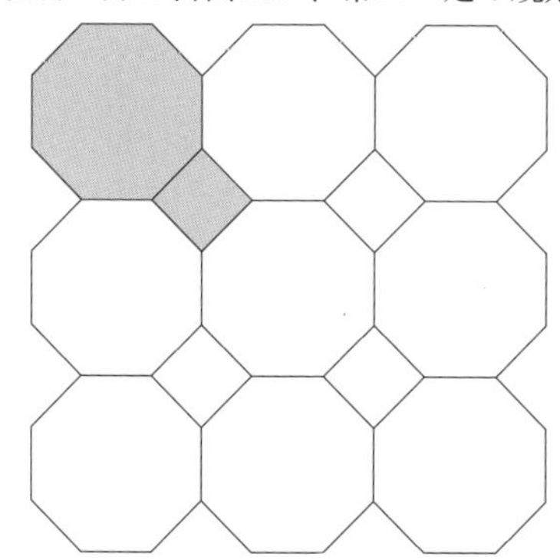

【基礎演習】

ある広場の床を六角形の2種類のタイルAとBで図のように敷き詰めたい。広場の周りは考えないものとすると、AとBの枚数の比は次のどれか。

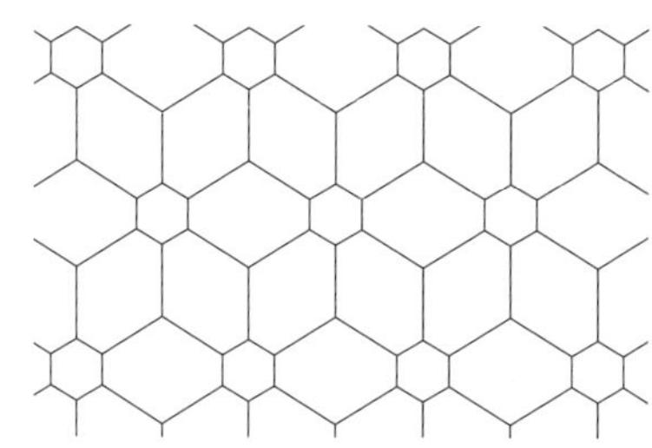

1 1：1　**2** 1：2　**3** 1：3　**4** 2：3　**5** 3：4

＜解き方＞

AとBのタイルが含まれる部分で、繰り返しになっている所を探す。

これを見つけるのは、そう難しくはない。いろいろ考えられるが、その1つを次に示す。

あとは、その中のAとBの個数を数えればよい。広場が十分に広ければ、そこでの比が全体での比になる。

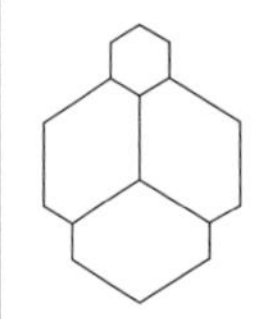

正解　3

4 図形の同相

図形の同相とは、頂点と辺のつながり具合が同じ図形を意味する。このとき、辺の長さや、辺がまっすぐであるか否か、辺がどちら側に曲がっているかは問題にしない。

アルファベットのCとIは2つの頂点が線で結ばれている。また、TとYはある1つの頂点から3つの線が出ている。さらに、漢字の凸と凹は、8つの頂点が順につながっていて輪になっている。この意味で、CとI、TとY、凸と凹はそれぞれ同相。点をつなぐ辺がゴムでできていると考えるとわかりやすい。

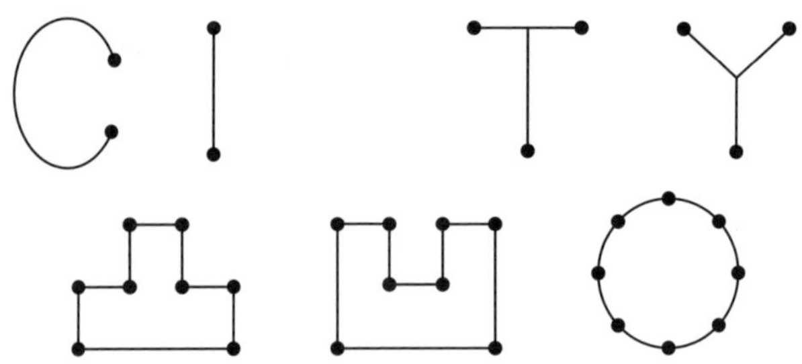

【基礎演習】

点と線の関係が、下図と同じものは次のうちどれか。

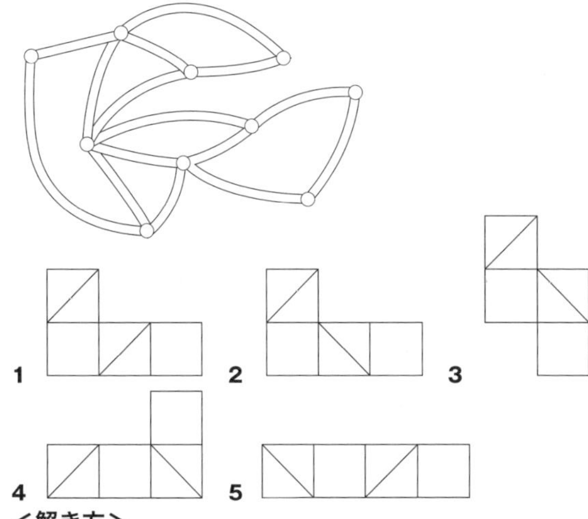

＜解き方＞

線の長さや、線が真っすぐであるか曲がっているかは問題ではない。点と点が直接結ばれているかどうか、それぞれの点から何本の線が出ているか、何本の線で囲まれた領域ができているか、といったことが問題なのである。つながりを保ったまま形を変えてみること。これらが同じ2つの図形は同相と呼ばれる。ここでは点から出ている枝の数を数えて比較して、1つだけ枝が5本のものがあるので、そこを中心に考えていくとよい。

外側は別として、4つの線（点）で囲まれた領域（四角形と呼ぶことにする）が2つあり、3つの線（点）で囲まれた領域（三角形と呼ぶことにする）が4つある。2つの四角形は辺も点も接していない。その間に三角形が2つあって四角形をつくっている。残りの2つの三角形も四角形をつくっている。また、3つの三角形の頂点が一方の四角形のある頂点に接している。

正解　2

スピードチェック！

1　正方形の各辺をn等分して等分点を打ち、各辺上から1つずつ選んで結び、新たに正方形を作る。面積が等しいものは同じ正方形と考え、それらを1個と数えていったら、10個の正方形ができた。nの値はいくつか。なお、複数考えられる場合は小さいほうの値を答えよ。

1　$n=18$　　**2**　$n=19$　　**3**　$n=20$
4　$n=21$　　**5**　$n=22$

・図がないので問題文だけで理解することは難しい。図形の問題では、実際に自分の手で書きながら考える訓練をすること。この問題の場合、意味さえわかれば規則性の問題で考えることもできる。

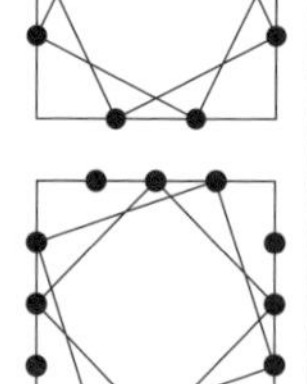

面積が等しい場合は同じ正方形と考えるというのは、たとえば左下の3等分点の場合だと、中にある正方形二つは1種類の正方形だということを意味する。
また、右の4等分点で考えると、図の2種類の正方形があることになる。
正方形の角を除いた、辺の上だけで考えると、辺の中点から半分に、等分点が10個あれば、10種類の正方形ができる。
中点を含めないと 10×2＝20(個)、中点を含めると1＋（9×2）＝19(個)となる。
小さいほうの19個の点があるということは、19＋1＝20(等分）になる。

正解　3

2　下の図において、A～Fは円周を6等分する点である。このA～Fのうち、3点を結んでできる直角三角形の個数として正しいのは、次のうちどれか。

1　9個
2　12個
3　16個
4　18個
5　20個

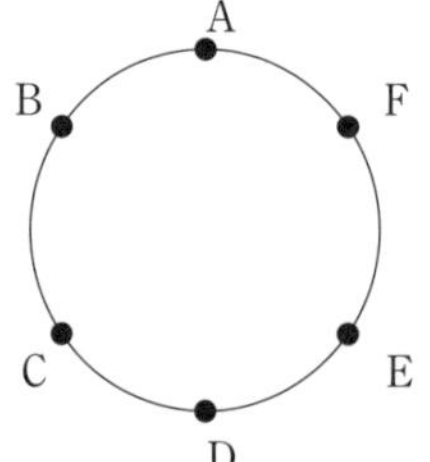

直径を弦とする円周角は90°になるから、1本の直径に対して、4種類の直角三角形ができる。
たとえば、BEを直径とすると、AFCDの4つを頂点とする直角三角形ができることになる。

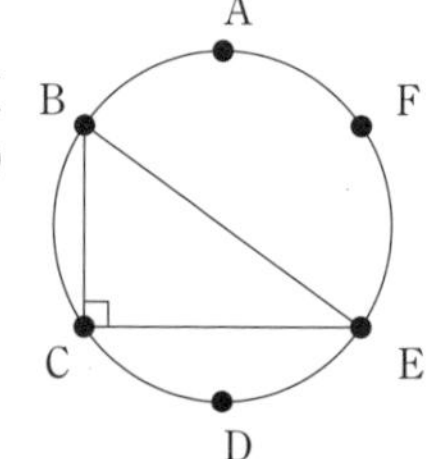

直径は、AD、BE、CFの3種類あるので、全部で　3×4＝12(種類）の直角三角形ができる。

正解　2

3　図Ⅰのような4×4のマス目からなる盤がある。ア～エは、図Ⅱの図形A～Eのうちから、同一のものを含めた4つのものを組み合わせたものであるが、この盤をすき間なく敷き詰めることのできる

ア、イにあるAは図Ⅰの端に置くことしかできないから、残りの3×4のマスに残りを入れればよい。
また、Bも端の隅に置くことを考え、残りに、ア（B、D)、イ（C、C）を入れることになる。

図形の組合せをすべて挙げているのはどれか。ただし、**A**～**E**の図形を回転させたり、裏返したりしたものは同じ図形と考えるものとする。

図 I

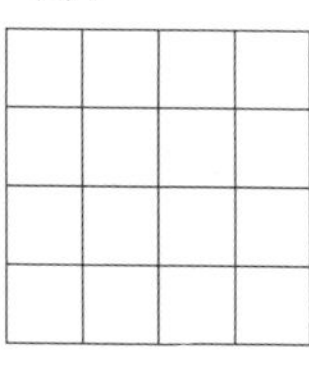

図 II

A

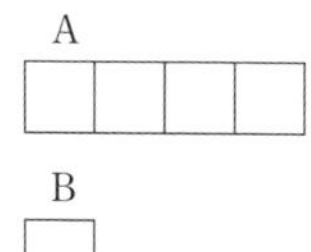

B

C

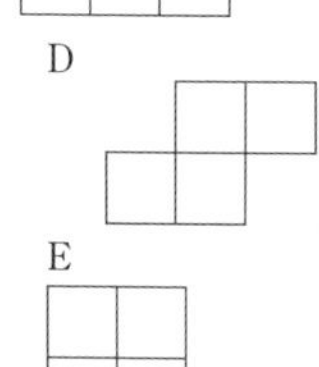

D

E

図形の組合せ
ア（**A**、**B**、**B**、**D**）
イ（**A**、**B**、**C**、**C**）
ウ（**B**、**C**、**C**、**D**）
エ（**C**、**D**、**D**、**E**）

1　ア、イ、ウ　　**2**　ア、イ、エ
3　ア、エ　　**4**　イ、ウ　　**5**　ウ、エ

・実際にパズルを解いていくことからはじめるが、ピースの組合せや、入れる位置の制限などに気がついてくると、可能性は絞られてくる。

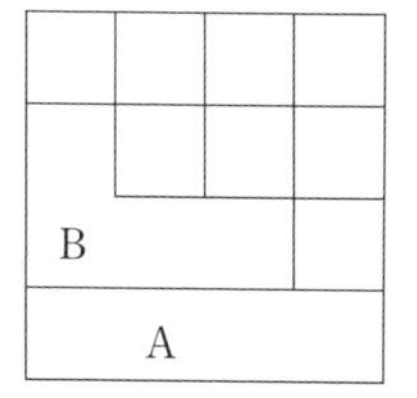

ア

イ

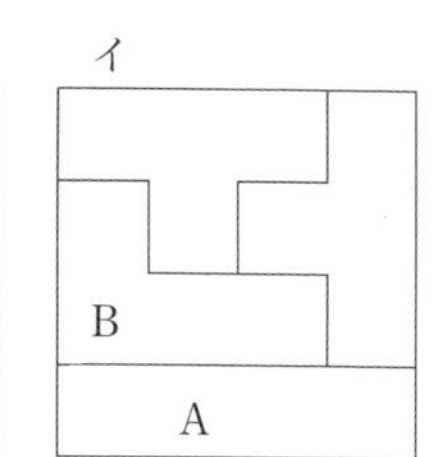

ウは、Cが2個の組合せから、上のイをもとにして考えるとよい。残りに、(B、D)を入れる。

ウ

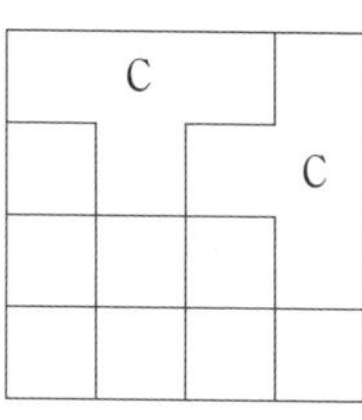

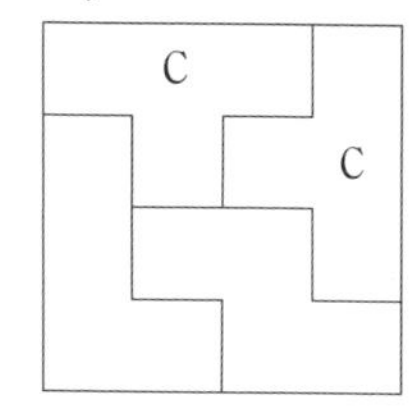

エのEも端の角に置くことを考える。
しかし、ここに（C、D、D）を入れることはできない（隅に必ず1マス空きができるので、不可能なことがわかる）。

エ

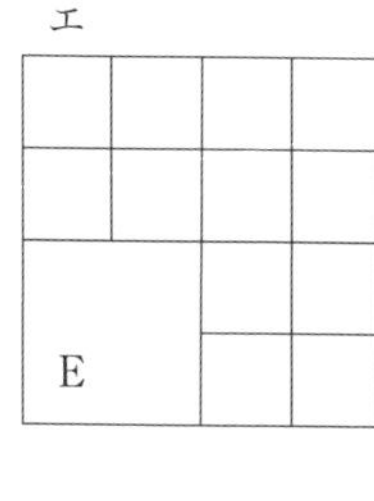

以上から、ア・イ・ウがすき間なく組み合わせることができる。

正解　1

4　下図の図形**A**～**E**のうち、点線の箇所で切り取って再構成することにより正方形になるものはどれとどれか。ただし、図形は裏返してもよいものとする。

どのような正方形になるかを予測して、正方形を書き込む。

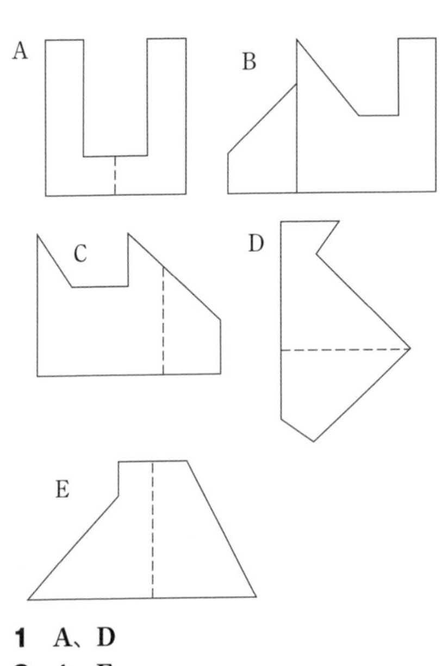

1　A、D
2　A、E
3　B、C
4　B、D
5　B、E

5　正方形の折り紙を順に折りたたんでいき、図Ⅰで斜線部分を切り取った後に折り、さらに図Ⅱでも斜線部分を切り取った。その後、この折り紙を開いたらどうなるか。

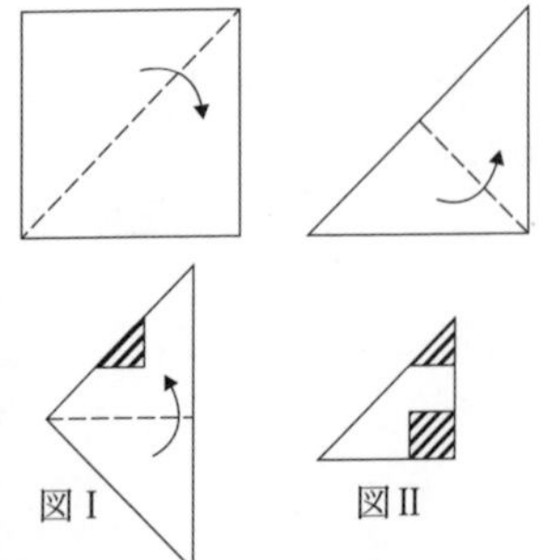
図Ⅰ　図Ⅱ

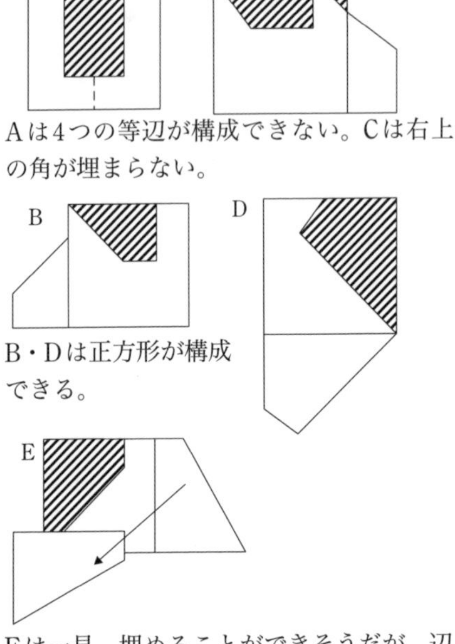

Aは4つの等辺が構成できない。Cは右上の角が埋まらない。

B・Dは正方形が構成できる。

Eは一見、埋めることができそうだが、辺の長さに注意してみると構成できないとわかる。
以上から、正方形になるのは、BとDになる。

正解　4

最後の図から、対称形を慎重に作っていく。

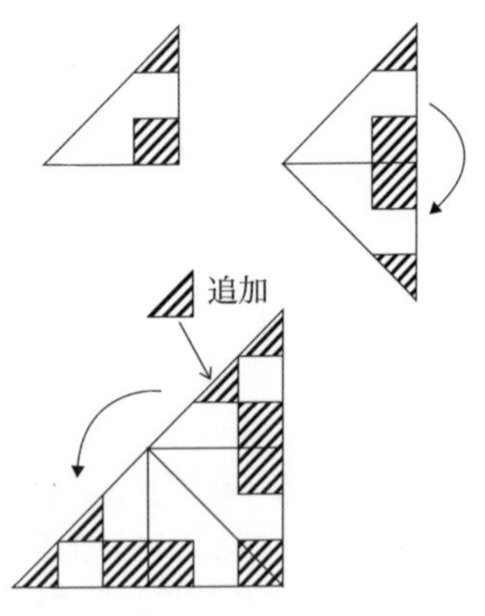

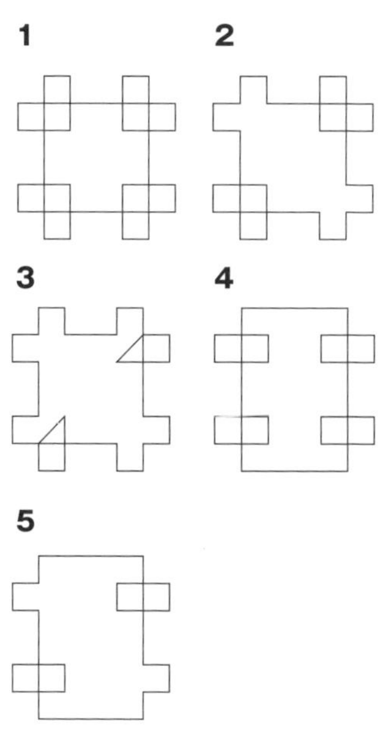

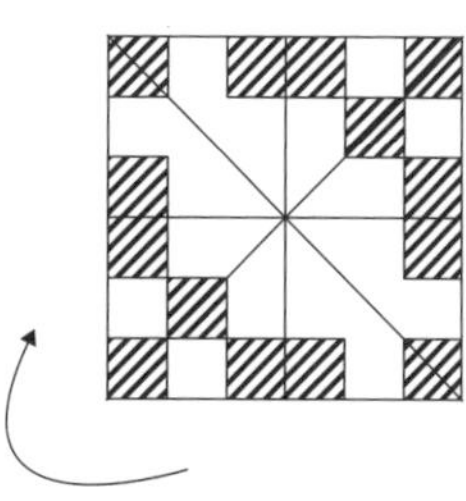

追加される三角形がどこの位置にくるか注意すると、肢2の形になることがわかる。

正解　2

6　図のように**5**つの正三角形をつなげた透明なフイルム上に、「**K**」という文字が書かれている。

斜線の正三角形の向きを変えずに①～④の線を順に折り畳むと、最後には「**K**」の向きはどのようになるか。

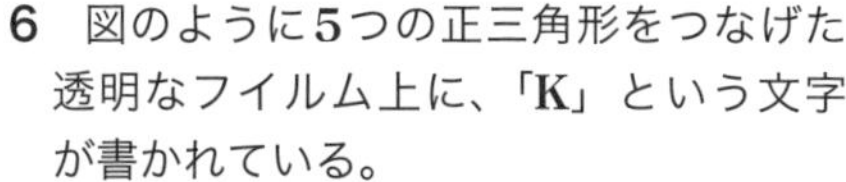

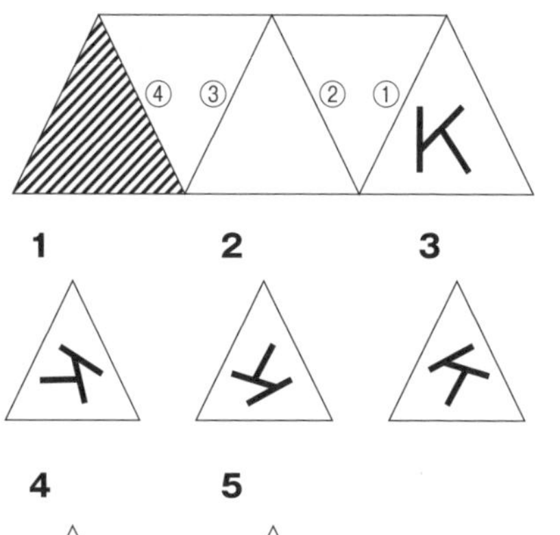

4回折りたたむから、Kの文字は、裏→表→裏→表となり、肢4・5のような鏡像にはならない。

ここで、Kの文字の下の底辺が、どの位置に移動するかを追っていく。

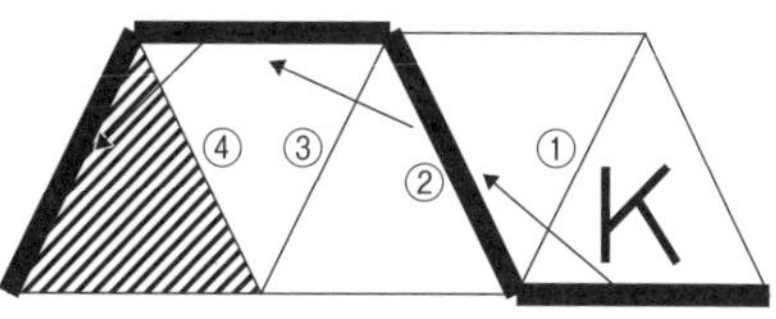

斜線の部分の三角形に移動したとき、Kは太線の部分が底辺となるから、肢1が正しい。

正解　1

・回転移動の基本問題でもある。10円を転がす場合など、向きに注意する問題は多く出題される。

7 図のような**3**枚の紙片と、下図の**A**～**E**の紙片のうちの**2**枚とを透き間なく組み合わせて市松模様の正方形を作るとき、用いられる紙片の組合せとして正しいものはどれか。ただし、どの紙片も裏返したり、重ね合わせたりしないものとする。なお、市松模様とは黒と白の正方形を互い違いに碁盤目状に並べた模様である。

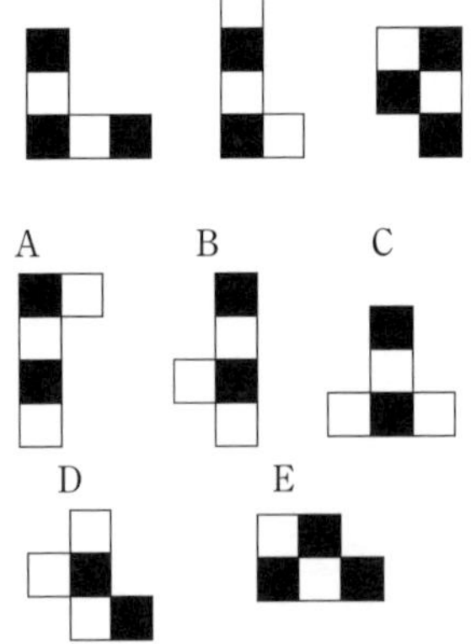

1 A、B　**2** B、C　**3** C、D
4 D、E　**5** E、A

上の3枚を合わせると、黒の正方形が8個、白の正方形が7個になり、これにA～Eのうちの2枚（正方形10個）を合わせると、全部で25個の正方形で組み合わされることになる。残りの2つを合わせた正方形の数は、4隅が黒になる場合は黒5個、白5個、4隅が白になる場合は黒4個、白6個のどちらかになる。
最初の2つの紙片の角は黒であり、5個の正方形が並ぶ紙片がないので、この2つの紙片が角にあてはまらなければならない。したがって、できあがった正方形の角は黒い正方形になるので、黒白5個ずつの正方形が必要になる。A～Eを検討すると、Eだけが黒3個なので、必ず入ることになる。この段階で選択肢は、肢4と肢5に絞られる。
以上のことから、次の図のようにするためには、DとEの組合せの肢4が正解となる。

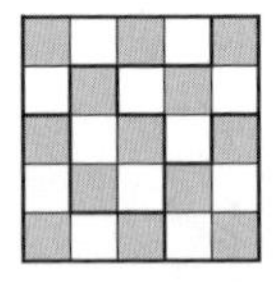

正解　4

8 **1**辺**4**の透明な正方形に図のように黒く色を塗る。これを**3**枚つくり、**A**、**B**、**C**とする。**B**を**180°**回転させたものを**A**の上に重ねる。さらに**C**を、**b**と**d**を通る直線を軸に裏返し、それを**A**と**B**の上に重ねる。このとき見える図形として正しいものは、次のうちどれか。

4つの隅に注意して、選択肢を絞っていく。重ね合わせる図形がどういう形であるかをよく調べれば、簡単にわかる。
Bを180°回転したものと、Cをbdで折り返したものを、まず考える。
A、および、このように変えたB、Cを以下に示す。こうすれば、重ねたときにどうなるかは一目瞭然である。

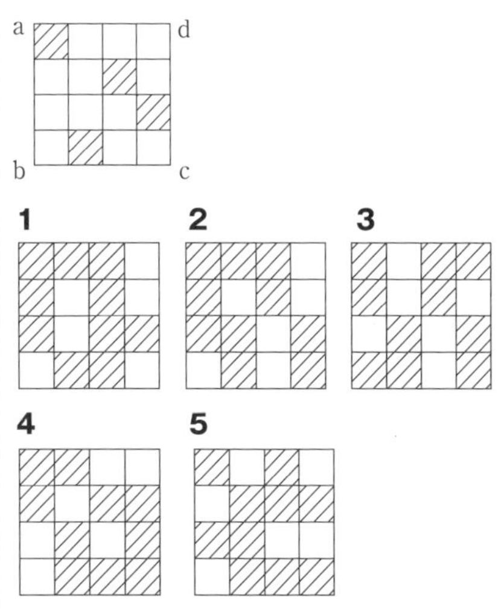

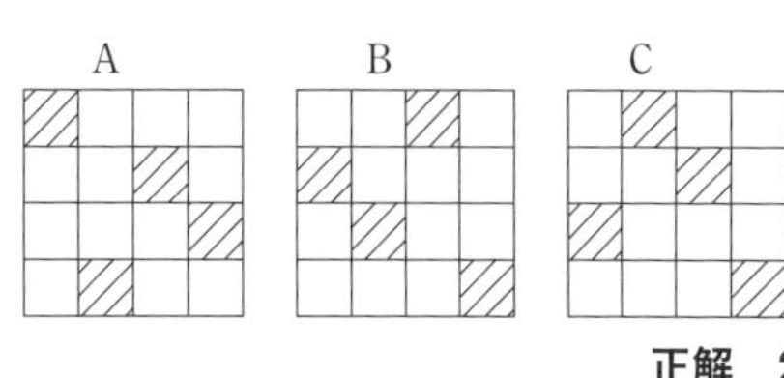

正解　2

9　1辺4の正三角形の透明な板があり、図のように一部黒く塗られている。これと同じものがあと2枚ある。この3枚の板を、図のようにそろえて置く。

まず、板を1枚取り上げて置く。次にその板の上に、2枚目の板を120°右か左に回転させて置く。さらにその上に、残りの板を、ある頂点を固定しながらひっくり返して置く。こうしてできる図形として正しいものは、次のうちどれか。

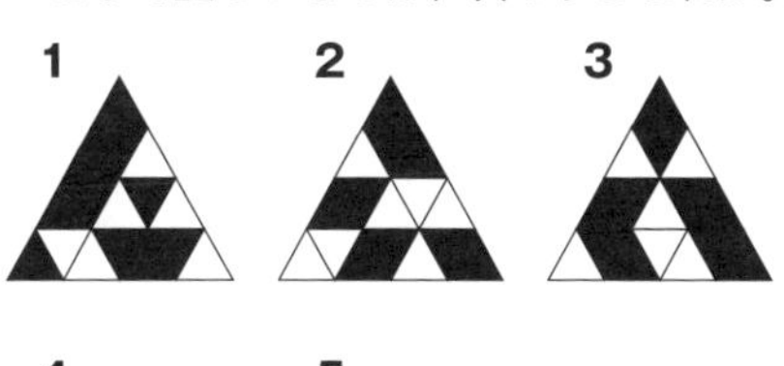

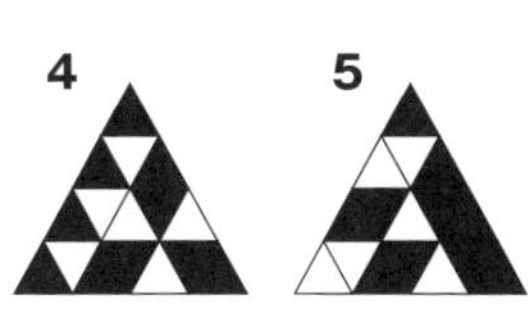

初めの図形の上に、2番目の板を120°左に回転させて置いてできる図形が図1、120°右に回転させて置いてできる図形が図2である。
これらの上に3枚目の板を、点Pを固定しながらひっくり返して置く、点Qを固定しながらひっくり返して置く、点Rを固定しながらひっくり返して置く、という3つの場合を考えればよい。
図1の上に、3枚目の板をRを固定しながらひっくり返して置いたのが図3で、この問題の場合、この図が答えである。

図1　図2　図3

正解　1

10　図のような1辺の長さが2である正方形とその対角線の交点を重心とする1辺の長さが1である正三角形がある。この正三角形を切り抜き、穴が開いた正方形の紙片を、まず、MNで折り、次にPQで折ったときに得られる形の概形として、妥当なものは次のうちどれか。

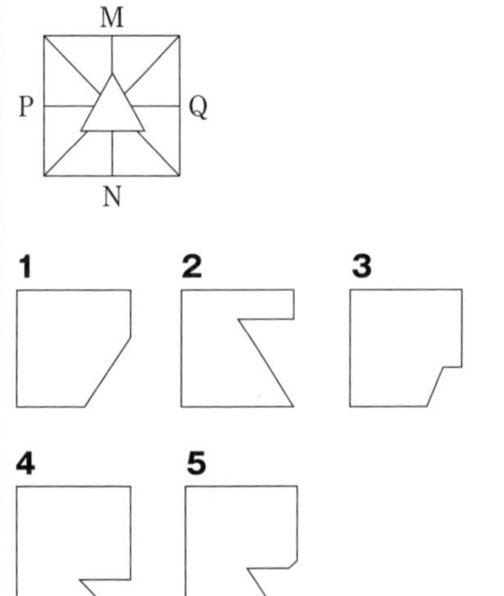

正方形をMN、PQで4つに分割してみる(右図)。正三角形の重心は、中線を2：1に内分する点であるから、左右は対称。MNで折るとちょうど重なる。PQで折ると、上半分の切り取られた正三角形の部分の半分の高さまで下半分が重なる。したがって、図の左上のような形になるので、肢3が正しい。

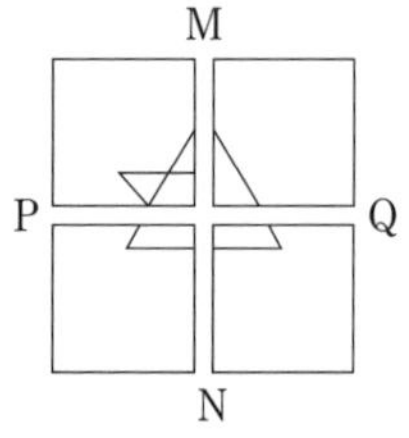

正解　3

❖ MEMO ❖

第6章 軌跡

■途中の図を書き入れ、その間を円弧で結ぼう。

多角形上の点の軌跡を考える問題では、**頂点を中心とした回転が繰り返され、円弧を描く**。それぞれの回転がはじまるときの図から書き始め、移動途中の頂点を円弧で結べば、おおまかな軌跡が得られる。円が回転する場合も、**途中経過をよく考えに入れながら、半周した場合、1周した場合などを調べていく**こと。得られた軌跡はいろいろな形をとるが、だいたいは円周の一部である曲線になるので、**回転の中心と半径を丹念に確定**していく。

1 多角形上の点の軌跡

図形などが移動したときにできる点の跡を軌跡という。ここでは図形の移動にともなって、図形上の点がたどる軌跡の形を論理的に推測する。

[多角形の軌跡の基本テクニック]

①多角形が直線上を転がる場合

多角形が直線上を滑ることなく転がるとき、多角形の頂点が回転の中心になる。したがって、多角形上のある点の軌跡は円弧になる。多角形は「カタン、カタン」と転がっていき、回転の中心が次々と変わっていく。

回転の中心がどこであるかということと、いつ回転の中心が変わるのかということに注意することが大切。

下図は、長方形の頂点Pの軌跡だが、最初は点Xを中心に回転し、次に点Yを中心に回転する。点Xを中心とする円弧を点Pから点Qに向かって引き、次に点Yを中心とする円弧を点Qから点Rに向かって引けば、軌跡が求まる。

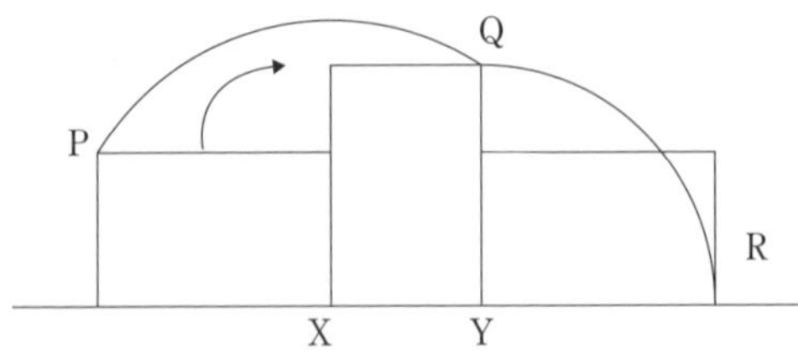

いったん回転し終わった長方形を描いてから、点の軌跡を描いていく。

②多角形が多角形の外部を転がる場合

考え方は①と同じだが多角形が大きく回転することに注意。

・正三角形が正方形の外部を転がる場合。
1周しただけではもとの位置に戻らない。
正三角形の辺は3つあるので、正方形の対応する辺に注目して考える。

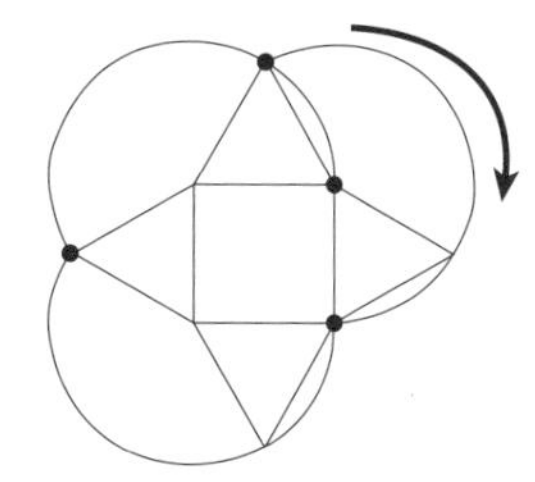

③多角形が多角形の内部を転がる場合

やはり考え方は①と同じだが、今度は多角形の回転する角度があまり大きくないことに注意。

・正三角形が正方形の内部を転がる場合。
(点線が頂点の軌跡)

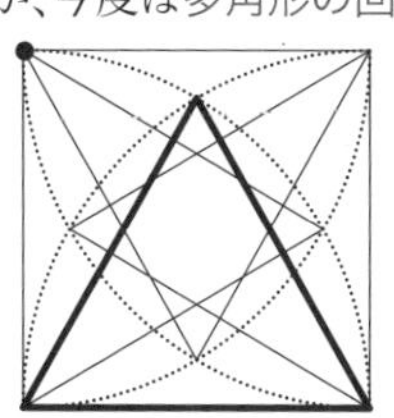

外部・内部を転がるパターンは、いくつかの問題を通して、他の図形でも考えておくこと。

【基礎演習】

図のように、正六角形の内部をひし形が滑ることなく転がるとき、点Pの描く軌跡として正しいものは次のうちどれか。なお、ひし形の1辺の長さは、正六角形の1辺の長さの半分である。

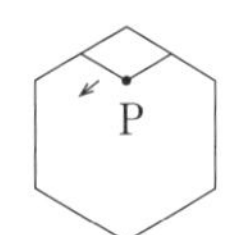

1

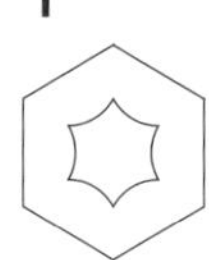

2

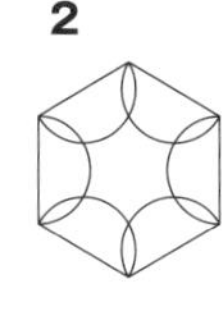

3

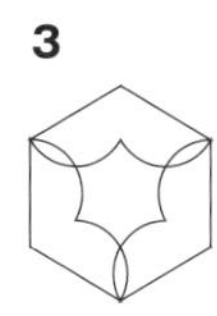

4

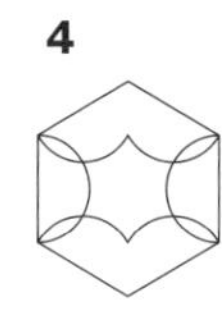

5

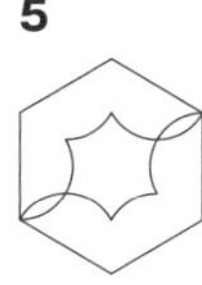

<解き方>

ひし形がどう回転していくかを考えること。回転によって頂点は円弧を描く。ここで、ひし形の1辺を1とすると、周は4となる。正六角形の1辺は2であるので、2辺ごとにP点は、六角形の辺に接する。このことから、肢3が正しいと推測できる。

確認すると、まず、ひし形は点Aを中心に回転する。このとき点Pは円弧を描いて、点Qに行く。次に、ひし形は点Bを中心に回転する。それに伴なって点Qは円弧を描いて点Rに行く。このときの状態は初めの状態と同じである。したがって同じ模様があと2回繰り返されることになる。

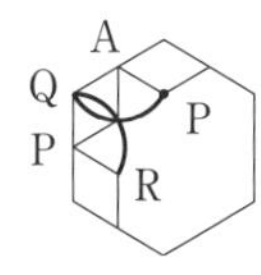

回転後のひし形を描き入れ、どの点を中心に回転したか、どの点とどの点が対応するのかを考えるとよくわかる。

正解 3

【基礎演習】

図のように、正方形が5つつながってTの形になった図形がある。Tを構成する単位正方形の1辺の長さと同じ長さの辺を持つ正三角形が、Tの周りを滑ることなく転がるとき、点Pの軌跡として正しいものは、次のうちどれか。

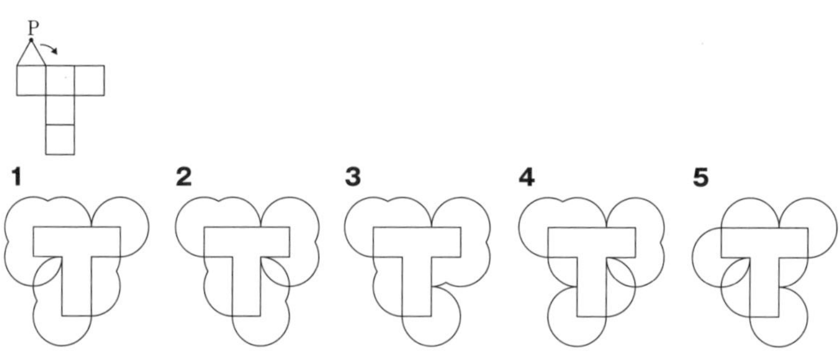

<解き方>

正三角形を回転させたときの各状態を描き入れるとわかりやすい。また、P点は3回転ごとにTの形に接することから、肢2が正解と推測できる。

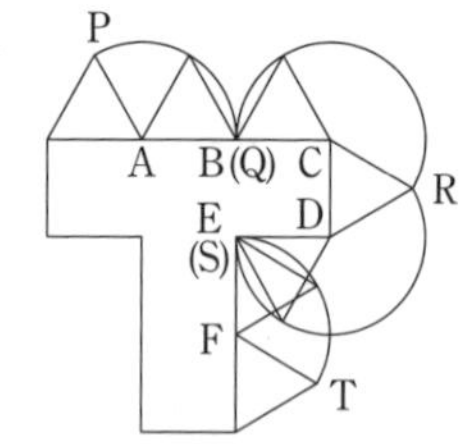

実際に正三角形をTの外周に沿って転がす。最初は点Aを中心とした回転で、点Pは円弧を描いて点Qにいく。次は点Bを中心とした回転だが、このときは点Q(B) は変わらない。その次は点Cを中心とした回転で、点Qは大きな円弧を描いて点Rにいく。さらに点Dを中心とした回転で、点Rは点Sにいく。これを続ける。上図は途中までの図である。

正解　2

2 軌跡の範囲

ある点が動いてできる軌跡で、起こり得るすべての場合の全体を、軌跡の範囲として考えさせる問題である。動く範囲を囲む図形を割り出して、領域として捉えることになる。

[考え方の手順]

点の軌跡の範囲を求めるときは、点を順にずらして調べたり、極端な場合を調べてみることが重要。

右の図は、点Pが辺ＡＢ上を、点Qが辺ＢＣ上を動くときの、辺ＰＱの中点Rの軌跡の範囲を示したものである。点Pを点Aにおいて、点

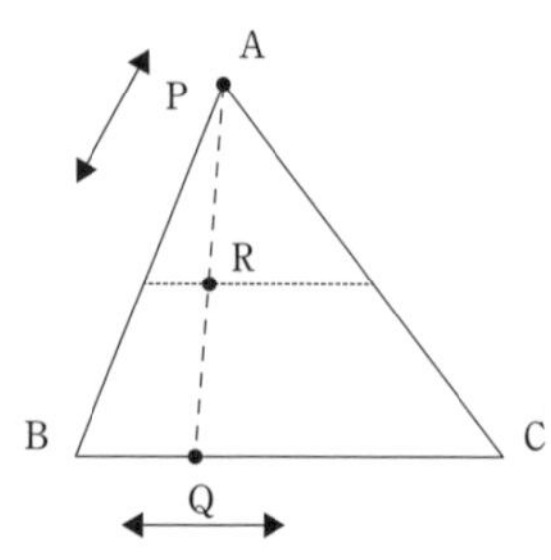

Qを点Bから点Cに動かしてみる（右図）。

次に点Pを少し下げて、点Qを点Bから点Cに動かしてみる。これを繰り返す。

最後は点Pを点Bにおいて、点Qを点Bから点Cに動かしてみる。このように順に調べていけば、点Rは下の右図の網掛け部分を動くことが推測できる。

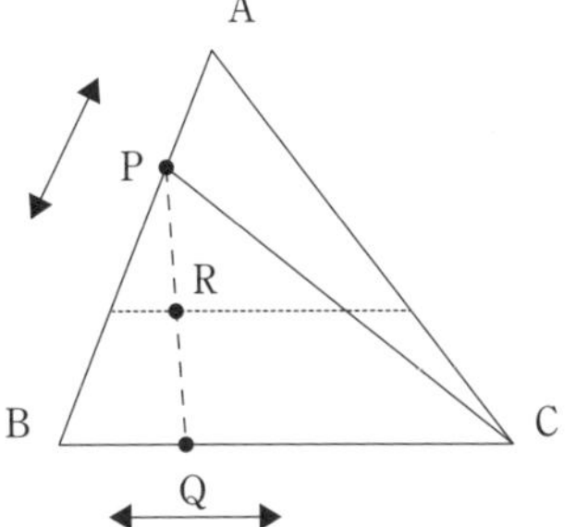

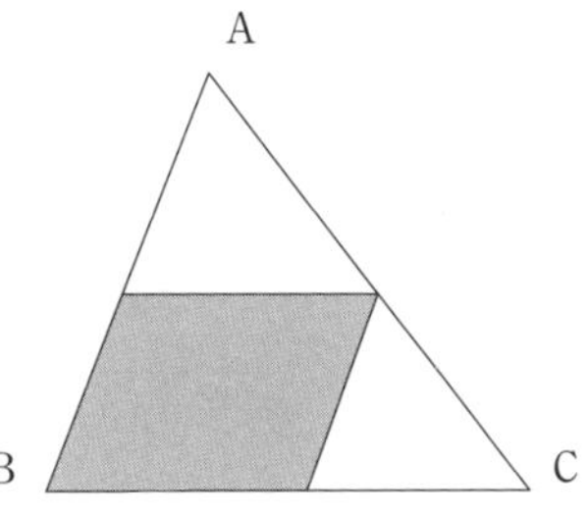

【基礎演習】

正三角形ABCの周上において、点P、Qがそれぞれ頂点A、Bの位置から出発し、反時計回りに同じ速さで進むものとする。このとき、線分PQの中点Mは次のうちどの軌跡を描くか。

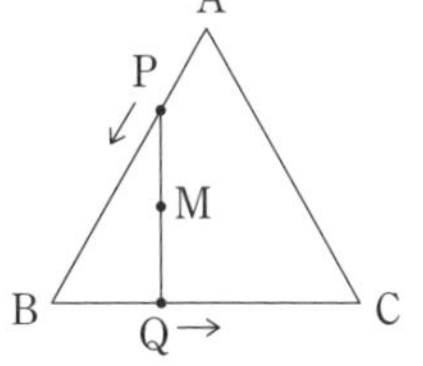

<解き方>

まず極端な場合を考え、それから少しずつ中間の場合を調べていく。

点PがAからBに進むとき、点QはBからCに進む。点PがAに、点QがBにいれば、PQの中点MはABの中点になる。また、点PがBに、点QがCにくれば、PQの中点MはBCの中点になる。

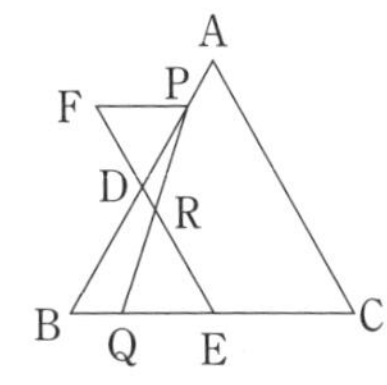

今ABの中点をD、BCの中点をEとしてDとEを結ぶ。点PがDに、点QがEにきたときは、MはDEの中点になる。そうでなくても、点PがAB上に、点QがBC上にいれば、PQの中点MはDE上にくる。このことは次のようにしてわかる。点PがAB上に、点QがBC上にいるものとし、PQとDEの交点をRとする。PとDを頂点に持つ正三角形を外側に描いて、残りの頂点をFとすれば、FPとQEは平行で、AP＝BQなので、FP＝PD＝QEとなる。したがって、PR＝QRである。これからMとRが等しいことがいえて、Mは常にDE上にくる。

点PがBからC、CからAへいくときも同様である。

正解　2

【基礎演習】

図において、点PがAB上を、点QがCD上を、それぞれ自由に動くとき、PQの中点Mの動く範囲として正しいのは、次のうちどれか。ただし、図は正方形を3つ組み合わせたものである。

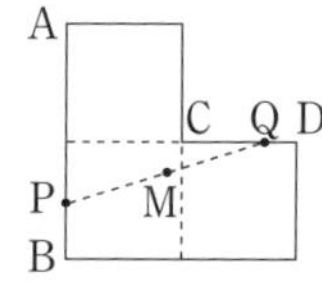

1

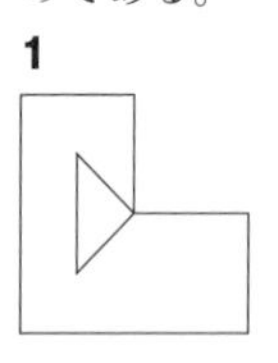

2

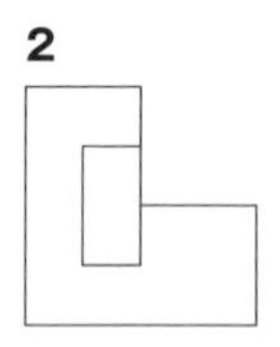

3

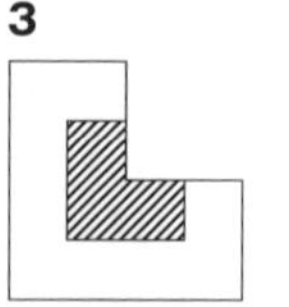

4

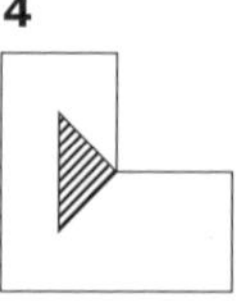

5

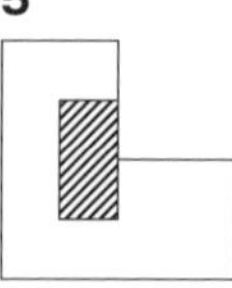

<解き方>

この問題の場合、自由に動くとあるので、領域になる。動く点が2つあるときは、一方の点を固定した状態をまず調べ、次に他方を動かすようにすればわかりやすい。

PとQの両方を動かすとわかりにくいので、どちらかを固定して考える。

今､点Qを固定したとする。点PはABのどこかにある。点PがAの所にあれば、MはAQの中点Xになり、点PがBの所にあれば、MはBQの中点Yになる。点PがAからBに動くにつれて、MはXからYに動く。Xの位置はABの長さの上$\frac{1}{4}$に、Yの位置はABの長さの下$\frac{1}{4}$の所である。この状態でQを動かせばXYが移動し長方形の領域が得られる。

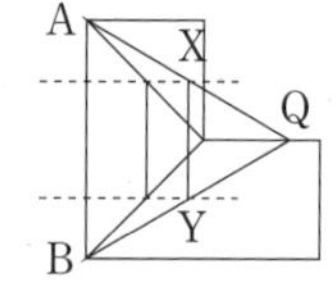

正解　5

3 円の回転

円の回転の場合は、多角形のような「カタン、カタン」という動きではなく、回転しながらなめらかに動いていく。直線上であっても滑らず回転する前提なので、円周上の点の軌跡はわかりづらくなる。他の円の内部や外部で転がるときは、さらにわかりにくい。他の図形に沿って動く場合には、回転状態が変化するときの、途中の図を丁寧に書き入れることが大切。また、円周の長さを考えに入れることも有効であり、円周の長さをもとにして、円が何回転するのかを考えることが大切なポイントになる。

下の図の円周上の点の動きをサイクロイドという。タイヤの1点の軌跡でもある。

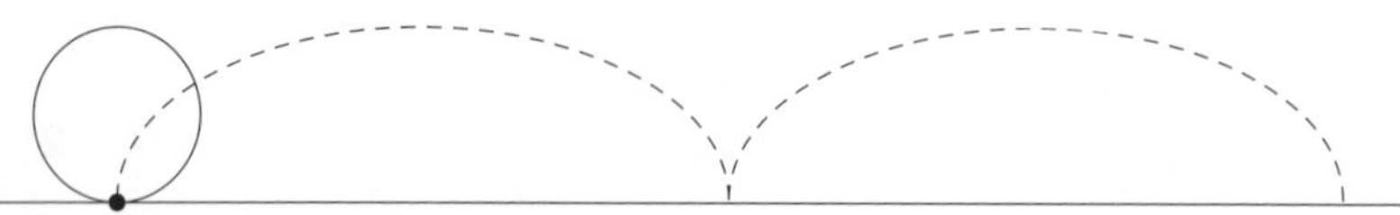

[円の回転の基本テクニック]

①直径が2倍の円内を2回転

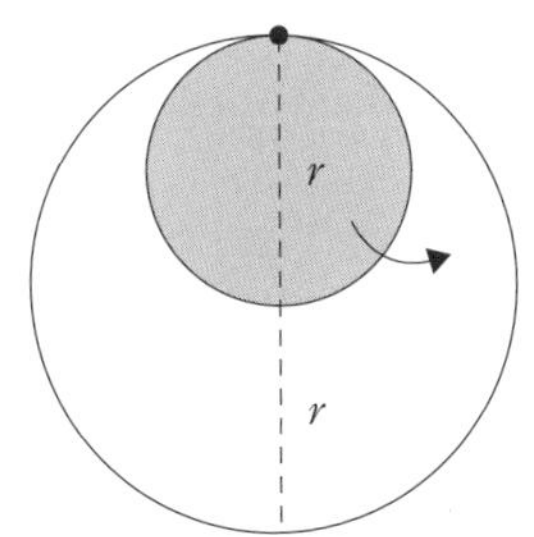

回転円は見かけ上1回転になる。
内接接点は直径上を移動する。

②同じ直径の円外を1回転

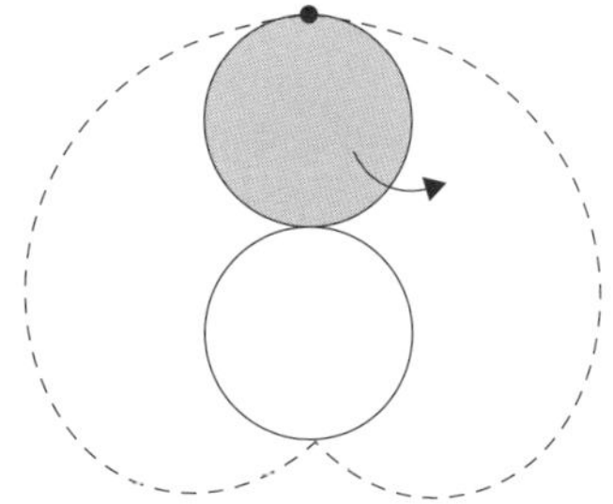

回転円は見かけ上2回転になる。

【基礎演習】

図のように、円Aと、円Aの3倍の半径を持つ円Bがあり、AはBの内側に接している。AがBの内側を滑ることなく回転していき、元の位置に戻るときに、円Aは見かけ上何回転するか。

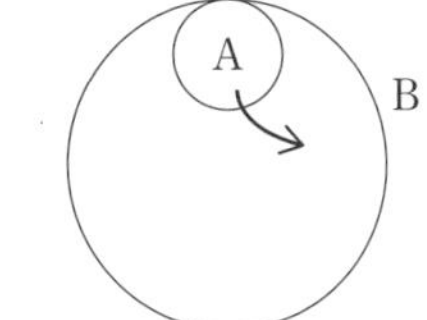

1　1回転　　**2**　2回転　　**3**　3回転

4　$1\frac{1}{3}$回転　　**5**　$2\frac{1}{3}$回転

<解き方>

円Aの周上の点（例えば接点）を目印に考える。次にその点が円Bに接するまでAが何回転するかを考えるとよい。

円周lは半径r（直径）に比例する（$l=2\pi r$）。Bの半径がAの半径の3倍なので、Bの円周はAの円周の3倍になる。したがって、最初の状態での接点をPとすると、円AでのPの位置は、ぐるっと回って、Qの所とRの所に重なる。

円AでのPの位置が、最初の状態からQの所にくるまでに、円Aは$\frac{2}{3}$回転する。

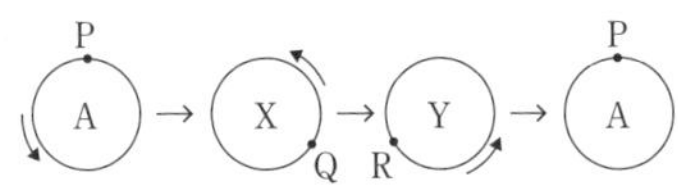

これがあと2回繰り返されるから、円Aは結局、

$\frac{2}{3}$回転×3＝2回転　することになる。

正解　2

※考え方を把握するために、4倍の周でもやってみると、円Aの円周で円Bの円周を分割すると、上図のように4つの点で、A上の点Pは円Bに接することとなる。

逆に、Qは、Pが接する中間の点で下図のように接する。このように回転するものに矢印をつけて考えると、解きやすくなる。

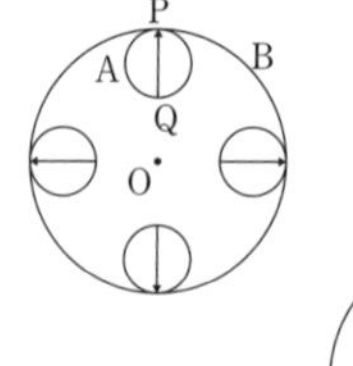

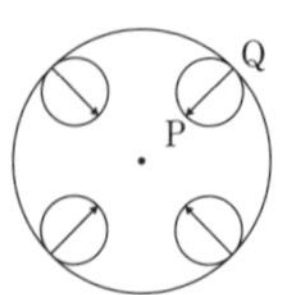

【基礎演習】

右図のように、半径の等しい円A、B、Cがあり、BとCは固定されている。円Aには↑印がついている。円Aが、BとCの周りを滑ることなく回転していき、元の位置に戻るとき、↑印の方向はどのようになっているか。

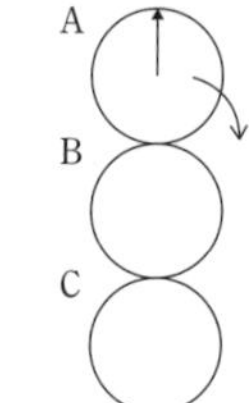

1 

2 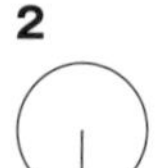

3 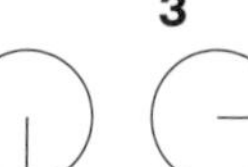

4 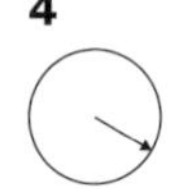

5 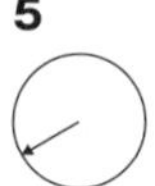

<解き方>

円の半径を1とする。回転円Aの円周は2π。

①の弧の長さは$2\pi \times 2 \times \frac{120}{360} = \frac{4}{3}\pi$

$\frac{4}{3}\pi \div 2\pi = \frac{2}{3}$回転

②の弧の長さは$2\pi \times 2 \times \frac{240}{360} = \frac{8}{3}\pi$

$\frac{8}{3}\pi \div 2\pi = \frac{4}{3}$回転

③の弧の長さは$2\pi \times 2 \times \frac{120}{360} = \frac{4}{3}\pi$

$\frac{4}{3}\pi \div 2\pi = \frac{2}{3}$回転

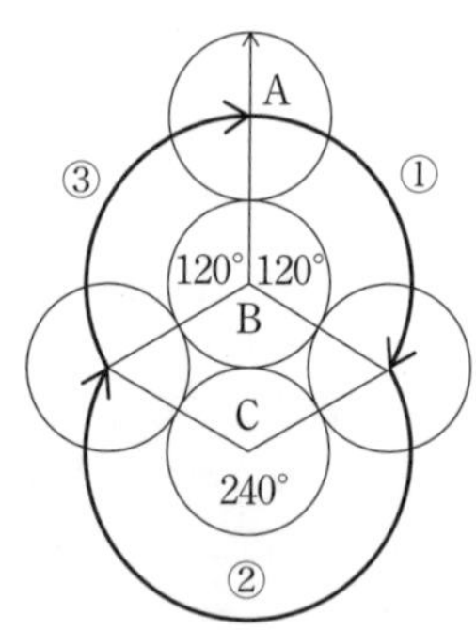

よって、$\frac{2}{3} + \frac{4}{3} + \frac{2}{3} = \frac{8}{3} = 2\frac{2}{3}$回転することになる。

正解　5

※円周を円が回転する場合

次の①②の計算によって簡単に解ける！

①回転円の中心が移動した距離（右図の点線）、②回転円の円周

回転数＝①÷②

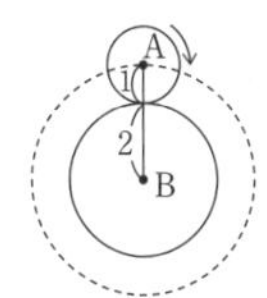

(例1)

半径1の円Aが半径2の円Bの外周を1周するとき円Aの回転数は？

$3 \times 2 \times \pi \div (1 \times 2 \times \pi) =$ <u>3回転</u>

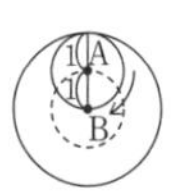

(例2)

半径1の円Aが半径2の円Bの内周を1周するとき円Aの回転数は？

$1 \times 2 \times \pi \div (1 \times 2 \times \pi) =$ <u>1回転</u>

(本問の場合の途中図)

3つの円が接したとき、中心を結ぶと正三角形となる。

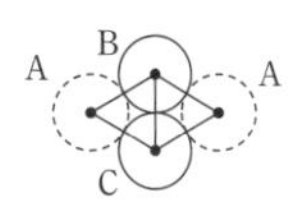

スピードチェック！

1　下の図のように、正三角形ABCが直線l上を滑ることなく転がったとき、正三角形の辺AB上の中点Pの描く軌跡として正しいものはどれか。

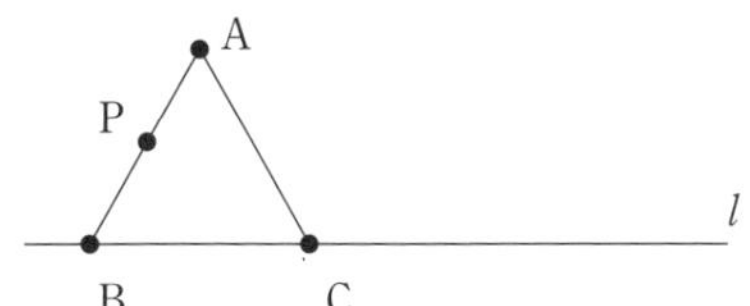

1

2

3

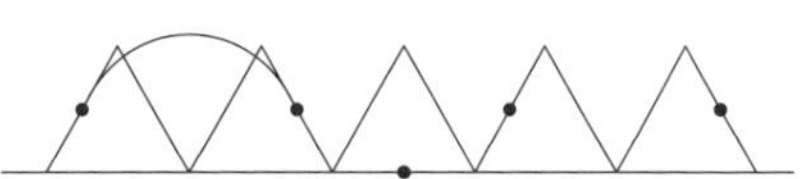

中心と半径を確認して、軌跡を書き込むと、以下のようになる。

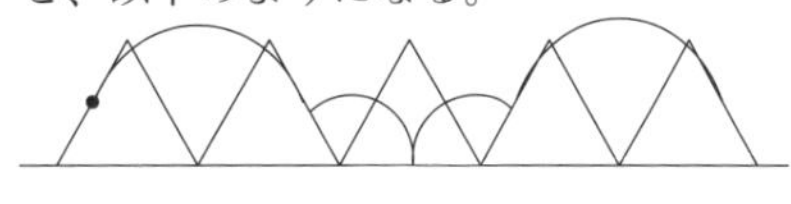

正解　1

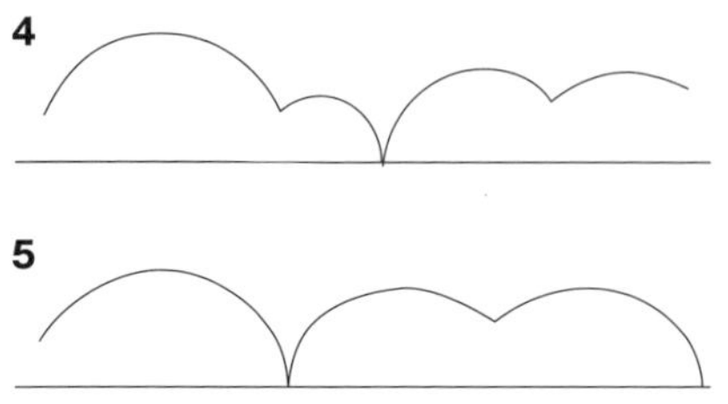

・正三角形の回転の状態を描き、点Pの動きをつかむ。

2　次の図のような図形が、直線**L**上を滑ることなく転がっていくとき、図形上の点**A**～**E**の軌跡は、半径の異なるさまざまな円弧が連続したものとなる。これら**5**つの軌跡のうち、**L**から最も離れた点を通るものはどれか。

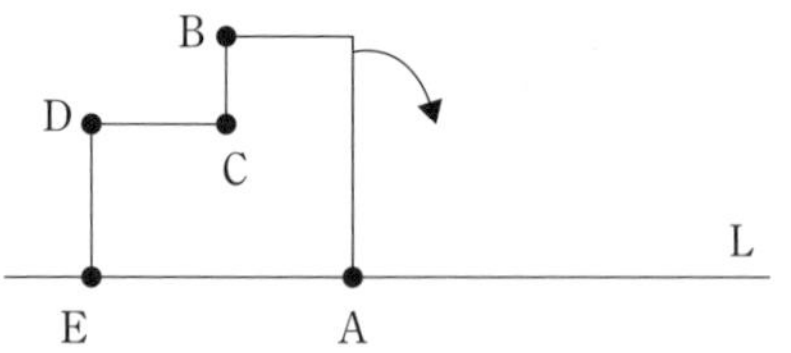

1　点**A**の軌跡
2　点**B**の軌跡
3　点**C**の軌跡
4　点**D**の軌跡
5　点**E**の軌跡

1転目と、2転目について、中心と半径の関係を確認する。

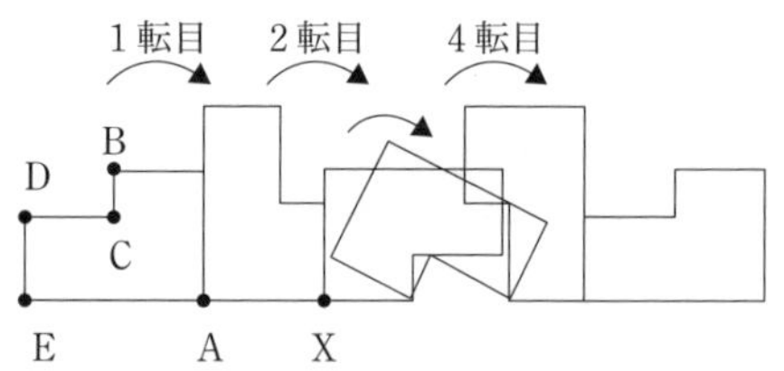

1転目は、回転の中心がAで、半径が一番長いのは、ADになる。
2転目は、回転の中心が図のXに変わり、半径が一番長いのは、XEになる。
半径が長いほうが遠回り（Lから遠い）ので、Eの軌跡のほうがLから離れている。

3転目は明らかに短い半径で小回りになり、4転目は1転目の逆のDAが長い半径になる。5転目は2転目の逆でEが中心になる。

以上から、2点目の半径XEが最も長く、Eの軌跡が最もLから離れる。

正解　5

3　下図のように、**1**辺の長さが$2a$の正六角形と**1**辺の長さが$3a$の正方形がある。今、これらの図形の周りを直径bの円が滑ることなく転がって**1**周するとき、円の中心**P**、**Q**の描く軌跡の長さについて正しいものは次のうちどれか。

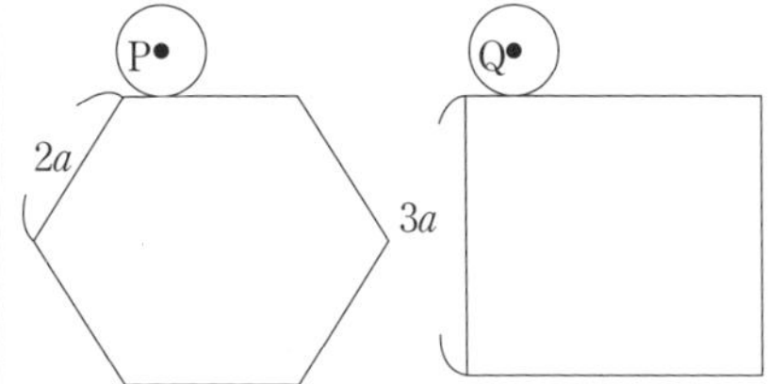

1　**P**の軌跡の長さは**Q**の軌跡の長さよりもπbだけ長い

2　**P**の軌跡の長さは**Q**の軌跡の長さよりも$\frac{1}{2}\pi b$だけ長い

3　**P**の軌跡の長さは**Q**の軌跡の長さよりも$\frac{2}{3}\pi b$だけ長い

4　**P**の軌跡の長さは**Q**の軌跡の長さよりも$\frac{2}{3}\pi b$だけ長い

5　**P**と**Q**の軌跡の長さはどちらも$12a+\pi b$である

・判断推理の問題では、計算力より、推理力・判断力が試される。この場合も、円の中心がどのような軌跡をたどるのかをよく考え、できるだけ計算を省くようにすること。勘やひらめきも大切。

正六角形と正方形で、周の長さは変わらない。　$2a\times6=3a\times4\ (=12)$
角を回るときの中心の軌跡を考えると、以下のようになる。

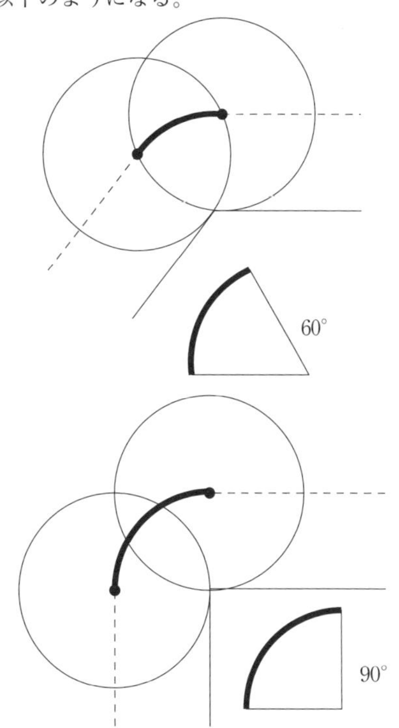

角の軌跡は、正六角形で中心角60°の弧が6個分、正方形で中心角90°の弧が4個分となる。すなわち、正六角形・正方形どちらも、角の軌跡を集めると、円1周分になるのである。直径がbであるから、円周（角の奇跡）はπbになる。
したがって、どちらも軌跡は、$12a+\pi b$となる。
※回転円の半径を限りなく小さくして考えると（点と同じと考える）、同じ長さの周を回るときには、中心の軌跡の長さは変わらない。また、aの値0に近づけると考えてもよい。

正解　5

4　図Ｉの円が点**A**を中心にして反時計回りに**1**分間で**1**回転するように一定の速さで回転し、さらに、点**B**が円周上を反時計回りに**1**分間で**1**周するように一定の速さで移動するとき、点**B**が**1**分間に描く軌跡として最も妥当なのはどれか。

なお、図IIは、回転を始める前及び回転を始めて数秒後の円の位置を示したものである。

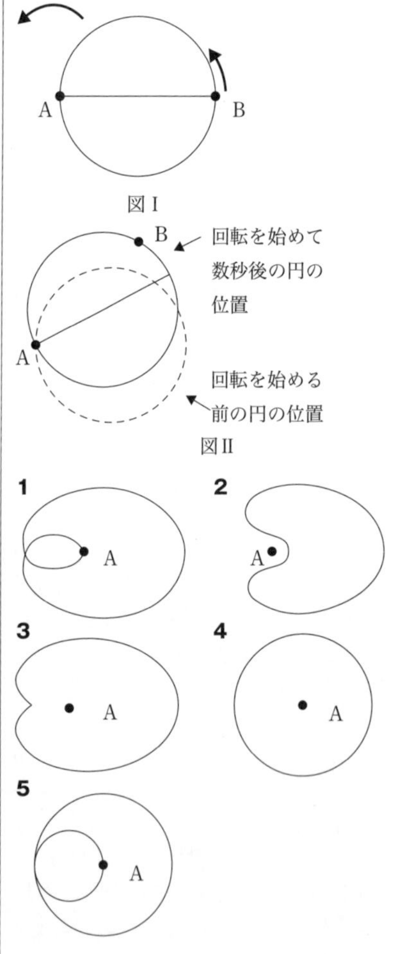

まず、BはAがある同じ円周を回っているのだから、円周を回るうちにAと重なるはずである（図のB′の位置）。このことから、軌跡とAが重なっている肢1か5の選択肢に絞られる。

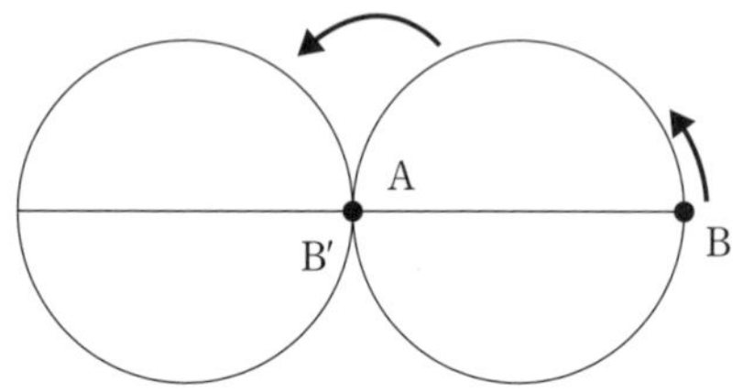

次に、円がAを中心に90°回ったときを考えてみると、

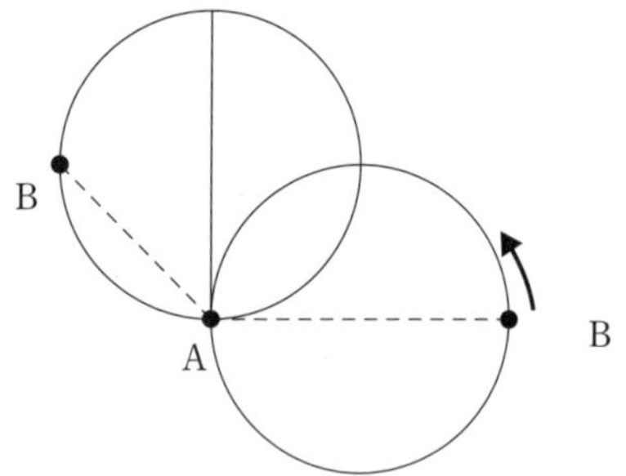

ABの長さは、回転にしたがって短くなっており、肢5のようにBの軌跡が円を描かない。したがって、Bの軌跡は肢1のようになると考えられる。

正解　1

❖MEMO❖

第7章 立体図形

Level 1 p192～p197、p202、p203　Level 2 p236、p237

■いろいろな角度から眺めたり、分割して考えよう。

立体図形は、実物なしでは考えにくい場合も多い。しかし、ここでいう立体図形とは、正四面体、立方体、正八面体、正十二面体などの、面が多角形である立体と、立方体をいくつかの面でつないだ立体がほとんどである。そこで、**上の面、中の面、下の面というように、いくつかに分割**してみれば理解しやすくなる。つまり、**平面的に考える**のがよい。さらに、全体がつかみづらくても、**前後左右、上中下段で切り取り、多方面からの情報を寄せ集めて考える**と、判断の切り口がつかめてくる。同時に、**辺や点、接合部分などの各部品のつながり具合をよく考えて、立体図形のあらゆる置き方を考えてみる**ことも重要。

1 同じ立体

立体図形をあらゆる角度から眺められるように練習しておくことが大切。前後、左右、上下や斜めの方向から見ることができることと同時に、立体図形そのものを回転した形が把握できること、この両方が必要。右の図は、立方体5つをつないで作った立体を、いろいろな角度から見たものである。これらは、すべて同じ立体だが、形を思い浮かべることができるだろうか。

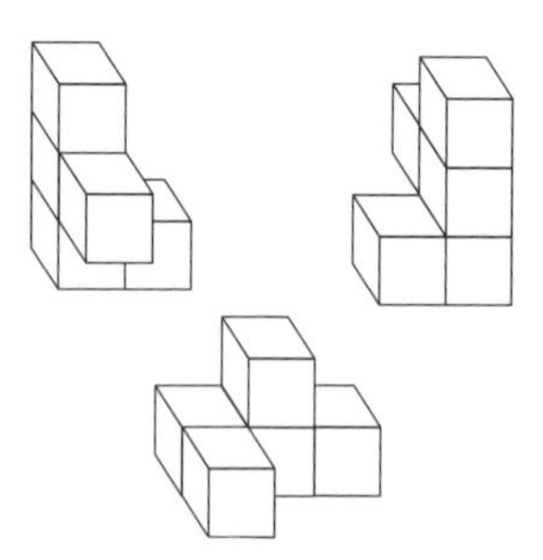

[同じ立体の基本テクニック]

立方体では24通りの「置き方」がある。このことをサイコロで確認してみると、立体の置き方についての問題解法の基礎が確認できる。

たとえば、計算上では、サイコロの1の目の位置としては、前後、左右、上下に6通りあり、それぞれについて2の目の位置が4通りあり得るので、6×4＝24通りになる。また、具体的に、サイコロの1を天井（6が床）と考えると、壁の向きで4通りで、どの目が天井になるかで、6×4＝24通りと考えられる。

【基礎演習】

図の立体と同じものは、次のうちどれか。

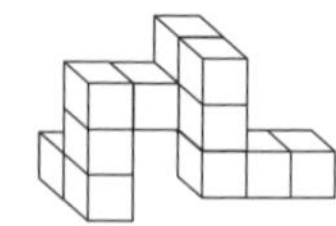

1

2

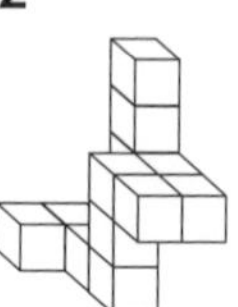

3

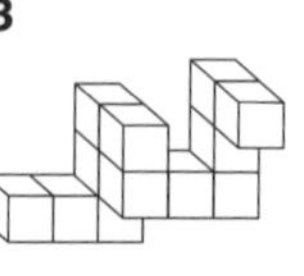

4

5

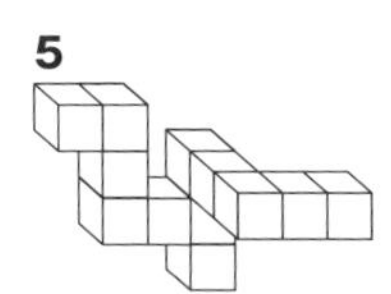

<解き方>

小立方体のつながり具合や曲がる方向を注意深く眺めること。どこか向きを固定して考えるとわかりやすい。また、判断手法として、縦・横・高さの個数を調べる方法がある。与えられた図の横の個数を見ると、5個である。肢4は4個、肢5は6個で、それだけで、肢1、2、3に絞り込める。

小立方体を端から順に見ていけばよいが、よく見ると中ほどに小立方体5つでPの形

をした部分 B A がある。こういう所を基準にして考えるとうまくいく。

このPが上からPと読めるように平らに置くと、Pの足の部分（A）には、上に向かって2つの小立方体が突き出している。また、Pの右下の部分（B）には、下に向かって2つの小立方体が突き出している。このことだけでも、だいぶ形が把握しやすくなる。

下に突き出た2つには、さらに手前に2つがつながっていて、最後は右に1つ出ている。このように、どこか位置や向きを固定して考えるとわかりやすくなる。

正解　2

2 立体の組合せ

Level 1 ▷ **Q35**　Level 2 ▷ **Q54**

立体図形をいくつか組み合わせて大きな立方体などをつくる場合は、1階、2階、3階などに分けて考えればよい。下の図は、L型トリキューブ9個で3×3×3の立方体を構成したものを、上、中、下に分けたときの断面図である。実物がないとなかなかやりにくいが、ペンタキューブ12種類あるいは29種類で、ある形をつくるパズルもあるので機会があれば手に取って感覚をつかんでほしい。

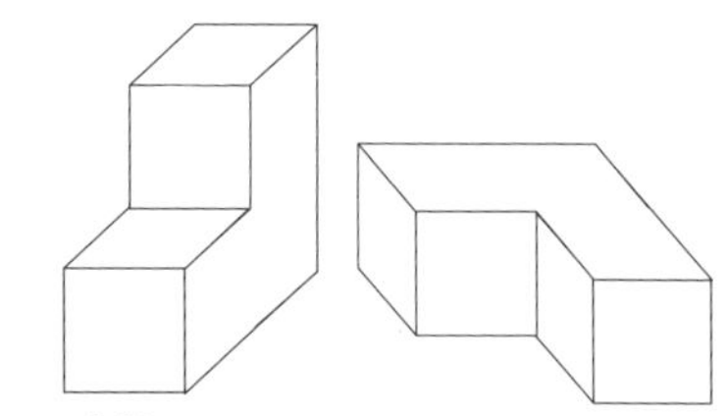

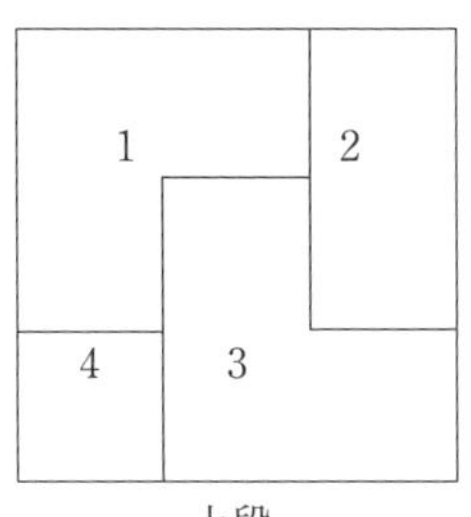

上段

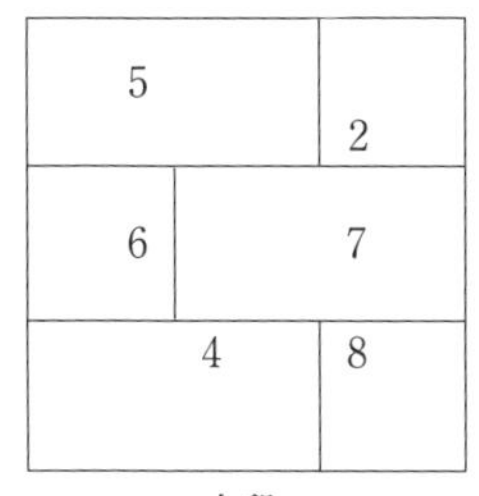

中段

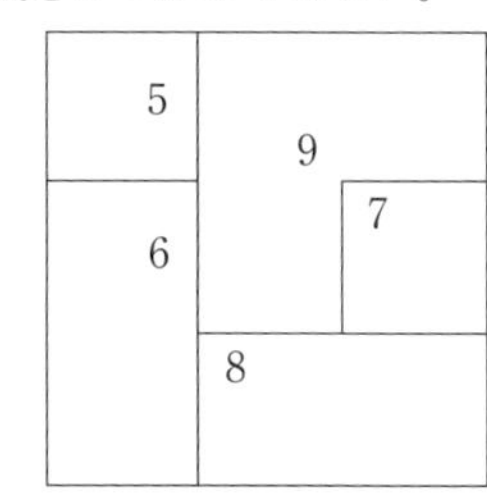

下段

（ペンタキューブ）

立方体5つを面でつないだ立体のこと。全部で29種類ある。このうち、正方形5つをつないだもの（ペントミノ）の立方体版は12種類である（回転・鏡像は同一と考える）。立方体の3つをつないだものがトリキューブでI型とL型の2種類がある。

【基礎演習】

下図の立体のうち、下の右の図と組み合わせても直方体にならないものが1つある。それはどれか。

1
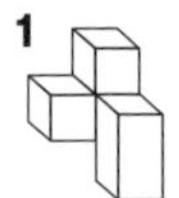
2
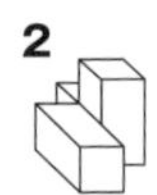
3
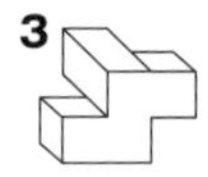

4
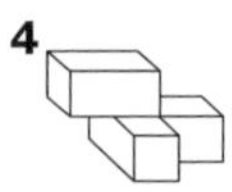
5
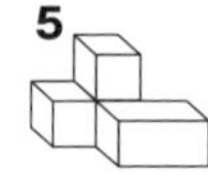
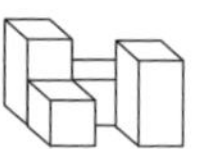

<解き方>

組み合わせて直方体になる立体がどんな形であるかを考える。

問題の立体は、小立方体7個からできていて、2×3×2の直方体に納まっている。足りない部分は、小立方体5つ分である。肢1〜5の立体はどれも小立方体5つでできているので、結局、できあがる直方体としては2×3×2の形以外には考えられない。

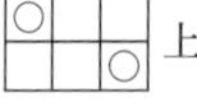

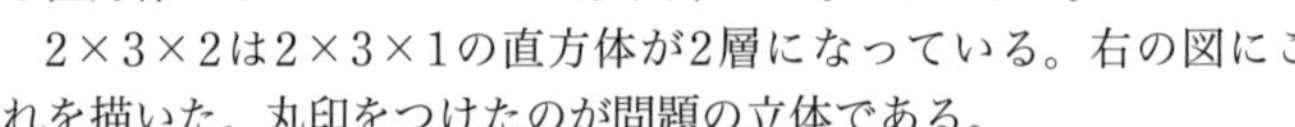

2×3×2は2×3×1の直方体が2層になっている。右の図にこれを描いた。丸印をつけたのが問題の立体である。

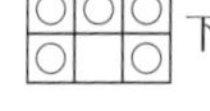

だから、丸印のない部分の立体が、合わせて直方体になる部分である。これを図に描くと右図のようになる。

あとはこれと同じ立体でないものを探せばよい。肢1は似ているが、鏡像の形である。

正解　1

※組み合わせてつくったものは下図のようになる。

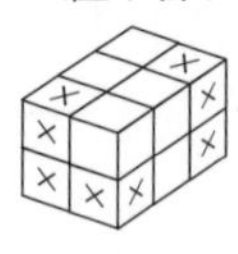

【基礎演習】

1×1×1の立方体3個と、2×2×1の直方体6個を使って、3×3×3の立方体をつくった。上の面ABFEを見ると、図のようになっている。このとき、底の面DHGCの下から見た様子を表している図として正しいものは、次のうちどれか。

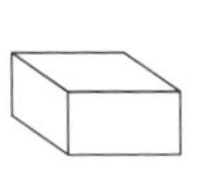

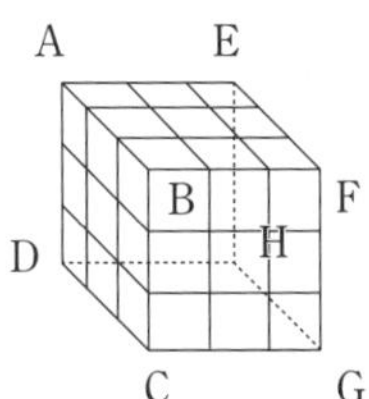

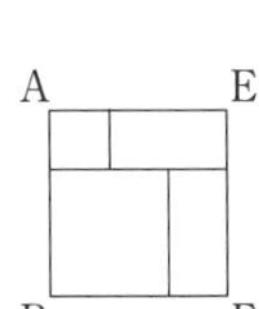

1

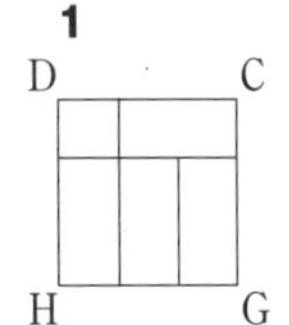

2

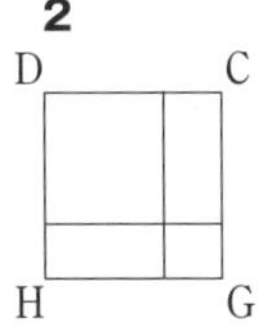

3

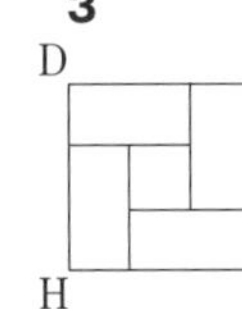

4

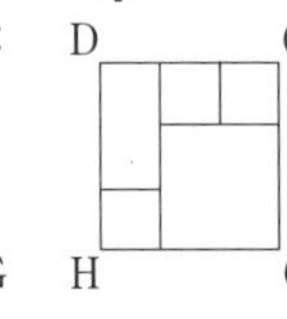

5

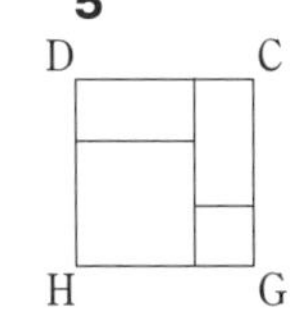

<解き方>

全体が3×3×3と小さいため、かなり入れ方に制限がある。注意深く入れていけば答えが見つかる。

3×3×3の立方体を、上中下の3つの面に分けてみる。上の面は問題からわかっている。これを元にすると、中の面が少しわかる。p、q、r、sはそれぞれ同じ立体を表し、斜線の部分は未確定である（下図）。

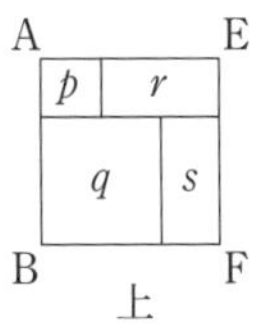

上

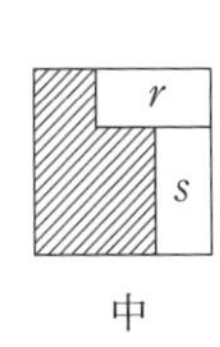

中

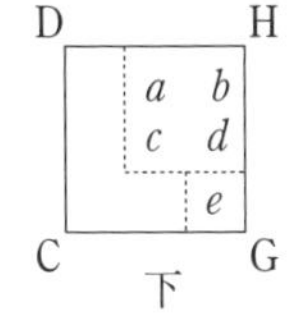

下

下の面a、b、c、d、e（r、sの下にあたる部分）には、1×1×1の立方体がくるか、2×2×1の直方体が横に収まる。1×1×1の立方体は3個で、各面に1つだけくることがすぐわかるので、結局、点線のようになっているはずである。

これから残りの部分が確定する。

正解　5

※展開図に模様を書き込んで、
底辺まで割り出すことができる。

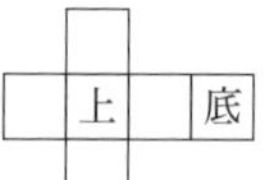

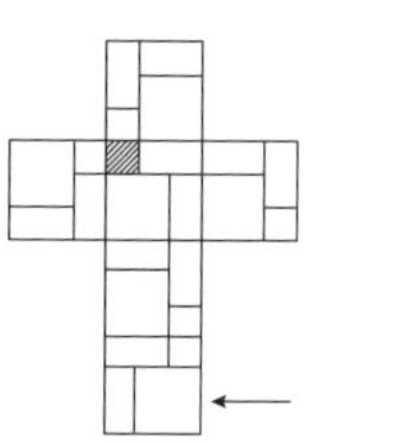

3 立体の切断

Level 1 ▷ Q38

正多面体をある平面で切断すると、切断面がどういう図形になるかを調べておくとよい。立方体の切断面には、三角形、四角形、五角形、六角形があらわれる。

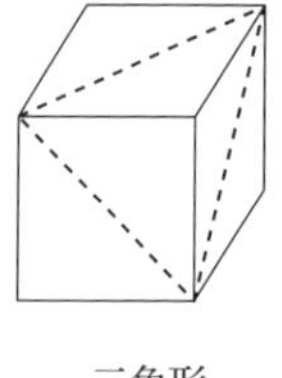

三角形

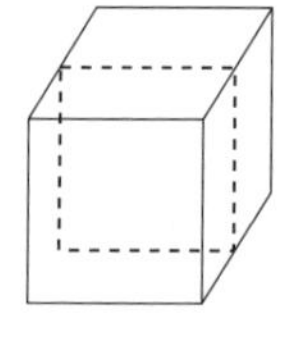

四角形

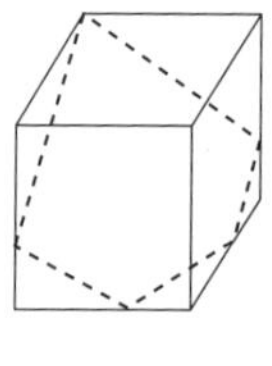

五角形

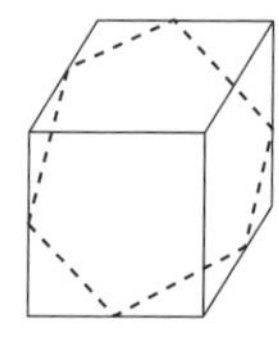

六角形

(正多面体)

各面が正多角形で、隣り合う面のなす角がどこも同じ、どの頂点にも同じ数の面がきている立体。どの面を上にしても、いつも同じ形になる。正多面体は全部で5つある。

4 立方体転がし

Level 1 ▷ Q33

サイコロのような立方体を転がしたとき、まずどの面が上を向くかを確定して、次の回転で上にくる面も判定しなければならない。各ステップごとに順に上・天井にくる数字を書き入れていけばよいが、慣れるまでは天井・床・壁の展開図をイメージしておくと間違いがなくなる。天井が決まれば床はわかるので、下の右図のような天井と壁だけの簡易な図でも判断は十分可能である。

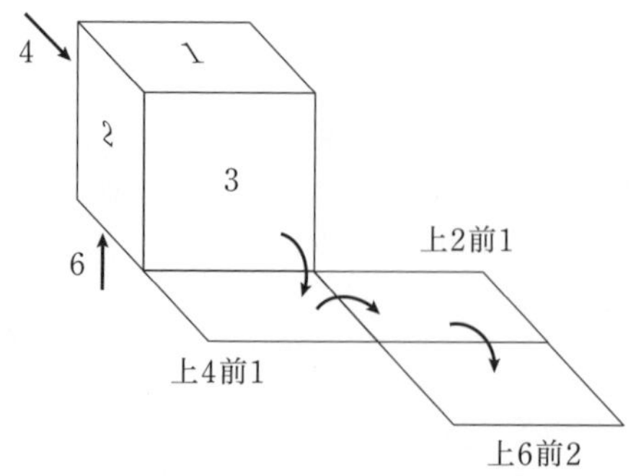

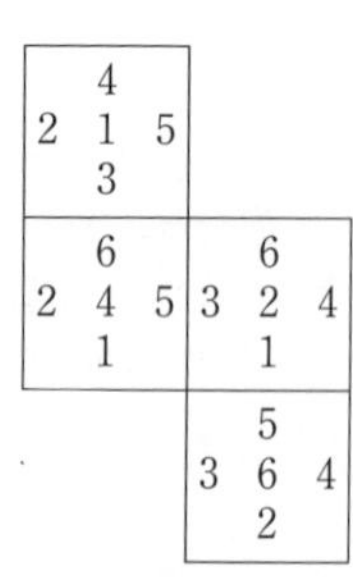

【基礎演習】

立方体の6つの面を赤、黄、緑、青、紫、白の6色で塗り分けた。図1はその様子を2方向から見たものである。この立方体を、図2のようにAの所から、ます目に合わせてBまで転がす。Bの所での立方体の見え方として正しいものは、次のうちどれか。

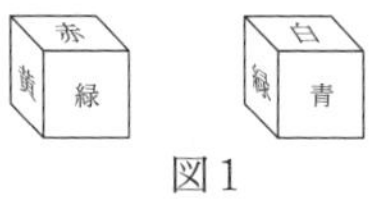

図1

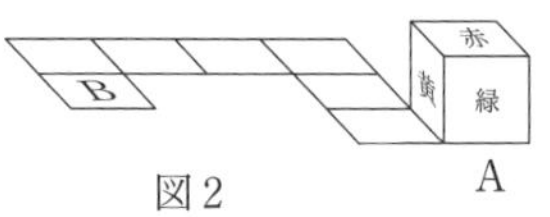

図2

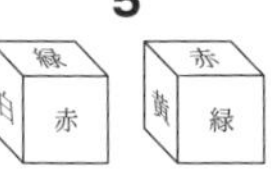

＜解き方＞

まず立方体の色の配置を確定する。そうすれば、あとは順に転がしていくことで結果がわかる。

図1より右のようになり残りは紫である。

真っすぐ進む場合、側面は変わらない。

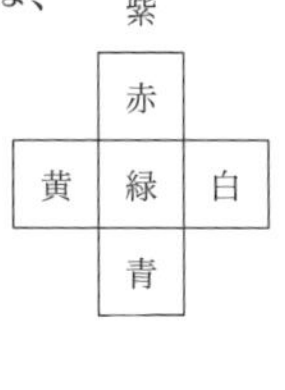

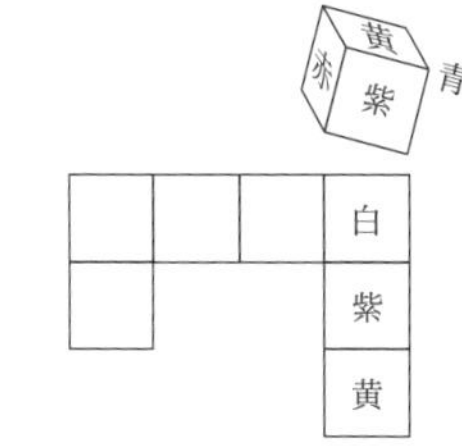

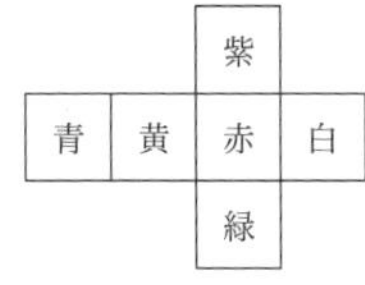

転がりの向きが変わる所で、立方体の状態がどうなるかを描き入れると、下図のようになる。

転がるときは、向かい合う2つの面はそのままで、残りの4つの面が順にずれていくことになる。

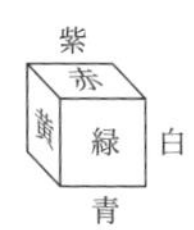

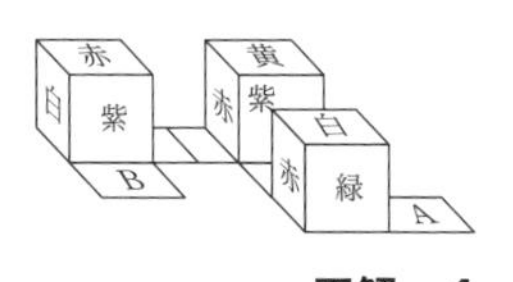

正解　4

5 部分図形

Level 1 ▷ **Q35**　Level 2 ▷ **Q54**

2 立体の組合せの3×3×3の立方体の上、前、右の3つの面をある色で塗ったとき、各トリキューブについて以下のことがいえる。1つずつ確認してみよう。

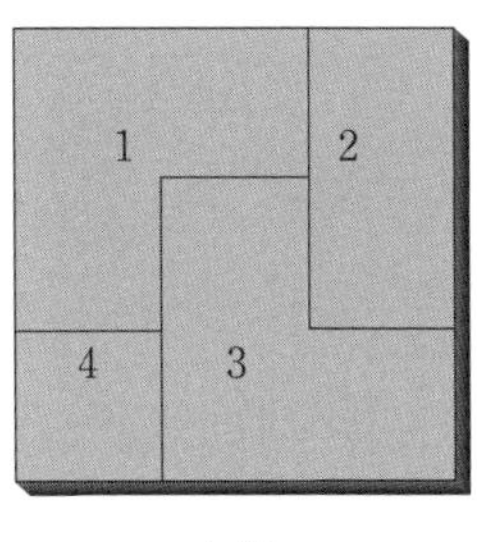

上段

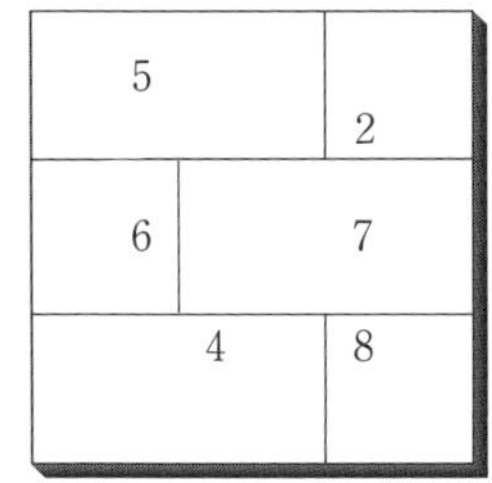

中段

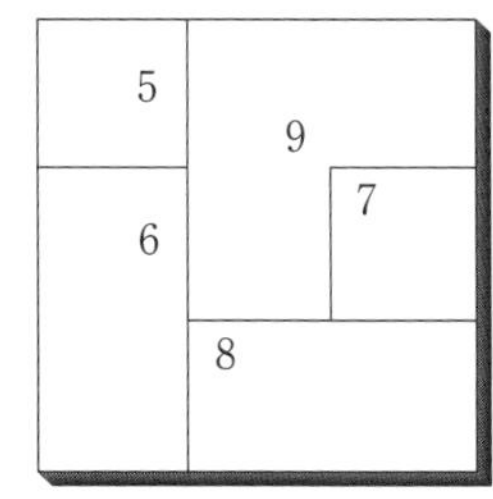

下段

・色が塗られないトリキューブ　……　5の1個
・1面だけ塗られるトリキューブ　……　1、6、7、9の4個
・2面だけ塗られるトリキューブ　……　2、4、8の3個
・3面が塗られるトリキューブ　……　3の1個

【基礎演習】

図のような1辺5の立方体の斜線部分を上下、左右、前後に裏側までくり抜く。こうして残った部分の小立方体の個数として正しいものは、次のうちどれか。

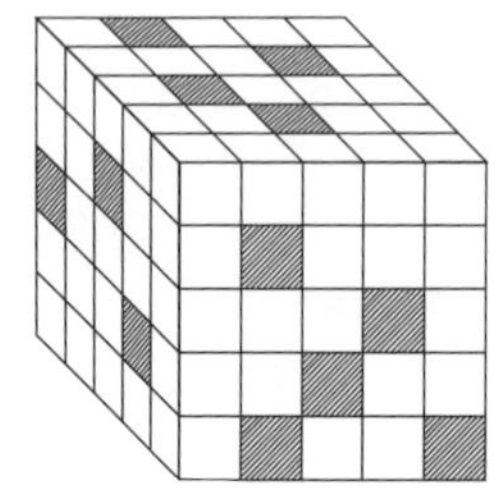

1　71個　　**2**　72個　　**3**　73個
4　74個　　**5**　75個

<解き方>

1方向だけでなくなる小立方体、2方向でなくなる小立方体、3方向でなくなる小立方体がある。ダブって数えないこと。

1辺5の立方体は、5×5×5＝125個の小立方体からできている。

この斜線部分の1つをずっとくり抜くと、5つの小立方体がなくなる。このくり抜きは全部で12カ所あるから、単純な計算では、12×5＝60個の小立方体がなくなることになる。

しかし、この計算の答えはダブって数えているから多めである。

・上下方向と左右方向でダブっているのは3個
・左右方向と前後方向でダブっているのは3個
・前後方向と上下方向でダブっているのは6個
・上下、左右、前後の3方向でダブっているのは2個

以上から、実際に抜かれる小立方体の個数は、60－3－3－6＋2＝50個　である。

これから、残った小立方体の個数は、125－50＝75個　となる。

正解　5

【基礎演習】

図のように、正四面体の各辺の中点をとる。これらの点を結んでできる三角形で、正三角形ではないものの個数として正しいものは、次のうちどれか。

1　8個　**2**　10個　**3**　12個　**4**　14個　**5**　16個

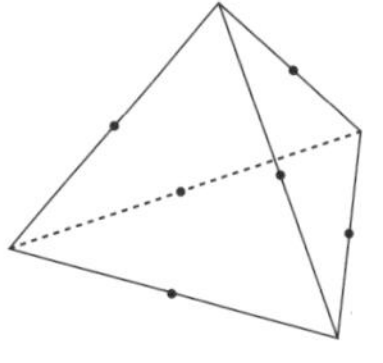

＜解き方＞

どの3点を結んでも三角形ができる。正三角形になるのはどういう場合かを考える。

正四面体は6つの辺からなるので、辺の中点の個数は6つである。
この6つの点のどの3つをとっても三角形ができる。
したがって、三角形は、

$${}_6C_3=\frac{6\times5\times4}{3\times2\times1}=20\text{個}$$

できる。

このうち正三角形は、下図のように、各面に乗る場合と、各頂点付近にできる場合の2つのタイプがあって、どちらも4通りある。

したがって、正三角形ではない三角形は全部で、

$20-4\times2=12$個

となる。

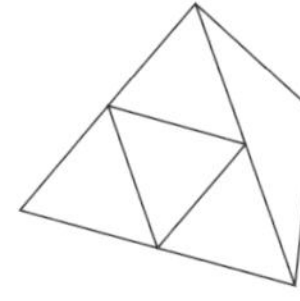

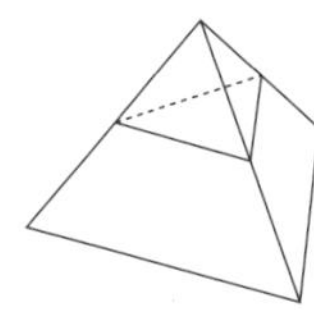

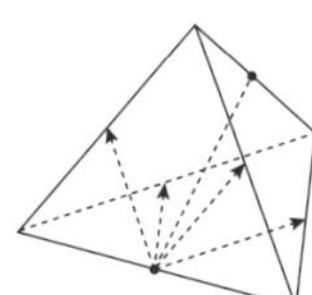

あるいは、こう考えることもできる。正三角形にならないのは、正四面体の向かい合う辺からとった2つの中点を含む場合である（上右図）。
残りの1点は4通り選べる。向かい合う辺は3組あるから、$4\times3=12$個となる。

正解　3

※組合せの公式

n個のものからr個取り出して組合せをつくるときの場合の数は、

$${}_nC_r=\frac{n!}{(n-r)!r!}\text{である。}$$

6 回転体

回転体とは、平面図形をある軸のまわりに回転してできる立体である。軸を中心に回転させたときの面の軌跡と考えられる。

平面上の三角形を、同じ平面上の軸aのまわりに1回転したときは三角すいができる。また、軸bのまわりに1回転したときは、図のように中心に穴があいた立体ができる。軸は辺と並行とは限らず、辺と斜めの関係の場合もあるので、図形を回転したときにどういう立体になるかを推測できるようにする。斜めの軸、複雑な形などの場合は、上下に分割して回転体を考えることも有効である。

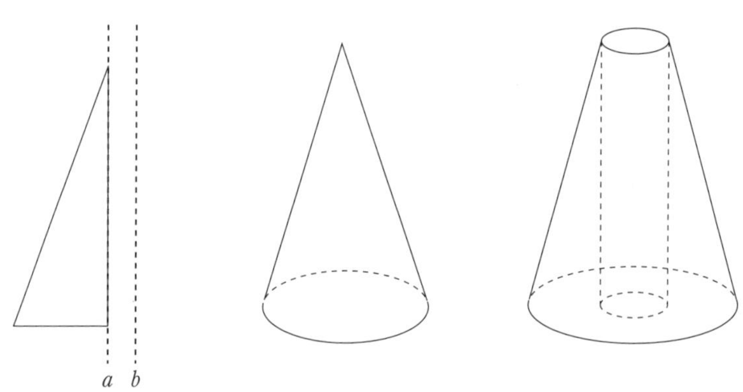

スピードチェック！

1　相対する面の目の和が**7**になっているようなサイコロを**4**つ用意し、接する面の目が等しくなるようにして、図のように並べてみた。このとき、**A**の面の目は何か。ただし、**4**つのサイコロの目の付き方はみな同じであるものとする。

1　2
2　3
3　4
4　5
5　6

・解説のようなサイコロの展開図を組み合わせた図を書けるようにする。必要に応じて、底面を書き加えれば、ほとんどの問題に対応できる。

網掛けの部分がわかっている目で、「相対する面の和が7」「接する面の目が等しい」という条件だけで、図の左下のように決まってくる（左右に出ているマスは底面に当たる部分）。

		6					
3	5	4	2	2	?	5	
		1			☆		
		1			☆		
	3	?	4	4	?	3	
		6			A		

右側の上下の展開図を見ると、☆に当たる部分には、2･5、3･4は入らないので、1か6が入る。4つのサイコロの目の付き方は同じであることから考えて、6が正解となる。
ちなみに、すべての目は下図のようになる。

		6			6		
3	5	4	2	2	3	5	4
		1			1		
		1			1		
5	3	2	4	4	5	3	2
		6			6		

正解　5

2　同じ大きさの小立方体を**64**個積み上げて図のような大立方体を作り、底面を除くすべての面に黒いペンキを塗った。このとき、**2**つの面が黒く塗られた小立方体はいくつあるか。

1　16個
2　18個
3　20個
4　22個
5　24個

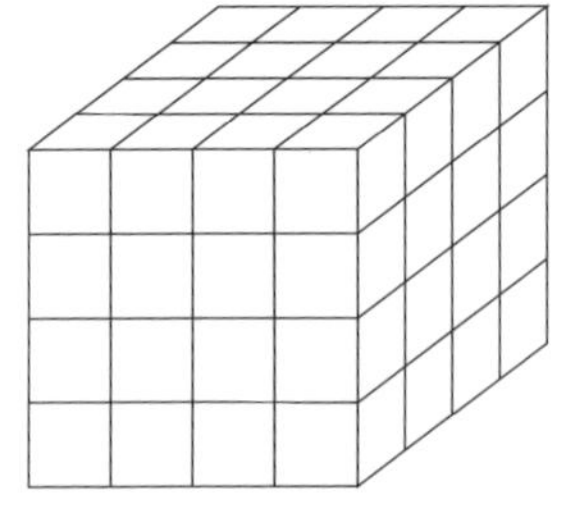

・難しい問題ではないので、確実に得点しなければならない。慎重に数え、いくつかの方法で確認したほうがよい。

2つの面が塗られた小立方体は、側面だけ考えれば数え上げられる。

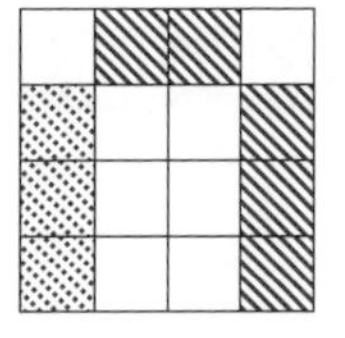

斜線の部分が1つの側面に含まれると考え、点線の小立方体は隣の面に含まれると考えて計算すると、5×4=20　全部で20個の小立方体がある。

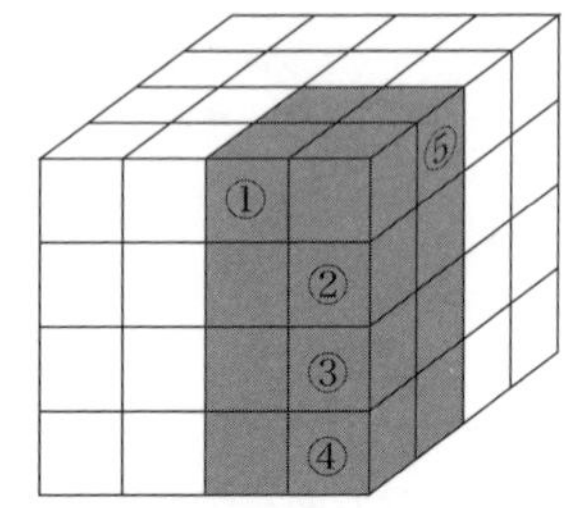

また、上の見取り図の網掛けの部分にある、2面塗られた小立方体を数えても5個ある。角は4つだから､5×4＝20　となる。

正解　3

3　正十二面体の各頂点の周りで、次の図のように、その頂点に集まる三辺の中点を結んだ線に沿って三角すいを切り落としたとき、後に残った立体の面の数はいくらか。

1　18
2　20
3　24
4　26
5　32

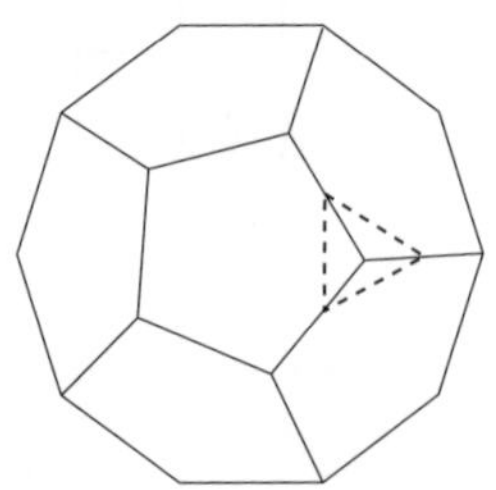

図で見えている面が6面あり、正十二面体だから、真上から見ている図と考えられる。とすると、正十二面体の頂点で、見えていないのは、裏の底面にあたる5つだけである。
したがって、上面に5個の頂点、底面に5個の頂点、側面になる周囲に10個の頂点があり、全部で20の頂点がある。
20個の頂点で三角すいを切り落とすと、三角形の面が新たにできるから、20枚の面ができる。もとの12面も正五角形で残るから、12＋20＝32　の面ができる。

正解　5

4　図のような高さが$\sqrt{3}$で底面の半径が1の直円すいの側面と底面に球が内接している。これらを平面で切ったときの断面図としてありうるのは次のうちどれか。

ただし、選択肢の網掛け部は球の断面を表すものとする。

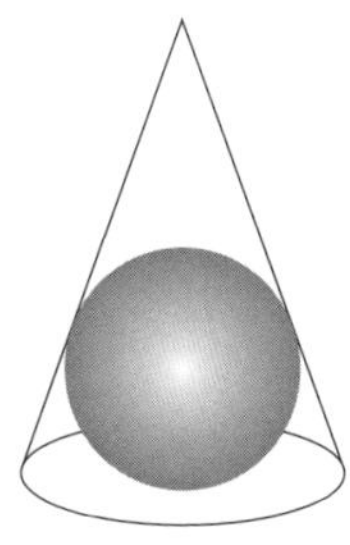

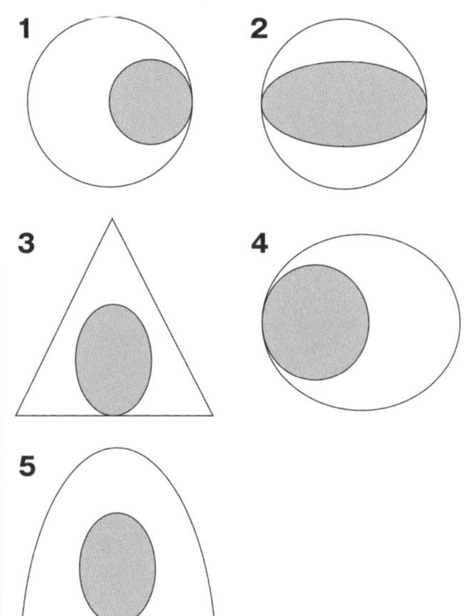

・いったん切断面の平面に直してから考える。球の特徴に注意。

円すいの断面図は、

底面に水平に切ると円（肢1･2)、

頂点と底面の直径を含んで切ると二等辺三角形（肢3)

底面を通らず斜めに切ると楕円（肢4)

底面の直径を含み斜めに切ると半楕円（肢5）になる。

ただし、球体は、どこから切っても、断面図は円になるので、肢2・3・5は不適。

肢1は円すいの底面に水平に切断した場合だが、球が円すいに内接しているのに、切断面の円が偏っているのが適当ではない。肢4は円すいを斜めに、球との接点から、底面を含まずに切断した場合となり、正しい。

正解　4

5　図はある平面図形を回転軸の周りに回転させてできた立体である。この平面図形として正しいのは次のうちどれか。ただし、図形上の直線は回転軸を表している。

肢1・2・5は左右対称であるが、肢3・4は違うので、左右反転した形を描いておく。

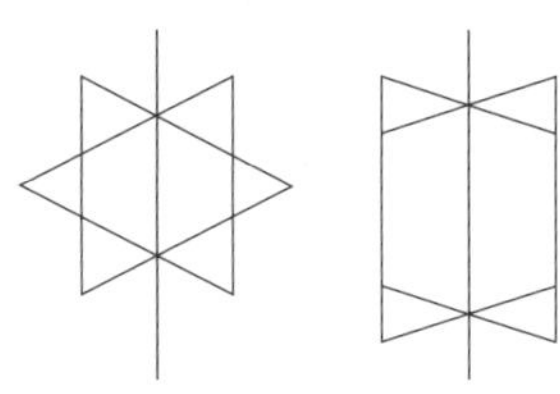

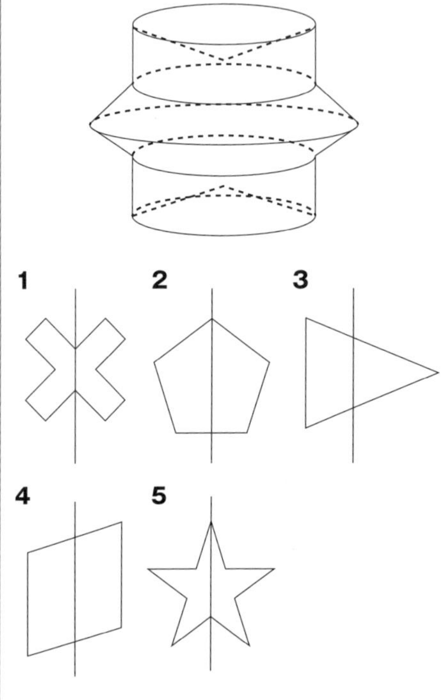

・回転体は対称図形。左右に反転した図形を重ね合わせれば、近い形が得られる。
・回転体を真横から見た、平面図を想像して見当をつけること。

6　下図の立体は単位立方体**14**個からできている。念のため上の**5**個の立方体からなる**L**形の部分を取り去った状態を右に示した。この立体と組み合わせて**1**辺**3**の立方体になるものが**1**つある。それはどれか。

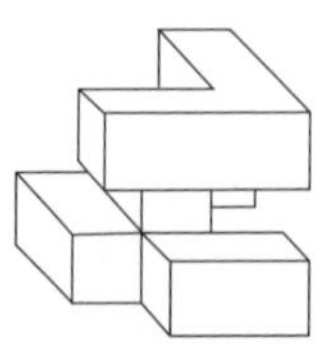

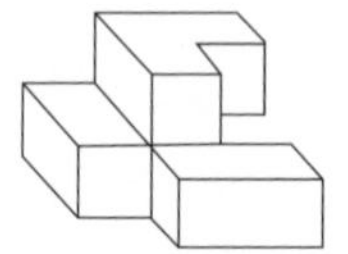

回転体の上部は凹んだ形になっており、このような形になるのは、肢1･3･4である。回転体の中間部はとがった形になっており、このように飛び出すのは、肢2・3・5である。

以上から、上部・中間部、両方の特徴を持つのは、肢3の三角形を回転させた場合である。

正解　3

問題の立体を1辺3の立方体に納めたとき、どの小立方体が使われているかを調べると図1のようになる（上の面､真ん中の面､下の面と分けて○をつけた)。

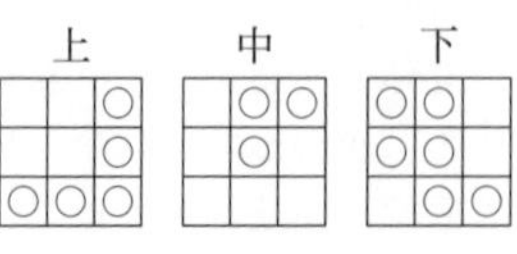

図1

すると、この立体と組み合わせて1辺3の立方体になる立体がすぐわかる（図2)。

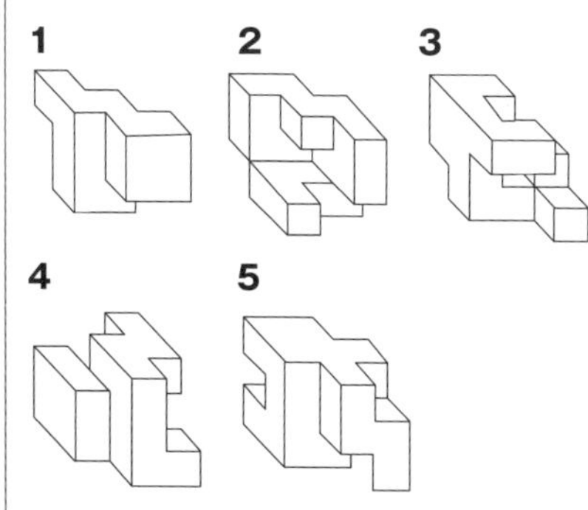

7　サイコロ面と同じ大きさの正方形**A**～**I**からなるマス目がある。図のように、**A**の位置に上を向いた面の目が**1**になるようにサイコロを置き、タテまたはヨコに**1**マスずつ転がして**I**の位置に移動させる。この作業を次のように**2**回行ったとき、**I**の位置においてそれぞれ上を向いた面の目の数の和はいくつか。ただし、サイコロの相対する面の目の数の和は**7**になるものとする。

A→B→E→F→I
A→D→G→H→I

1　2
2　4
3　6
4　8
5　10

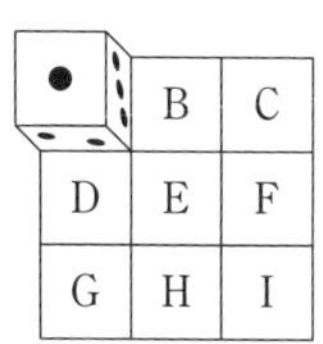

つながり具合や形をよく把握して、こうなる立体をさがせばよい。

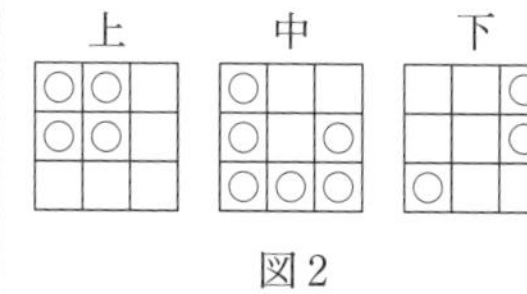

図2

正解　4

この問題は、順を追って考えてみればよいので、それほど難しくないだろう。
最初の場合では、1→4→5→6→3　となり、次の場合では、 1→5→6→4→1　となる。したがって、3＋1で合計は4となり、肢2が正解である。

正解　2

第8章 展開図ほか

Level 1 p198～p207 Level 2 p238、p239

■展開図や投影図から、元の立体を思い浮かべよう。

不得意にしている人が意外に多いが、基本は、**正四面体や立方体の展開図が書けること、また、展開図から元の立体が復元できること**である。特に、立方体の11種類の展開図には、すべてを瞬時にイメージできるようにしたい。**床になる面、天井になる面、壁になる面、そして柱と、具体的に分析**していければよい。同様に、代表的な多面体では、**1つの展開図を変形して、他の展開図を得る**練習もしておこう。そもそも展開図とは、立体図形を辺で切り開いて平面に置いたものだから、**辺と辺の接続と頂点の重なりが、しっかりつかめればよい。**投影図から立体図形を復元する問題では、先入観なしに、少しずつ形を絞り込んでいくこと。

1 正四面体の展開図

正四面体の展開図は2種類ある。図では、どことどこの辺が合わさるのかがわかるように数字を入れている。

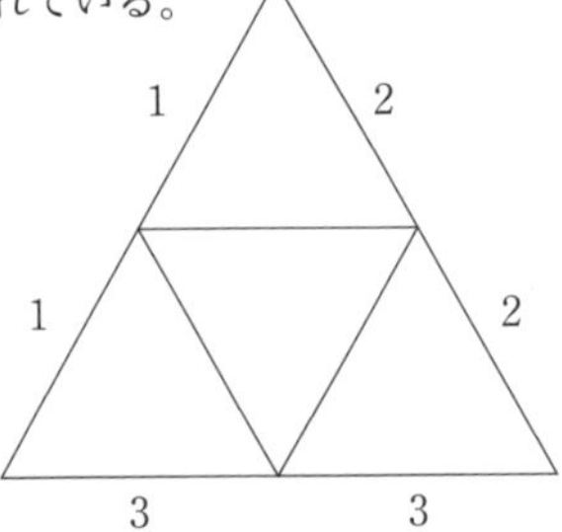

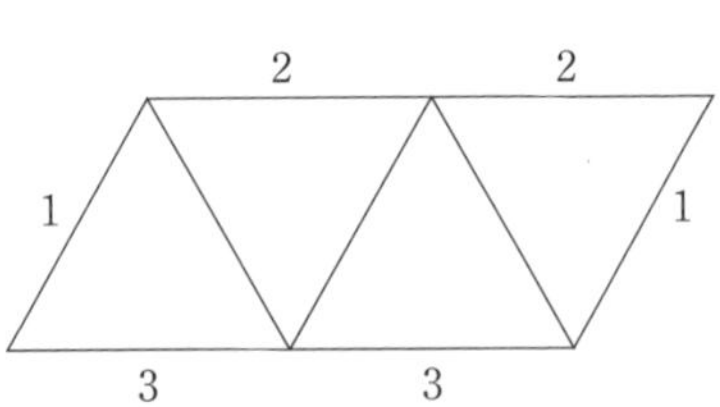

2 立方体の展開図

Level 1 ▷ Q36

立方体の展開図は、展開図の中でも基本となるもので、しっかり頭に入れておかなければならない。回転や裏返しして重なるものは同一の展開図とみなすと、立方体の展開図は全部で11種類ある。立方体のどの辺を切っていけばそれぞれの展開図になるのかを理解するのと同時に、それぞれの展開図から、どの辺がつながりどの頂点が重なって、もとの立方体を構成できるかをイメージできるようにしたい。また、展開図はすべての面が切り開かれているので、同じ大きさのサイコロをこの順に転がすとすべての目が出ることになる。展開図のイメージがあれば、サイコロを転がす問題は非常に楽になる。

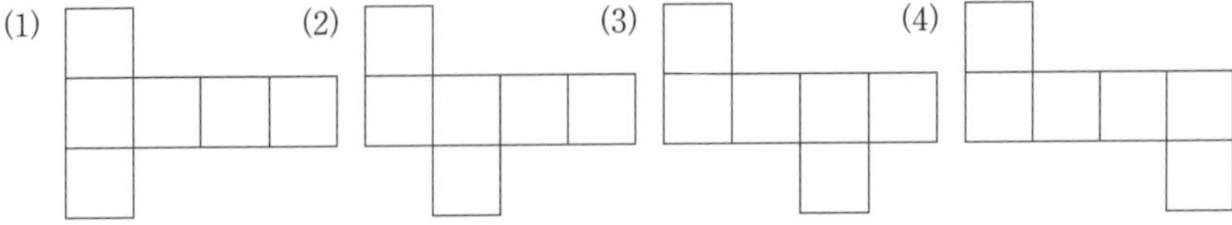

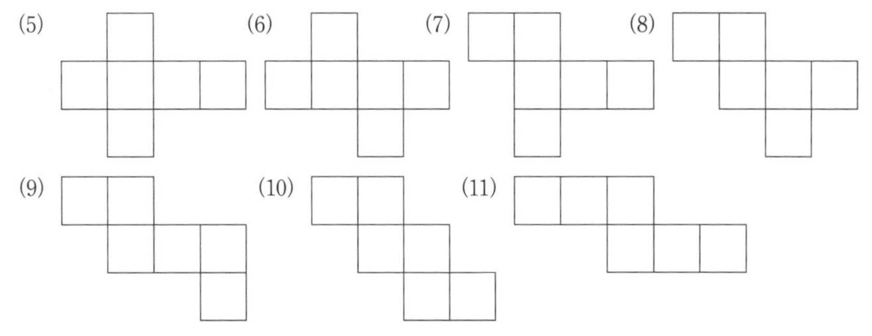

【基礎演習】

図は、各面を、赤、黄、青、緑の4色で塗り分けた立方体の展開図である。これと同じ立方体になるものは次のうちどれか。

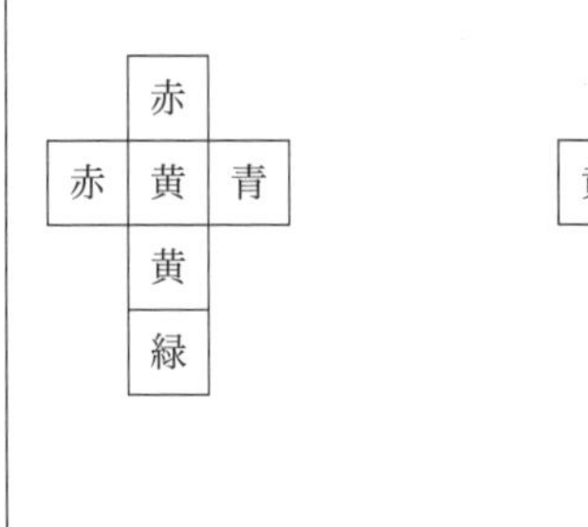

1

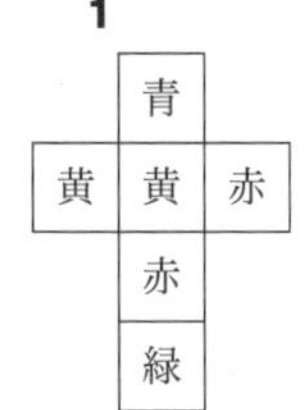

2

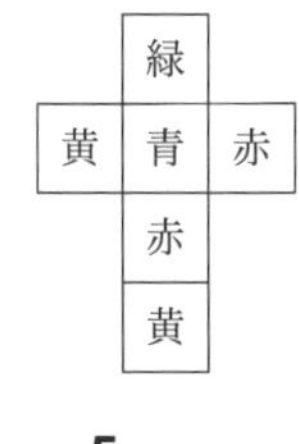

3

黄
黄 赤 赤
緑
青

4

赤
黄 赤 緑
青
黄

5

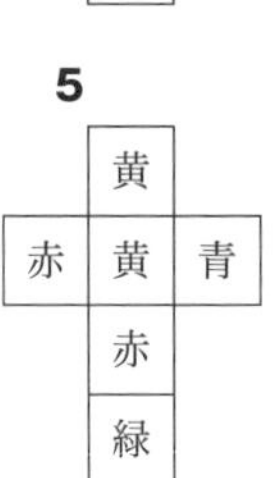

<解き方>

まず立方体を復元し、色の配置がどうなっているかを調べること。赤と黄色が2面ずつあることに注意する。

与えられた展開図から立方体を復元すると、下図の左のようになる。これがわかれば、あとは難しくない。

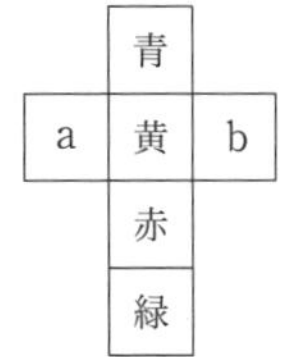

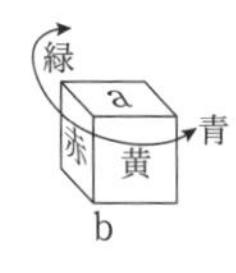

第1章
第2章
第3章
第4章
第5章
第6章
第7章
第8章

展開図で、4つつながった正方形を上から下にたどることは、立方体の4つの側面をぐるっと回ることに対応する（上図の中と右）。このときaとbの色がそれぞれ合っていれば、正しい展開図ということになる。

正解　4

3 展開図の変形

Level 1 ▷ **Q36,Q37**

展開図で90°離れた2つの辺は組み合わせると重なり、その辺の端にある頂点も重なることになる。とすると、立方体の展開図で、90°離れた正方形を下のように移動させても、また、立方体の展開図になる。

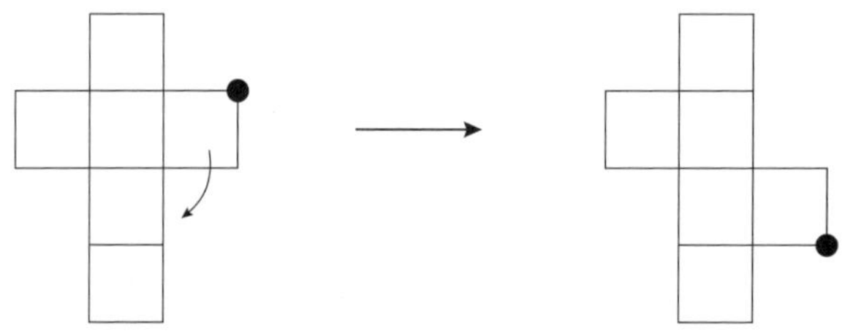

【基礎演習】

下図のように、立方体を3頂点を通る平面で切断し、三角すいを切り落とす。残った立体の展開図としてありうるものは、次のうちどれか。

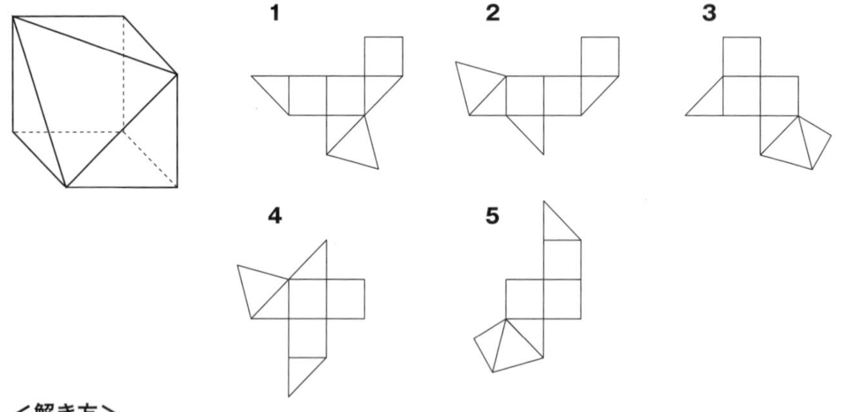

＜解き方＞

各面のつながり具合をよく考えること。場合によっては展開図を描き直すことも有効である。正三角形の周りに直角二等辺三角形をもってきて考えると、辺の長さが合わないものがあることに気づく。

この立体の表面は、正方形3つと、直角二等辺三角形3つと、正三角形1つでできている。正方形の3つはつながっていて、互いに垂直である。直角二等辺三角形は、3つともそれぞれが2つの正方形につながっている。正三角形は、3つの直角二等辺三角形につながっている。

こうしたつながり具合を考えることが大切である。

展開図が複雑でわかりにくければ、展開図を変えて考えることもできる。例えば、右のようにしても、同じ立体の展開図である。

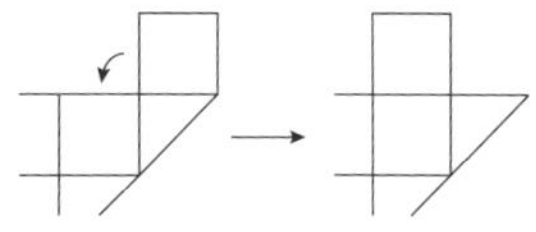

正解　1

【基礎演習】

下図のように、立方体の隣り合う3つの面に対して、それぞれ半分だけ黒く塗った。残りの3つの面に対しては何もしていない。この立体の展開図として正しいものは、次のうちどれか。

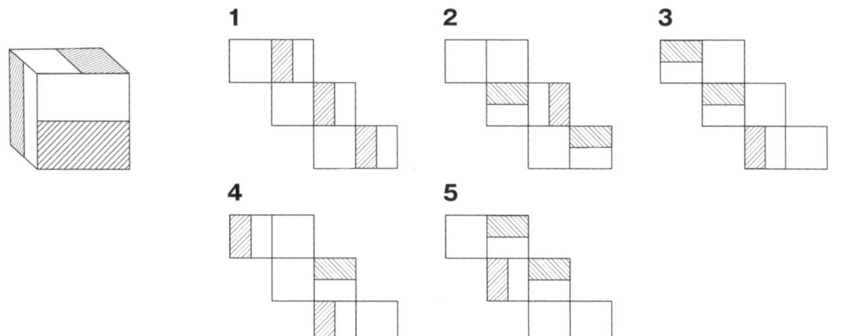

<解き方>

与えられた立方体を、　のように展開し、選択肢を調べていく。

肢2は、　となる。肢4は、　となる。

肢5は、右下が異なる。肢3は、　となり、異なる。

基本的には、黒く塗った3つの面が互いに接していること、および、黒い部分がつながっていないことなどを頭に入れて考えればよい。

この展開図がわかりにくければ、わかりやすいと思う展開図に直して考えることもできる。右にその変換例を挙げる。つながるはずの辺を合わせ、すでにつながっている辺を切り離せばよいのである。

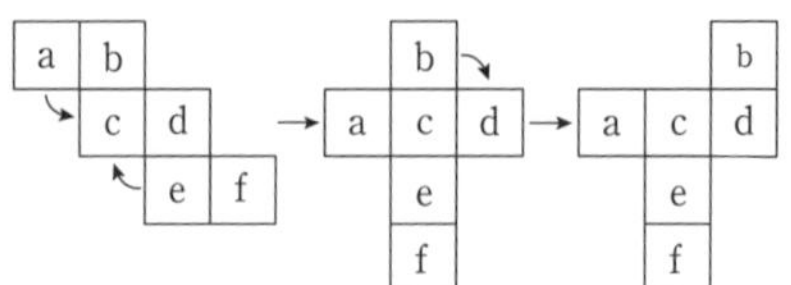

正解　1

4 切断線

Level 1 ▷ **Q38**

立体図形をある平面で切断したときの切り口がわかるような展開図を書く場合は、まず切断面を含めた立体の見取り図を書き、それをもとに展開図を考えていけばよい。

【基礎演習】

立方体をある一平面で切断する。そのときの切断線を描き入れた展開図となっているものを、すべて挙げているのはどれか。

1　a
2　b
3　c
4　aとb
5　aとc

a　　b　　c

<解き方>

まずそれぞれの展開図から立方体を復元する。そうすれば、平面による切断かどうかがわかる。

a〜cの展開図から、立方体を復元する。復元は右のようにすればできる。結果は以下のようになる。

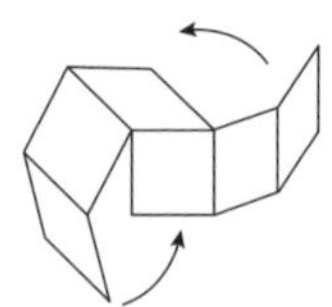

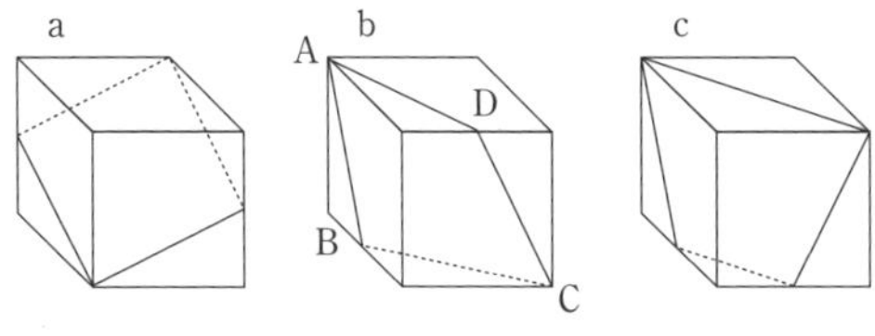

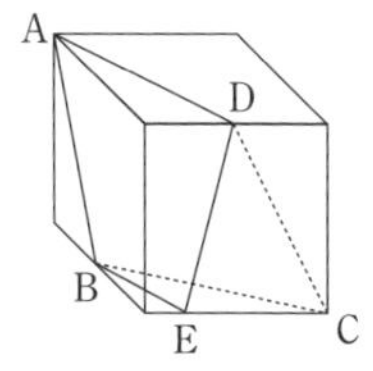

このうち、aとcは平面による切断である。

bのABCDは平面になっていない。ABとADを通る平面は、右図のように、ABEDでなければならないからである。

正解　5

立方体の切断は1つの問題のパターンで、有名なものは下図のように正六角形を作れるというものである。

この面に平行に、頂点Aを通る平面で切った場合は、切断面は正三角形となる。

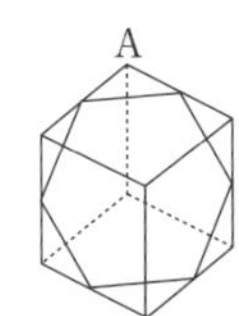

5 投影図

Level 1 ▷ **Q39,Q40**　Level 2 ▷ **Q55**

見取り図とは、立体図形の全体が把握できるように描いた図で、立方体などは斜め上から眺めた図がよく描かれる。これに対して、投影図は、ある図形を手前から垂直面に写して得られる図を正面図、上から水平な平面に写した場合の図を平面図（上面図）、横から写した場合の図を側面図という。投影図はこれらの総称で、実際は写すというより、それぞれの方向からまっすぐ見た図になる。投影図の問題では、ある立体図形の正面図、平面図、側面図がどうなるのかを推測できるようにする。投影図では、見えない部分の辺は破線で示され、より形が把握しやすくなる。逆に、正面図、平面図、側面図から、元の立体の形が思い浮かべることも求められるが、図があっても常に立体が正確に復元できるとは限らない。特に、曲線・曲面を含む場合はいくつかの可能性があり、選択肢の図形もヒントとなる。以下は、簡単な立体の正面図、平面図、側面図である。

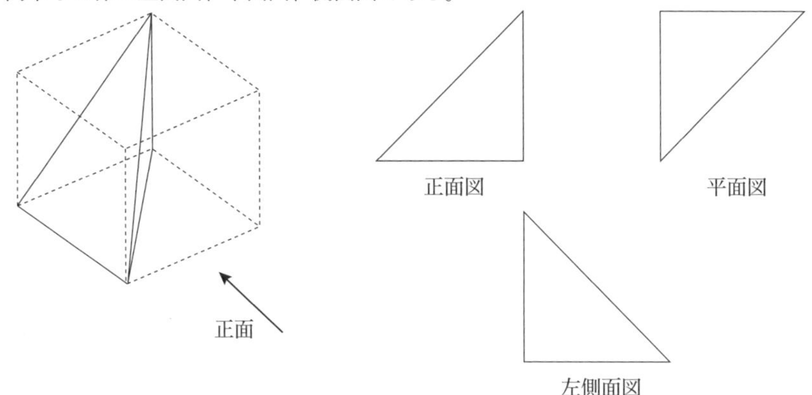

【基礎演習】

1辺3の立方体から、図のような立体を取り除く。残った立体を右（矢印の方向）から見た図として正しいものは、次のうちどれか。

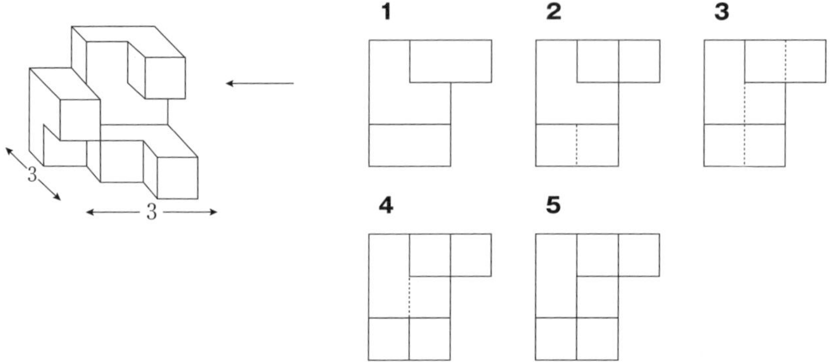

＜解き方＞

右から見て、3つの層に分けて考え、それぞれどこが残っているかを調べてみる。

右から見て、一番手前の面、中ほどの面、一番奥の面、というふうに3つの面に分けて考える。

残った立体を構成する小立方体を描き入れると、次の図のようになる。丸印の部分が残った立体である。

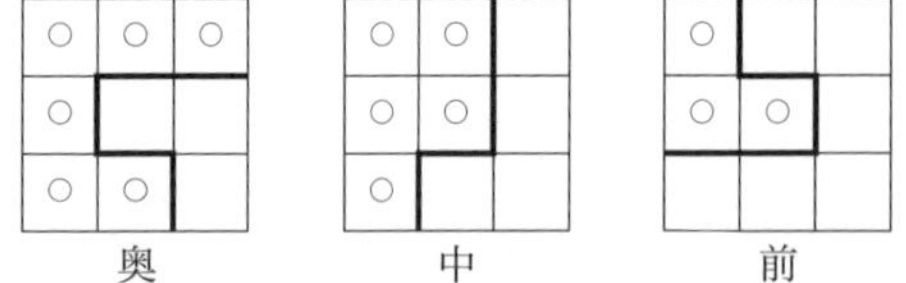

各面に境界を入れ、重ねて描けば、側面図が得られる。

肢1段目は階段状なので、肢4か5に絞り込める。

肢4と5の違いは2段目で、一番手前の面の2段目は、つながっているので、肢4となる。

正解　4

【基礎演習】

正面図と平面図がそれぞれ次のような立体がある。この立体の各面はすべて平面からなるものとして、この立体を左から見た側面図として正しいものは、次のうちどれか。

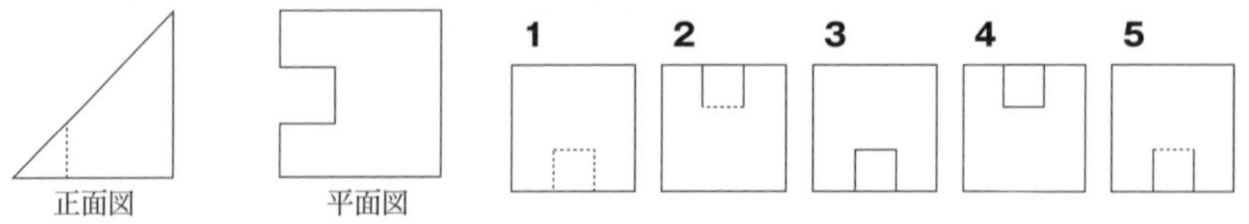

<解き方>

正面図と平面図から、元の立体を復元すること。それぞれの線が元の立体のどこを表しているかを考える。

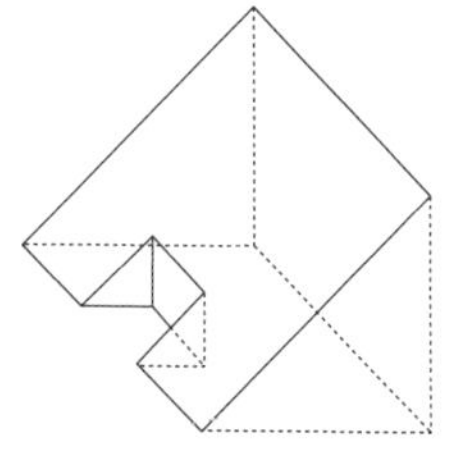

正面図と平面図を基にして元の立体の形を決定する。

正面図が直角二等辺三角形、平面図が正方形であることから、この立体は、立方体を右上から左下に斜めに切断した残り半分であることがわかる。

平面図を見ると、左の中ほどが欠けている。これで、立体の形がわかる。

あとは、この立体を左から見て、その図を考えればよいのである。

正解 3

スピードチェック！

1 立方体の6つの辺の中点を通る線で、正六角形となるように線を引いた。この立方体の展開図はどれか。

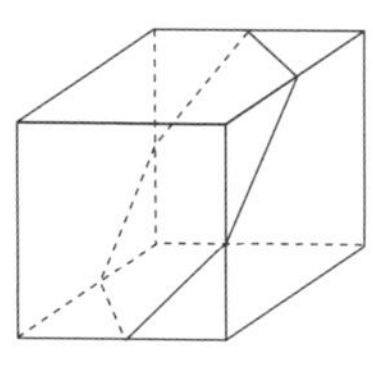

1

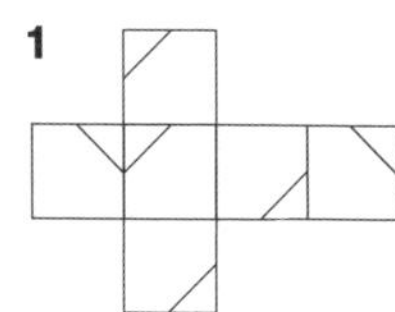

2

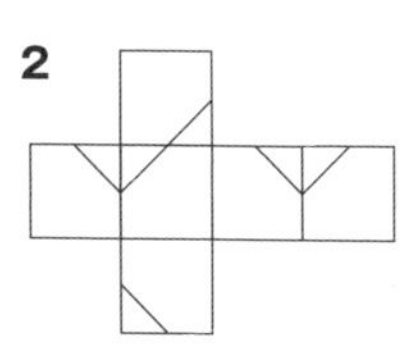

3

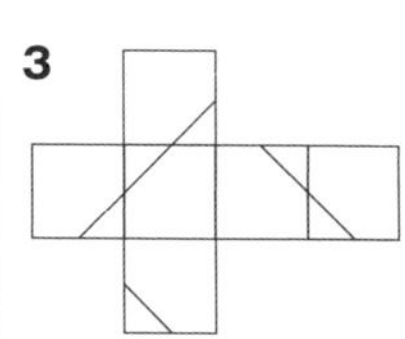

4

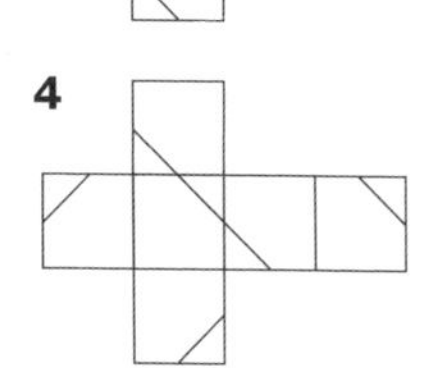

5

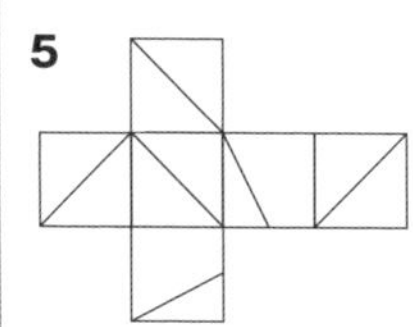

切断線は、展開図を再構成した場合に、一筆書きのようにつながらなければならない。

ここで、展開図の、直角に開いている部分は、隣り合う辺が重なることを考える。また、重なる頂点を考えて、さらに隣り合う辺を重ねていき、切断線を結んでいく。

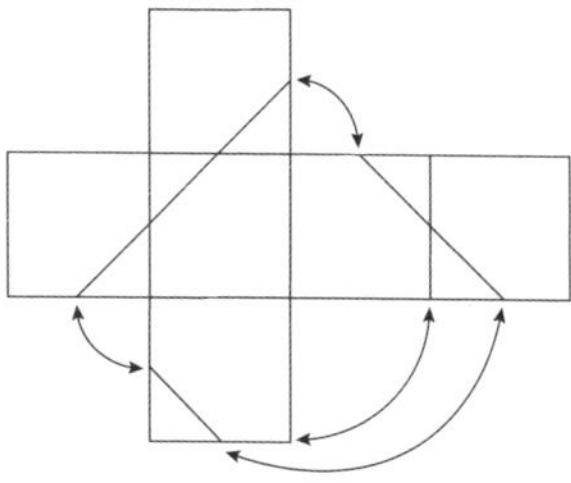

このように直線が結べるのは、肢3の展開図だけである。

また、別の視点から、切断された立方体の上面（天井）と底面（床）に着目すると、展開図にした場合は、交わる直線（互い違い）になっていなければならない。肢4

・切断を含めた展開図の問題は慣れが必要。自分の頭の中で組み立てる訓練と、実際に展開図を作っていく訓練をしよう。

2　図のような正八面体の展開図として正しいものは、次のうちどれか。

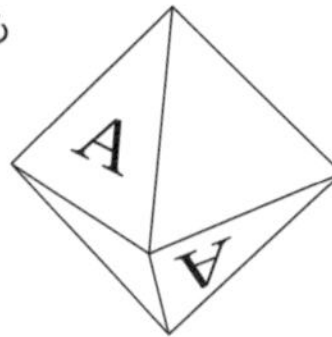

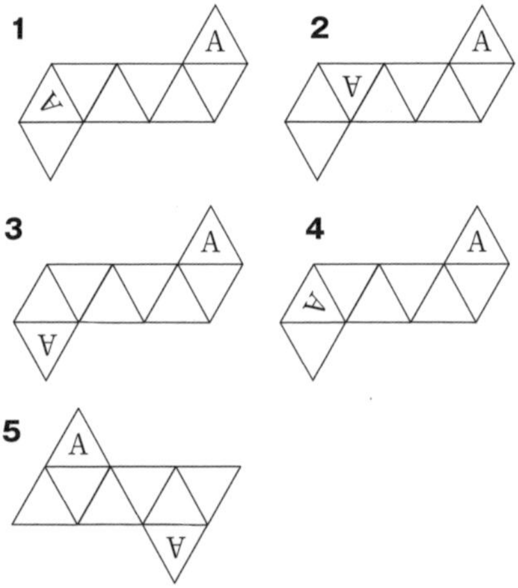

1

2

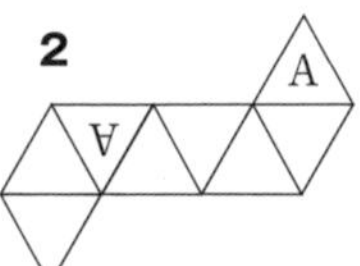

3

4

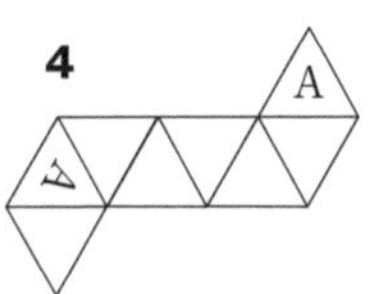

5

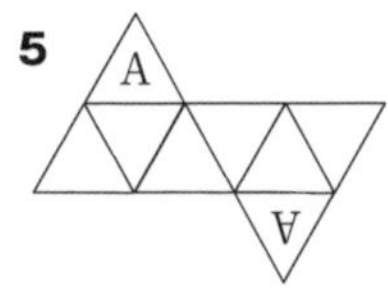

・正八面体は頻出。ピラミッドを2つ重ねた形をイメージできるように。

などは、このような天井と床の関係からも、適当でないと判断できる。

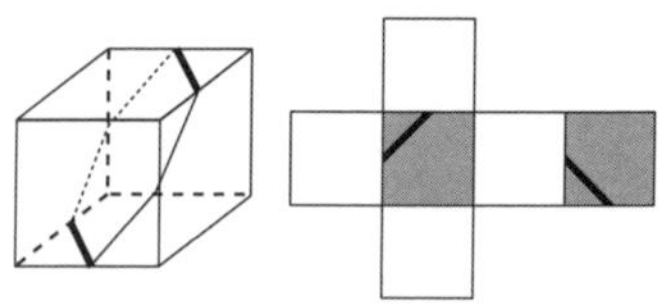

正解　3

問題の見取り図で、上を向いている頂点は、下図の点Xの部分である。

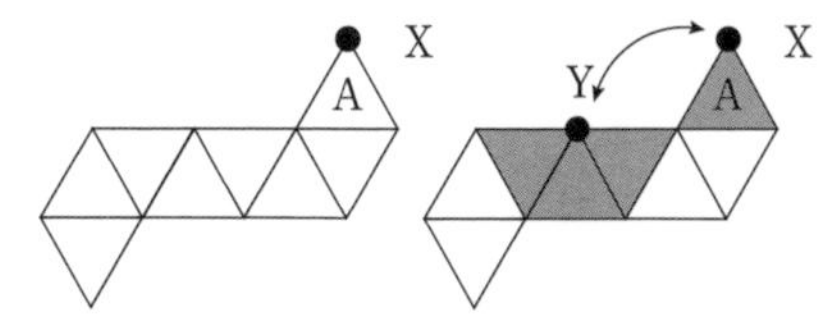

展開図を組み立てるとXはYに重なるから、Yを共有する4枚の面（網掛け部分）が、正八面体の上部のピラミッドを構成する。

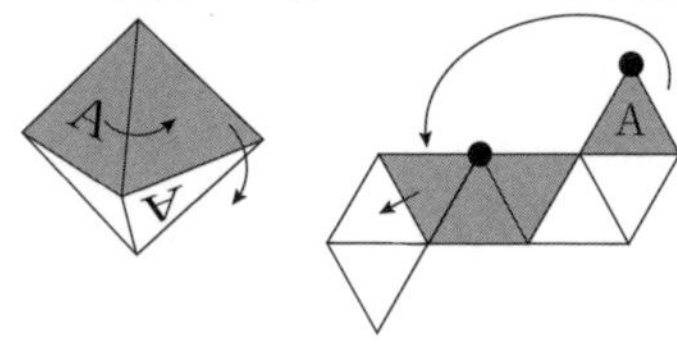

下のピラミッドのAは、上のピラミッドの「右横の真下」にある。展開図上で確認すると、右上の位置の正三角形にさかさまに書いてあることがわかる。よって、肢1が正しい。

ちなみに、肢5の展開図は形が違うが、上部ピラミッドは下図の網掛け部分となり、「右横の真下」を確認すると、☆のある三角形にAがなければならない。よって、誤り。

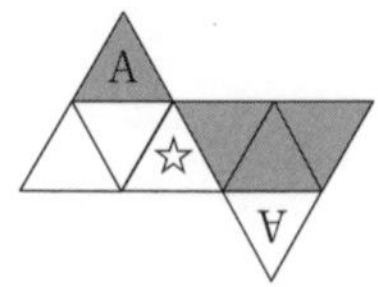

正解　1

3　図のような展開図を組み立てたとき、ア、イ、ウのそれぞれの面を正しく示しているのはどれか。

　ただし、ア、イ、ウのそれぞれの面が外側になるように組み立てるものとする。

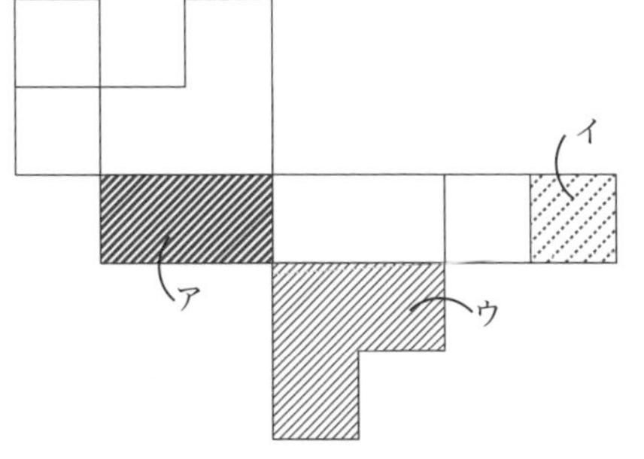

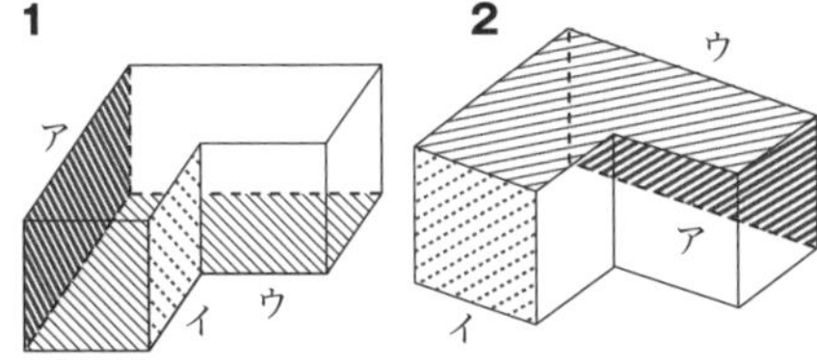

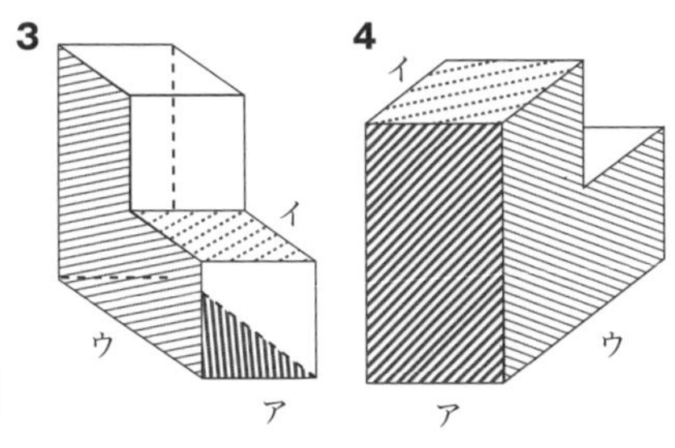

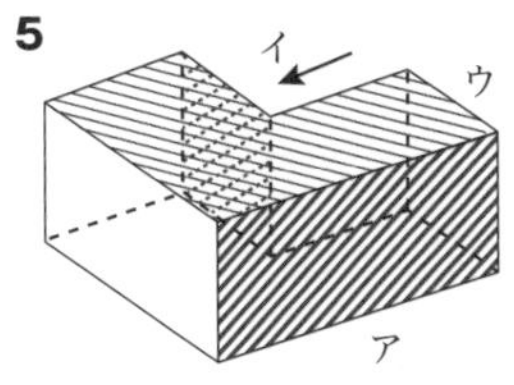

・複雑なようだが、角を挟む2辺が重なるという基本事項を活用する。

ア・イ・ウに着目して、展開図を組み立ててみる。

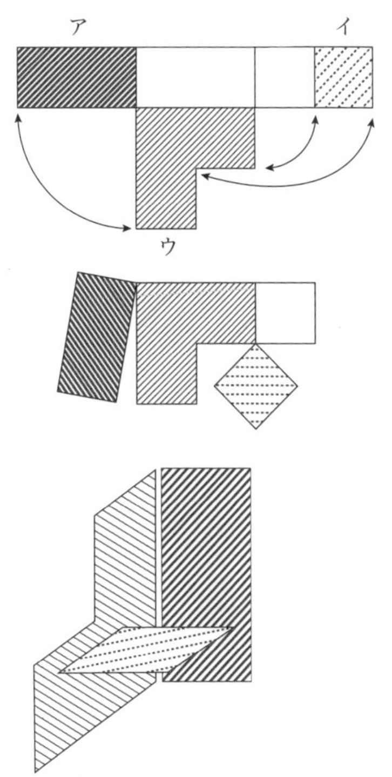

イはウの階段状のところに入り、イとアは垂直の関係になることがわかる。
肢1・2・3はアとイが、平行の位置にある。
肢4は、イが階段状のところにない。
肢5は、イが階段状のところに入り、アと垂直の位置にある。

正解　5

4 次は正八面体の展開図である。この展開図からできる正八面体（面に小さな丸が3つ付いている）と同じ正八面体ができる展開図は、次のうちどれか。

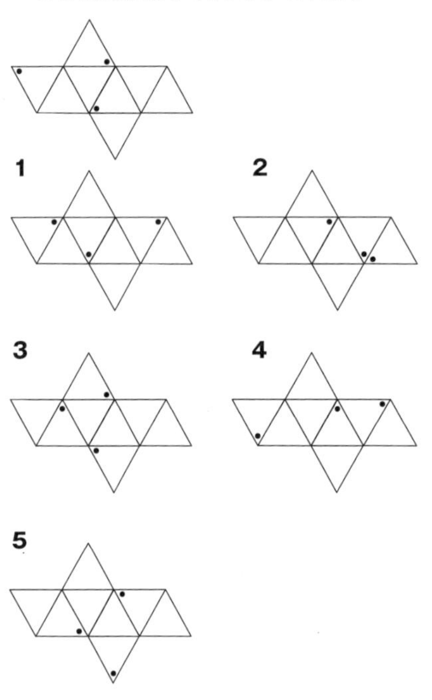

展開図から正八面体を考え、小さな丸の位置関係を頭に入れる。これがわかりにくければ、展開図自体を変形してみるという方法もある。例えば、次の2つは同じ正八面体の展開図である。

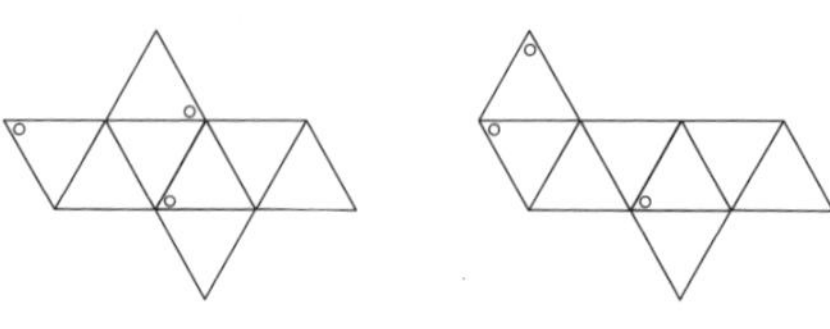

正解　4

5 立方体の1つの面が斜めに切れているとする。この状態での立方体の展開図として正しいものは、次のうちどれか。

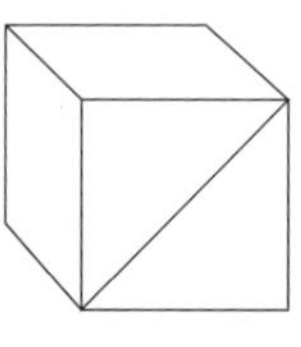

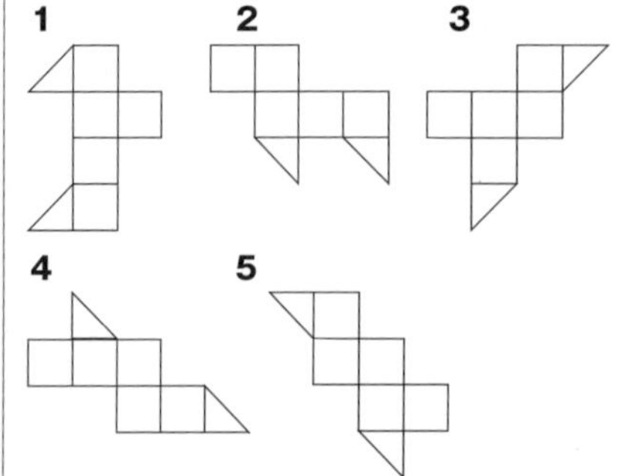

それぞれの展開図から立方体を復元することを考える。2つの直角二等辺三角形の斜辺がうまく合わさって、正方形ができなくてはならない。
肢1の展開図は矢印右側の図と同じであるが、これでは立方体はできない。これに対して､肢2の展開図なら立方体ができる。

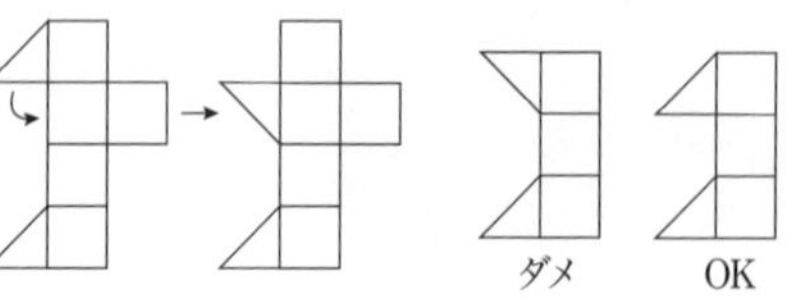

正解　2

6 図のような立方体の**2**つの頂点**A**と**B**を結び、**AB**を**10**等分する。**9**つの各分点を通り、**AB**に垂直な平面で立方体を切断する。このとき切断面の形の数として正しいものは、次のうちどれか。

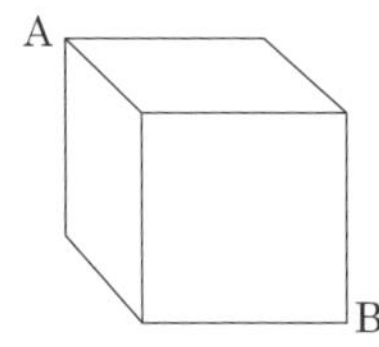

A├┼┼┼┼┼┼┼┼┼┤B

	三角形	四角形	五角形	六角形
1	2	2	6	0
2	5	0	3	1
3	6	0	0	3
4	8	2	0	0
5	9	0	0	1

Aの隣の3頂点を通る場合とBの隣の3頂点を通る場合が、切断面の形が変わるところである。分点が9つなので、切断面の合計が10になる肢1、4、5は除いて考える。

ABの中点で切断すると、切断面は正六角形になる。また、EやFを通るように切断すると（本問の場合、EやFで切断することはないが）、切断面は正三角形になる。結局aの範囲とcの範囲では、切断面が正三角形になり、bの範囲では、切断面は六角形になる。中央の場合だけが正六角形である。
したがって、ABの分点のうち、黒丸の6つが三角形で、残りの3つは六角形になる。

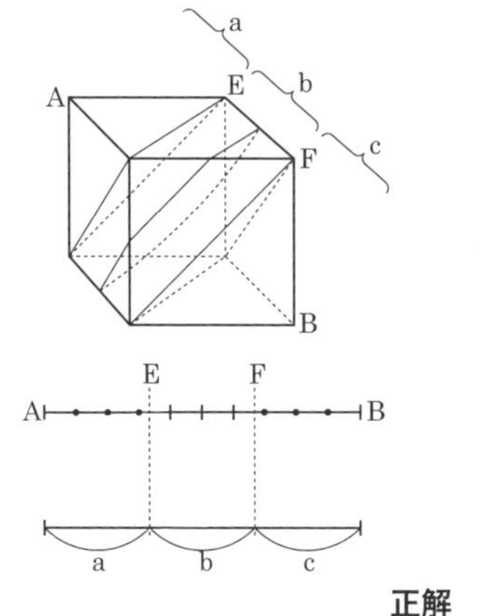

正解 3

7 立方体が**7**個ある。図のように、どの立方体にも**1**つの突起と**5**つのくぼみがあり、突起部分とくぼみ部分をジョイントさせることができる。今、突起部分をそれぞれ下に向けて、**7**個の立方体をまっすぐジョイントさせ、次の操作を順に行う。

・一番上の立方体をはずし、右につける（右に倒す）。
・上から**2**番目のジョイントをはずし、

順に結果を書いていけば答えがわかる。もっとも、上の部分だけを考え、その下の部分を考えなくても、答えを出すことができる。

順に結果を書いていく（・は操作したジョイント部分）。

上の部分を向こうに倒す。

・上から3番目のジョイントの上の部分を、上から見て90°反時計回りに回す。

・上から4番目のジョイントをはずし、上の部分を手前に倒す。

・上から5番目のジョイントをはずし、上の部分を右に倒す。

以上の結果、初めに一番上だった部分は、次のうちどの方向を向いているか。

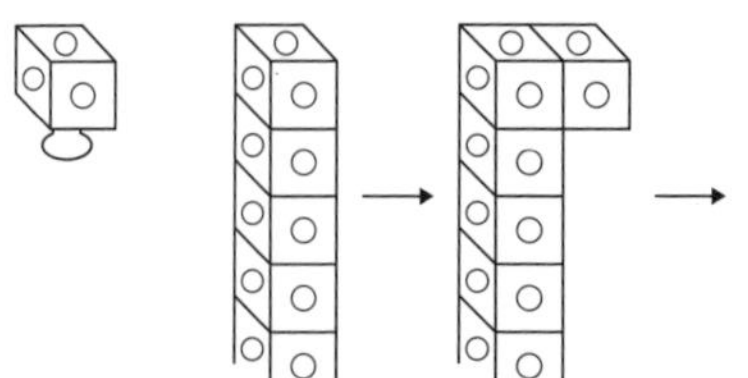

1　向こう
2　手前
3　右
4　左
5　上

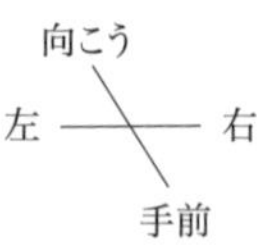

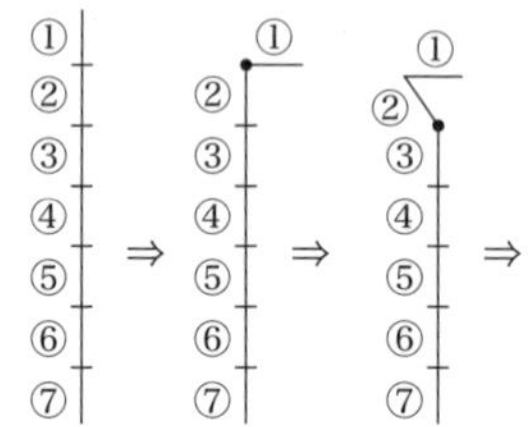

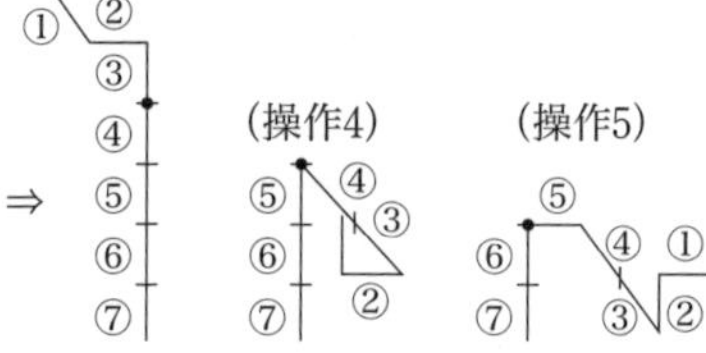

正解　3

❖MEMO❖

Q01 論理式の操作

問 次のA～Eから判断して、確実にいえるのはどれか。 (地方上級)

A 将棋ができる者は囲碁ができない。
B 麻雀ができない者は囲碁ができない。
C 麻雀ができる者は花札ができない。
D オセロができる者は囲碁ができる。
E 麻雀ができない者はチェスができない。

1 花札ができて囲碁ができる者がいる。
2 将棋ができて麻雀ができる者がいる。
3 チェスができて花札ができる者がいる。
4 麻雀ができる者はオセロができる。
5 将棋ができる者はオセロができない。

PointCheck

◉命題と対偶 テクニック【論理式】

標準的な出題であり、初めは文章の中身を全く考えずに処理してよい。各命題を以下のような記号にして、論理式を作り、対偶を取る。

・将棋ができる（S） ・囲碁ができる（I） ・麻雀ができる（M）
・花札ができる（H） ・オセロができる（O） ・チェスができる（C）

	命題		対偶
A	$S\to\bar{I}$	⇒	（ 1 ）
B	$\overline{M}\to\bar{I}$	⇒	（ 2 ）
C	$M\to\overline{H}$	⇒	（ 3 ）
D	$O\to I$	⇒	（ 4 ）
E	$\overline{M}\to\overline{C}$	⇒	（ 5 ）

解法ポイント

次に、選択肢を論理式に直して、A～Eから導き出せる条件と比較する。
1.「花札ができて囲碁ができる者がいる。」HとIの関係を論理式をつなげて検討するが、$H\to\overline{M}\to\bar{I}$、または$I\to M\to\overline{H}$、となり花札と囲碁が両方できるものはいない。
2. $S\to\bar{I}$、$\bar{I}\to\overline{O}$しかなく、「将棋ができる」から「麻雀ができる」にはつながらない。
3. $C\to M\to\overline{H}$ 「チェスができる」からは「花札ができない」につながってしまう。

4. $M \to \overline{H}$ しかなく、「麻雀ができる」から「オセロができる」にはつながらない。
5. $S \to \overline{I} \to \overline{O}$ 「将棋ができる」から「オセロができない」につながり、正しい。

厳密にいえば、肢1から4の選択肢を否定するためには詳細な検討が必要だが、肢5まで検討してからのほうが時間の短縮になる。

◉ベン図の利用

条件が多い場合にはベン図は複雑になるので、解答のように論理式の矢印で関係を図に表すほうが適当。本問のような場合のベン図は、未確定な部分も含めて仮のものを描くほかない。できるだけ極端に交わりを少なくして、選択肢を検討する時は条件である命題に戻って確認すること。

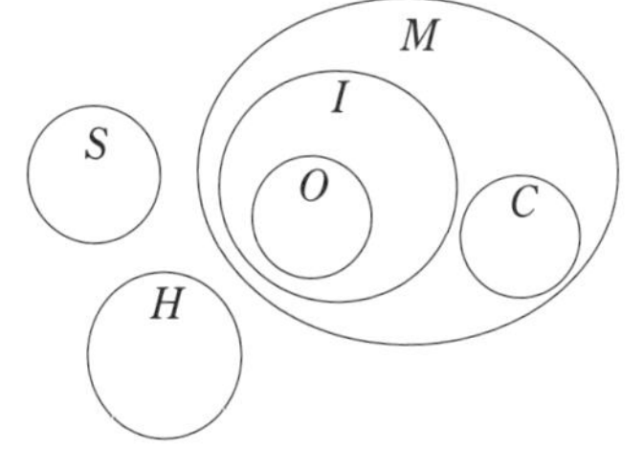

【解答】
1 $I \to \overline{S}$　2 $I \to M$　3 $H \to \overline{M}$　4 $\overline{I} \to \overline{O}$　5 $C \to M$

A01 正解ー5

与えられた命題の対偶を正確に記述することが重要。その対偶もあわせ条件を論理式にして、視覚的にわかりやすい図にまとめてみる。

発想ポイント

将棋ができる →囲碁ができない →オセロができない

花札ができる →麻雀ができない →チェスができない

（麻雀ができない →囲碁ができない）

オセロができる →囲碁ができる →将棋ができない

（囲碁ができる →麻雀ができる）

チェスができる →麻雀ができる →花札ができない

1. 「花札ができる→麻雀ができない→囲碁ができない」という論理になり、誤りである。
2. 「将棋ができる」から「麻雀ができる」は導かれず、また、「麻雀ができる」から「将棋ができる」も導かれず、両方ともできる者がいるとはいえない。
3. 「チェスができる→麻雀ができる→花札ができない」という論理になり、誤りである。
4. 「オセロができる→麻雀ができる」とはいえるが、その逆「麻雀ができる→オセロができる」というのは必ずしも真ではない。
5. 「将棋ができる→囲碁ができない→オセロができない」が成り立つので正しい。

Q02 対応表による推論

問 **ある会社の社員に、1日のうちテレビと新聞にそれぞれ費やす時間を、30分未満、30分以上1時間未満、1時間以上に分けて質問したところ、次のことがわかった。このとき正しくいえることは、次のうちどれか。** （地方上級）

・テレビを30分未満見る人は、新聞を30分以上1時間未満読む。
・テレビを1時間以上見る人は、新聞を1時間以上は読まない。

1 新聞を30分以上1時間未満読む人は、テレビを30分未満見る。
2 新聞を30分以上読む人は、テレビを1時間以上見る。
3 新聞を1時間未満読む人は、テレビを1時間以上見る。
4 新聞を30分未満読む人は、テレビを30分以上1時間未満見る。
5 新聞を1時間以上読む人は、テレビを30分以上1時間未満見る。

PointCheck

◉問題文・命題・選択肢の解析の流れ

①問題文で示されている、（テレビ）・（新聞）について、（30分未満）・（30分以上1時間未満）・（1時間以上）という条件を整理して表す。
②命題の条件はどちらも、（テレビ・時間）→（新聞・時間）である。
③選択肢では、（新聞・時間）→（テレビ・時間）なので、②命題の対偶を考えて、選択肢を検討する。

◉論理式による検討 **解法ポイント**

Aの否定を$\neg A$として、2つの命題を対偶にする。
条件1：（テレビ・30分未満）→（新聞・30分〜1時間）
対　偶：（　1　）
ここで対偶から、（新聞・30分未満）（新聞・1時間以上）は、（テレビ・30分〜1時間）か（テレビ・1時間以上）のいずれかと考えられる。

条件2：（テレビ・1時間以上）→¬（新聞・1時間以上）
対　偶：（　2　）
この対偶から、（新聞1時間以上）は、（テレビ・30分未満）か（テレビ・30分〜1時間）になる。

以上の2つの対偶がどちらも正しいとすると、（新聞・1時間以上）については、両方に含まれる（テレビ・30分〜1時間）でなければならなくなる。したがって、肢5は正しいといえる。

結局導き出せるものは、
(新聞・30分未満) → (テレビ・30分～1時間) か (テレビ・1時間以上)
(新聞・1時間以上) → (テレビ・30分～1時間)
これだけであるから、その他の選択肢の新聞を読む時間は、条件から確実にいえることは導き出せない。

【解答】
1 ¬ (新聞・30分～1時間) →¬ (テレビ・30分未満)
2 (新聞・1時間以上) →¬ (テレビ・1時間以上)

A02 正解－5

問題文で示された、テレビ・新聞に費やす3つの時間の関係を対応表に表す。

		新聞		
		30分未満	30分～1時間	1時間以上
テレビ	30分未満	×	○	×
	30分～1時間			○
	1時間以上			×

条件の1番目から、テレビ30分未満については、新聞30分以上1時間未満にマルが入り、それ以外にはバツが入る。
また、条件の2番目から、テレビ1時間以上については、新聞1時間以上にバツが入る。
ここで、新聞1時間以上について考えると、全てがバツとなることはないから、残されたテレビ30分以上1時間未満にマルが入ることになる。

発想ポイント

以上から選択肢を検討するが、全ての選択肢が「新聞を～読む人は…」となっているので、表の縦方向に新聞の時間について確認していけばよい。

1. 「新聞30分以上1時間未満」では、「テレビ30分未満」にマルが入っているが、テレビを30分以上見る人がいるかどうかは確定できなず、正しいとはいえない。
2. 表のマルの部分を見ると、「新聞30分以上」の中に「テレビ1時間未満」の人がいることになり、正しいとはいえない。
3. 「新聞1時間未満」の部分で、「テレビ1時間以上」がいるかいないかは確定できない。
4. 「新聞30分未満」については、「テレビ30未満」ではないといえるが、「テレビ30分以上1時間未満」か「テレビ1時間以上」かは確定できない。
5. 「新聞1時間以上」については、表で検討したように、「テレビ30分以上1時間未満」でなければならず、正しい。

Q03 賛否の取り方と論理

問 **ある会議場では、質問に対し、出席者が各自手元の青いカードまたは赤いカードを提示することによって決をとるシステムが設けられている。出席者は、回答がイエスの時は青いカード、回答がノーの時は赤いカードを提示することになっているが一部の出席者にはその青と赤の指示を逆に知らせてしまった。「A議案」への賛否について、出席者全員の意見を正しく確認できるような質問は、次のうちどれか。** （国家一般）

1 あなたはA議案に反対しますか。
2 あなたはA議案に賛成で、かつ、「あなたはA議案に賛成しますか」という質問に対して青いカードで回答しますか。
3 「あなたはA議案に賛成しますか」という質問に対して青いカードで回答しますか。
4 「あなたはA議案に賛成しますか」という質問に対してイエスと回答しますか。
5 「あなたはA議案に反対しますか」という質問に対してノーと回答しますか。

PointCheck

◉論理式を使わない推論

選択肢1～5について、どのように回答するかをすべて確認すると以下のようになる。

	正しい方法		誤った方法	
	賛成	反対	賛成	反対
1	赤	青	青	（ 1 ）
2	青	赤	青	（ 2 ）
3	青	赤	青	（ 3 ）
4	青	赤	赤	（ 4 ）
5	青	赤	赤	（ 5 ）

発想ポイント

このくらいの「頭の体操」レベルの問題なら、上のように選択肢を検討していっても正解にたどり着けることもある。しかし、計算や確認が続く中で、1問だけヒッカケ問題にあたり頭が真っ白になるのは避けたい。このような問題こそ、焦らず、じっくり出題意図を探って解答する態度が必要だ。考え方の手順は、以下のようになる。

①間違った指示を受けた人は、賛成のときに赤、反対のときに青を使う。
②賛成か反対かをそのまま聞けば、青・赤は反対になる。
③賛成のときに青を使うか、赤を使うかを、質問の中で確認しなければいけない。

確認の方法としては、「賛成として青を出すか」である。そこでこの人たちに、「賛成のときに青を使うか」と質問すると、それには逆の指示を受けているので青を使う。

したがって、自分の意見が賛成のとき、賛成として青を使うかと質問すれば、反対なので青を使うことになる。自分の意見が反対のときは、青を使うかと質問すれば、そのとおりなので赤を使う。

このように、賛否の答え方を合わせて質問して、賛成、反対が正しい青・赤で示されるのは、表のように肢3の場合だけである。

【解答】
1 赤　2 青　3 赤　4 青　5 青

A03 正解ー3

逆に伝えられていても正しいカードで回答するためには、質問の中で、カードの使い方について修正がされなければならない。もちろん、主たる質問の答えがかわってはいけない。

単に賛否をたずねると、正しい方法なら、賛成はイエス（青）、反対はノー（赤）なので、
誤った回答　賛成＝イエス（赤）　反対＝ノー（青）
この回答を、赤と青を逆に変換することになるから、
誤った回答　賛成＝イエス（赤）　→（青）
　　　　　　反対＝ノー（青）　→（赤）
したがって、赤を出した賛成者がノー（青）というような質問を交えて、回答方法を修正する。そこで、赤を出したものに「青のカードを出すかどうか」をたずねると、
誤った回答　賛成＝イエス（赤）　→青を出さない＝ノー（青）
　　　　　　反対＝ノー（青）　→青を出す　　＝イエス（赤）

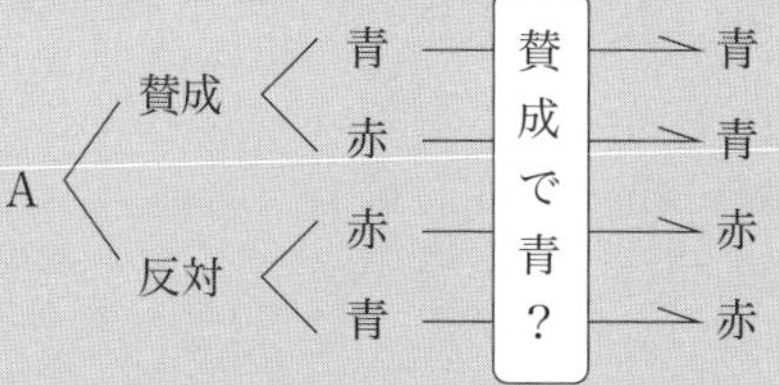

よって、「賛成するかどうか」について、「青のカードを出すか」という2段階の質問を一つにまとめればよいことになる。この質問なら、正しい方法の場合も、賛成なら青2回、反対なら赤2回になり、正しい意見が確認できる。よって、選択肢3の場合が、正しく確認できる質問になる。

ここで、肢2の場合が複雑だが、前半の「議案に賛成で、かつ」が加わることで、いわば3段階の質問になり、誤った回答で議案に反対の人もノーの意味の青を出してしまう。

以上から、「賛成かどうか」について「賛成として青を使う」かどうかを質問している肢3が正しいと考えられる。

Q04 人数についての判断

問　ある会社で80人の社員を対象として、サークル活動の状況を調べたところ、次のような結果となった。

・テニス部に所属している社員は40人
・スキー部に所属している社員は40人
・野球部に所属している社員は35人
・3つの部、すべてに所属している社員は10人
・どれか1つだけに所属している社員は35人

残りは3つの部のどこにも所属していない社員と、どれか2つに所属している社員である。3つの部のどこにも所属していない社員は何人か。　(地方上級)

1　5人　**2**　10人　**3**　15人　**4**　20人　**5**　25人

PointCheck

◉連立方程式の解法の流用　解法ポイント

3つのサークルなので、ベン図による解法も適するが、作図と理解に時間をかかるのであれば、重なり部分の未知数を方程式の処理で解くことも練習しておくとよい。頭を使って解くと、解法はスピードアップできる。

それぞれの部から、3つすべてに所属している10人を引くと、残りは2つに所属している人と1つだけに所属している人の集まりになる。

テニス：(　1　) 人　…① (テ＋ス、テ＋野、テ)
スキー：(　2　) 人　…② (ス＋テ、ス＋野、ス)
野　球：(　3　) 人　…③ (野＋テ、野＋ス、野)

この①②③を足したものは、2つの部に所属する人の2倍と、1つだけに所属する人の和である。

30＋30＋25＝{(テ＋ス) ＋ (テ＋野) ＋ (ス＋野)} ×2＋ (テ＋ス＋野)

1つだけに所属する人は35人なので、

{(テ＋ス) ＋ (テ＋野) ＋ (ス＋野)} ×2＝30＋30＋25－35＝50
(テ＋ス) ＋ (テ＋野) ＋ (ス＋野) ＝50÷2＝25

したがって、2つの部に所属する人は25人になる。

以上から、3つ所属が10人、2つ所属が25人、1つ所属が35人なので、どれかのサークル

に所属している人は、

10＋25＋35＝70(人)

全員が80人であるから、どこにも所属していない人は、

80－70＝10(人)　となる。

【解答】

1　40 － 10 ＝ 30　　**2**　40 － 10 ＝ 30　　**3**　35 － 10 ＝ 25

A04　正解－2

与えられた数値の条件をベン図に表すが、どの数値にどこが含まれているかを丹念にチェックしていかなければならない。足し算をしてどこが重複するかを見ていくことになる。

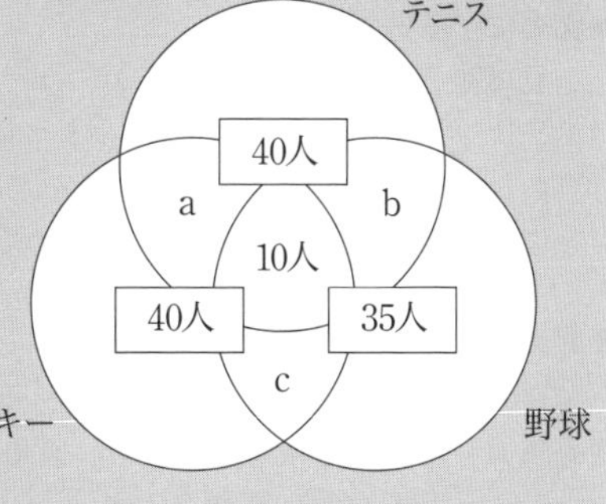

テクニック【ベン図】

3つの部に所属しているとされる社員数の合計は、

40＋40＋35＝115(人)　であるが、

この115人は、

3つの部に所属している社員が3回重なり、

2つの部に所属している社員が2回重なっている。

115人から、3つの部に所属する社員（10人）3倍と、1つだけに所属している社員（35人）を引くと、2つの部に所属している社員の2倍が残ることから、

115－10×3－35＝50　　50÷2＝25(人)

よって、2つの部に所属している社員は25人となる。

以上から、どこにも所属していない社員の数は、

80－(10＋25＋35)＝10(人)

第1章 命題・論理 第4章 数量 Level 1

Q05 ベン図による人数確定

問 あるサッカースタジアムの売店で、ヤキソバ、コーヒー、ホットドッグの３種類の商品を販売している。売店を訪れた客120人に対して、この３種類の購入状況等を調べたところ次のＡ～Ｄのことがわかった。ヤキソバを購入した客は何人か。 (国家一般)

A. コーヒーを購入した客は71人であった。
B. ヤキソバのみを購入した客は何も購入しなかった客と同数である。
C. ヤキソバを購入した客のうち、コーヒーまたはホットドッグも購入した客（コーヒーとホットドッグをともに購入した客を含む）は、ヤキソバのみを購入した客の3倍である。
D. ホットドッグを購入した客は43人、そのうちコーヒーも購入した客は16人である。

1 41人 **2** 42人 **3** 43人 **4** 44人 **5** 45人

PointCheck

◉図表による数量の確定

一見複雑そうに見える問題だが、コーヒーとホットドッグについては条件で示されているので、B・Cの2つの条件が使えるように整理すればいいだけである。ヤキソバの人数＝何も買わなかった人数＝Xとして式を立ててもよいし、3種類なのでベン図から1つ1つ確定してもよい。また、数直線やグラフ的な表現でも、より早い解答ができるので試してみよう。

◉前提条件の整理 解法ポイント

条件のAとDから、コーヒー71人、ホットドッグ43人、両方が16人である。
何も購入しなかった人をXとして、図で表すと下のようになる。

このとき、図の右端の空欄はヤキソバのみを購入した人になるはずで、条件のBからこの部分もXとなる。

条件のCの複数購入した人は、「コ・コホ・ホ」に含まれている。

120

X	コ	コホ	ホ	

◉重なり部分の計算 発想ポイント

コーヒーまたはホットドッグを購入した人は、
(1) (人)
よって、ヤキソバのみを購入した人は、
(2) (人)

条件のCから、ヤキソバとコーヒーまたはホットドッグを購入した人は、ヤキソバのみの3倍だから、ヤキソバを購入した人の数は、

11＋11×3＝44(人)　となる。

【解答】
1　71 ＋ 43 － 16 ＝ 98　　**2**　(120 － 98)÷ 2 ＝ 11

A05 正解ー4

与えられた条件をベン図を使って考える。わかっている人数を順に入れていき、追加の条件から計算を行う。最終的に求めるヤキソバを購入した客は、$a+d+f+g$にあたる。

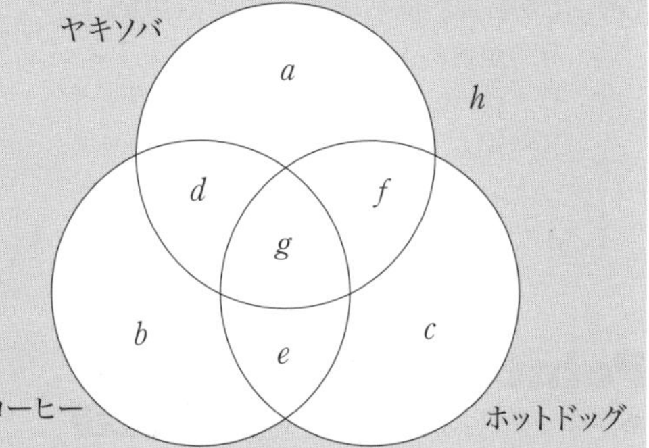

テクニック【ベン図】

条件より、全客数は120人である。

条件Aから、

コーヒー：$b+d+e+g=71$(人)

条件Bから、

$a=h$

条件Cから、

$d+g+f=a\times 3$

条件Dから、

ホットドッグ：$c+e+g+f=43$(人)

コーヒーかつホットドッグ：$g+e=16$(人)

ここで、条件AとDから、コーヒーまたはホットドッグを買った客は、$g+e=16$(人)が重なるので、

$71+43-16=98$(人)　…$b+c+d+e+f+g$

120人全部からコーヒーまたはホットドッグを買った客を引くと、ヤキソバのみを買った人と、何も買わなかった客が残るので、

$120-98=22$(人)　…$a+h$

条件Bの$a=h$から、$2a=22$であり、$a=11$(人)

条件Cから、$d+g+f=a\times 3$であり、$d+g+f=33$(人)

以上から、求めるヤキソバを購入した客、$a+d+f+g$は、 $11+33=44$(人)

Q06 ゆるい条件からの判断

問　A～Hの8人は4人ずつの2つの班に分かれ、24時間操業の工場で働いている。各班1人ずつ計2人で6時間連続で勤務した後、それぞれ、同じ班の者と交代し、1日に全員が勤務することになっている。ある日の勤務の状況として、次のア～カがわかっているとき、その日1番目に勤務していないものの組合せとして正しいものはどれか。　(地方上級)

ア．AとGは、同じ時間に勤務した。
イ．BとCは、同じ時間に勤務した。
ウ．CとHは、同じ班で交代して勤務した。
エ．Dの勤務は4番目ではなかった。
オ．DとGは、同じ班で交代して勤務した。
カ．EとFは、同じ時間に勤務しなかった。

1　AとG　**2**　BとC　**3**　DとE　**4**　DとF　**5**　DとH

PointCheck

◉ゆるい条件の難しい点　発想ポイント

条件がゆるい場合、一番最初の関門は、問題自体の理解が難しくなることである。この問題では、班を決めたり順番を決めることは求められておらず、単に「最初に来ない組合せ」を問うだけなのである。8人を2班に分けて、6時間×4人の順番を確定するものではない。最終的に班も順番も決まらない「気分の悪い」問題だが、ぜひこのような問題に慣れて欲しい。

◉わかることの整理　発想ポイント

似たような条件があるので、それらをまとめてみると、「A－Gで、GとDが交代」「B－Cで、CとHが交代」となる(交代の前後は不明)。すなわち、右図のようなピースがあり、これを上下に重ねて4段×6時間分のシフト表ができるイメージである。

A － G　　B － C
　　 ⇳　　　　 ⇳
□ － D　　□ － H

ここで、条件に「EとFは同時間ではない」とあるので、D－Hが同じ時間だとすると、残りの1段にE－Fができてしまい条件に合わないことになる(肢5のDとHが1番目になるのはおかしいのではないかと推測ができる)。

だとすると、図の□にはそのままE、Fが入り、上下左右を入れ替えて4段に組み合わせれば、条件に適したシフト表になる。

以上のことから、決まらないE・Fを□で表現して、各選択肢の組を1番目にくるように順番を考えるが、このとき、最後の条件である「Dの勤務は4番目ではない」に注意し、4

段目に配置しないようにする（この時点で班は確定しない）。

1	2	3	4	5
A－G	B－C	D－E	D－F	D－H
（ 1 ）	（ 2 ）	（ 3 ）	（ 4 ）	?－?
C－B	□－D	C－B	C－B	
H－□	A－G	H－F	H－E	

表のように、肢1から4の組は、その日の1番目になる可能性が複数あることになる。しかし、やはり、肢5のD－Hの場合は条件に適さない。すなわち、Dと交代するのはGで、Hと交代するのはCだが、GとAが組で、CとBが組なので、次の組が配置できない。したがって、D－Hの組は1番目に勤務していない（できない）ことになる。

【解答】
1 □－D　**2** □－H　**3** G－A　**4** G－A

A06 正解－5

同じ時間の組になる可能性のあるペアを検討する。その上で、交代する人のつながり、前後関係を絞り込んでいく。最終的に全ては確定しないが、1番目に入らないペアが見つけられればよい。

(A・G)、(B・C) は同じ時間に勤務している組なので、残りの時間帯には、D、E、F、Hの4人が2人ずつの組で勤務している。ただし、EとFは同じ時間の組にはならない。したがって、残りの時間で、可能性のある組は、(D・E)、(F・H) または (D・F)、(E・H) である。

ここで、「CとHが交代」「DとGが交代」とされるので、次の前後関係が考えられる。
① (B・C) ⇔ (F・H)、(A・G) ⇔ (D・E)
② (B・C) ⇔ (E・H)、(A・G) ⇔ (D・F)
ここに挙げられた組は、前後を入れ替えることで全て1番目に勤務する可能性がある。Dが4番目ではないという条件があるが、1番目を選択する制限にはならない。

以上から、肢1～4の組は、1番目に勤務する可能性があるが、肢5のDとHについては、同じ時間に勤務する可能性はない。

Q07 対応表による絞り込み

問　学生A～Eの5人について、経済学、社会学、法学、金融論の履修状況を調べたところ、ア～エのことがわかった。これらのことから判断するとき、A～Eについての記述として確実にいえるものはどれか。
（国家一般）

ア．Eは3つの科目、他の4人は2つの科目を履修している。
イ．完全に同じ履修状況の者はいない。
ウ．経済学は3人、金融論は1人が履修している。
エ．AとBには共通の履修科目はない。

1　金融論を履修している者は、経済学も履修している。
2　AとCには、共通の履修科目がある。
3　CとDは2人とも社会学を履修している。
4　社会学を履修している者よりも法学を履修している者のほうが多い。
5　5人とも経済学と法学のうち少なくとも一方は履修している。

PointCheck

◉可能性の1つからの絞り込み　解法ポイント　テクニック【対応表】

条件がゆるい場合、全ての可能性、組合せを列挙する必要はない。可能性のある組合せを1つあげて、選択肢からさらに深く切り込んでいってもよいのだ。確定ができないのだから、そのほうが効率的な場合もある。

	A	B	C	D	E	計
経	○	△			○	3
社	○	△			○	
法	△	○			○	
金	△	○	×	×	×	1
計	2	2	2	2	3	

AとBに共通の科目がないことから、AとBで（　1　）ずつ（　2　）すべてを履修している。

試しに、Aが経済学・社会学、Bが法学・金融論として考えてみる。

すると、金融論は1人だけなので、（　3　）だけが履修したことになる。また、Eは（　4　）以外の3科目を履修する。CとDについて考えると、Aの経・社の組合せにはならないので、経・法か社・法である。ここまでで、一つの可能性は提示されたことになる。

上の表を前提にして、確実にいえることを選択肢から検討すると、
1. Bは経済を履修しているとは限らない。
2. 同じ履修状況はないので、Cは経・法か社・法で、Aと共通する科目を履修する。AとBの履修の組合せを変えても同じである（そもそもCDは、重複しないようにするため、A

の履修科目から1科目、Bの履修科目から1科目ずつ選択しなければならないので、かならずABと共通の履修科目があるはずである)。

3. CDは経・法か社・法のどちらかで、2人とも社会学を履修しているとはいえない。
4. AとBの履修の組合せで、社会学と法学を入れかえると、CとDの組合せは、経・社、社・法になり、社会学のほうが多くなる。
5. 4で検討したように、AとBの履修の組合せで、Bを社会学・金融論とすることは可能なので、経済学と法学のどちらも履修しない場合も考えられる。

【解答】
1　2科目　　2　4科目　　3　B　　4　金融論

A07　正解－2

AとBに共通の履修科目がないことから、AB2人で4科目を履修していると考えることができる。金融論は1人だけが履修しており、それはAかBのどちらかなので、CDEは金融論を履修していない。よって、Eは金融論以外の3科目を履修していることがわかる。

以上から右上のような表が作れる。

	A・B	C	D	E	計
経済学	○			○	3
社会学	○			○	
法　学	○			○	
金融論	○	×	×	×	1
計	4	2	2	3	

経済学は3人が履修しているので、CかDのどちらかが履修している。経済学を履修しない方が、社会学と法学を履修するので、CDは、社会学か法学のどちらかを共通して履修することになる。たとえば、Cが経済学を履修すると、Dは社会学・法学に決まり、Cは残りは社会学か法学の可能性がある(右中の表)。

ABについては、CDと同じ履修科目にならないような選び方の可能性がある。

	A・B	C	D	E	計
経済学	○	○	×	○	3
社会学	○	○	○	○	
法　学	○	×	○	○	
金融論	○	×	×	×	1
計	4	2	2	3	

以上から、選択肢を検討すると、肢1、4、5は、右下のような履修では成り立たない。また、肢3も、Cが法学を履修すれば、成り立たない。

肢2は、ABCが完全に同じ履修状況ではないという条件から、CはABの履修科目から1科目ずつ履修していることになる。

以上から、確実にいえるのは肢2である。

	A	B	C	D	E	計
経済学		○	○	×	○	3
社会学	○		○	○	○	
法　学		○	×	○	○	
金融論	○		×	×	×	1
計	2	2	2	2	3	

Q08 在任期間の通算

問　1984年4月に創立されたある会社の社史を編纂していたところ、ア〜オのような人事記録が出てきた。このことから判断して、確実にいえるものはどれか。

ア．1984年から99年までに社長を務めたのは、在職中の社長Eを含めてA〜E（順不同）の5人であった。また、この期間、営業本部長に就任した人は、X、Yの2人であった。
イ．社長B、C、Dの在任期間は、それぞれ2年目、3年目、4年目まででであった。
ウ．1987年は、初代社長Aの在任4年目である。同時に、営業本部長Xの在任期間も4年目であった。
エ．1999年は5代目の社長Eの在任5年目である。
オ．社長と本部長について在任何年目かを比較したとき、その数が一致する期間は1984年4月から91年3月までの7年間だけであった。

ただし、社長及び本部長の交代は空席の期間なく4月に行われ、交代のあった年の残りの期間を後任の社長及び本部長の在任1年目と数えることとする。　（国家一般）

1　社長Aの在任期間は7年目までだった。
2　社長Bの在任期間は、1993年から94年だった。
3　社長Cの在任2年目は、本部長Yの在任2年目にあたる。
4　社長Dの在任1年目は、本部長Yの在任5年目にあたる。
5　本部長Xは、1991年まで在任していた。

PointCheck

◉隠された特殊な条件　発想ポイント

1984年から1999年までなので、最初と最後の年度も入れると16年間の期間になる。

しかし、社長B･C･D･Eの在任期間をたすと、2＋3＋4＋5＝14年となる。ウの条件から、初代社長Aは少なくとも4年は在職しているので､単純に年数をたすだけでは16年を越える。そこで、問題文にある「交代は4月で、交代した年の残りの期間が後任の1年目」の意味が、「前任者の最後の年が後任者の最初の年と重なる」ことだと理解できる。
図で表すと以下のようになり、重なりは（　1　）年分あると考えられる。

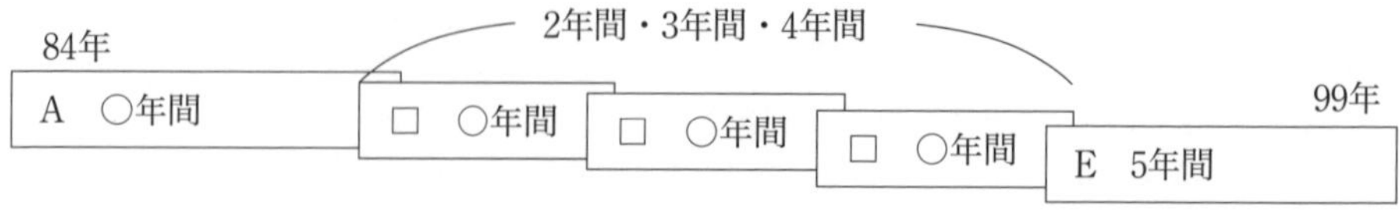

B～Eの在任期間から、重なりの4年分をひいて、14－1×4＝10年　1999－10＝1989 したがって、**（　2　）** 年が初代社長Aの最後の年で、2代目社長の最初の年になる。

条件オから、1991年まで社長と本部長の在任年数が一致するので、本部長Xも初代社長Aと同じ1989年に交代していることになる。本部長Yはその後も在任するので、**（　3　）** 年までの3年間は次期社長の在任期間となり、Cが在職していたことになる。

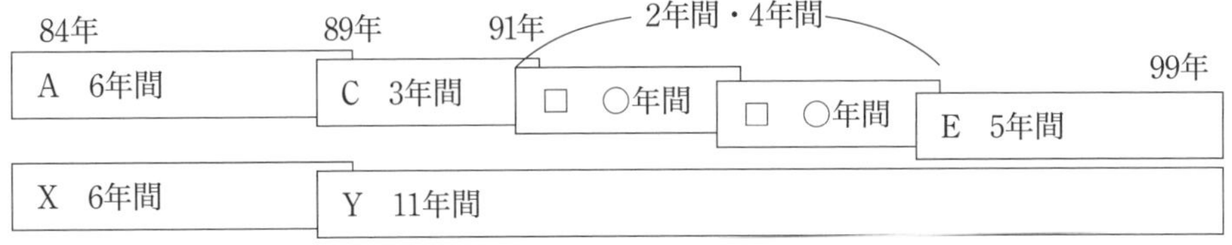

以上から、選択肢を検討すると、肢2と4のB･Dは確定できない。A･Xは1989年までなので、1と5は誤り。Cの在任3年間は、Yの在任3年間と一致するので、確実にいえるのは肢3である。

【解答】
1　4　　**2**　1989　　**3**　1991

A08 正解－3

条件からわかることを表にまとめて、引き継ぎの1年の重なりに気づく。

84	85	86	87	88	89	90	91	92	93	94	95	96	97	98	99
A1	A2	A3	A4								E1	E2	E3	E4	E5
X1	X2	X3	X4												

ここで、84年から99年までは16年あるが、交代のあった年は、前任者の最後の1年と、後任者の最初の1年目が、両方で数えられている。すなわち、社長5人の在任年数を合計すると、重なりが4年あるから、16＋4＝20（年）となり、本部長2人の在任年数は、重なりが1年あるから、16＋1＝17（年）となる。社長B・C・D・Eの在任年数を合計すると14年となるので、20－14＝6(年）が初代社長Aの在任年数になり、Aは89年まで在任していた。その後、91年まで社長と本部長の在任年数が同じということは、本部長Xも89年にAと一緒に交代している。91年まで在任年数が同じということは、本部長Yはその後も変わらないので、91年に社長だけの交代があったことになる。89年から91年まで3年の在任年数なので2代目の社長はCである。

84	85	86	87	88	89	90	91	92	93	94	95	96	97	98	99
A1	A2	A3	A4	A5	A6/C1	C2	C3/				/E1	E2	E3	E4	E5
X1	X2	X3	X4	X5	X6/Y1	Y2	Y3	Y4	Y5	Y6	Y7	Y8	Y9	Y10	Y11

以上から、肢1・5は誤りとなる。また、91年から95年までは、Bが2年とDが4年在任しているが、在任期間は不明であり、肢2・4は確実にはいえない。よって、肢3のみが確実にいえる。

Q09 表による嘘の発言の発見

問 A～Hの8人の星座について、ア～オの5つの発言がなされたが、このうち1つだけが嘘であることがわかっている。この時、確実にいえるものはどれか。
なお、8人の星座は山羊座、水瓶座、魚座、乙女座のいずれかである。 （地方上級）

ア．A、D、E、Hは魚座である。
イ．C、D、F、Gは水瓶座か魚座である。
ウ．B、C、F、Hは水瓶座である。
エ．A、B、E、Gは水瓶座ではない。
オ．C、D、E、Gは山羊座か魚座である。

1 乙女座は1人もいない。
2 山羊座は少なくとも4人いる。
3 水瓶座は少なくとも5人いる。
4 水瓶座は3人、魚座は5人である。
5 魚座は少なくとも6人いる。

PointCheck

◉表による矛盾の発見 テクニック【矛盾の発見】

1つだけが嘘なので矛盾する発言を確認し嘘を確定する。簡単な問題なら表を作成するとすぐに矛盾が発見できるが、本問のように8人についての5つの発言となると、慎重に表を埋めていかなければならない。

全員の発言を記入してもよいが、（ 1 ）と（ 2 ）は水瓶座に関する逆の発言で、（ 3 ）に関して矛盾するので、どちらかが嘘と考えられる。さらに、ウとオも、（ 4 ）に関する発言が矛盾するので、どちらにも矛盾しているウの発言が嘘ということになる。したがって、正しい発言のみを表にまとめることができる。

	山羊座	水瓶座	魚座	乙女座
A		×	○	
B		×		
C	▲	△	△▲	
D	▲	△	△▲○	
E	▲	×	▲○	
F		△	△	
G	▲	×△	△▲	
H			○	

三角はどちらか決まらないが、2人の発言が重なった△▲は2人とも正しいので○になる。

	山羊座	水瓶座	魚座	乙女座
A	×	×	○	×
B	△	×	△	△
C	×	×	○	×
D	×	×	○	×
E	×	×	○	×
F	×	△	△	×
G	×	×	○	×
H	×	×	○	×
計	0～1	0～1	6～8	0～1

【解答】
1 ウ　**2** エ　**3** B　**4** C

A09 正解－5

ア～オの発言を横にとりA～Hの星座を表にまとめると、矛盾する発言が確認できる。

	A	B	C	D	E	F	G	H
ア	魚座			魚座	魚座			魚座
イ			水瓶座か魚座	水瓶座か魚座		水瓶座か魚座	水瓶座か魚座	
ウ		水瓶座	水瓶座			水瓶座		水瓶座
エ	×水瓶座	×水瓶座			×水瓶座		×水瓶座	
オ			山羊座か魚座	山羊座か魚座	山羊座か魚座		山羊座か魚座	
真　実	魚座	×水瓶座	魚座	魚座	魚座	水瓶座か魚座	魚座	魚座

ここで、表の波線部の、Bについてウとエの発言が矛盾し、Cについてウとオの発言が矛盾し、Hについてのアとウの発言が矛盾している。嘘の発言は1つだけなので、ウの発言が嘘になる。ウの発言を除き、矛盾しない部分をまとめてA～Hの星座を確定していく。

すると、A・C・D・E・G・Hの6人が魚座で、Bは水瓶座以外であれば、山羊座、魚座、乙女座のどの可能性もある。Fについては、ウの発言が完全に嘘なら魚座になるが、Fだけについては正しい可能性もあるので、一応、水瓶座か魚座かのどちらかとしておく。

山羊座、乙女座はBが1人いる可能性があり、水瓶座は多くてもFの1人なので、肢1、2、3、4は誤りになる。魚座は少なくとも6人は確定し、多ければ全員となる。

Q10 発言者が不明の嘘つき問題

問　甲、乙、丙、丁、戊の５人が競争をして、１位から５位の順位が決まった。甲は正直に「私は３位で戊は５位だ」と言った。残りのうち２人が、自分の順位と他の人の順位について、それぞれ「私は１位で乙は２位だ」、「私は２位で丁は４位だ」と言ったが、この２人のうち、１人の言ったことは全部正しく、もう１人の言ったことは全部嘘だった。このとき確実にいえるのはどれか。　(地方上級)

1　甲は乙より順位が上だった。
2　甲は丁より順位が上だった。
3　乙は丙より順位が上だった。
4　丙は丁より順位が上だった。
5　丁は乙より順位が上だった。

PointCheck

◉嘘の発言者が確定しない場合の処理　解法ポイント　テクニック【矛盾の発見】

表を作り、発言を表示する。

甲の発言は正しいので、甲は3位、戊は5位に確定。A「私は1位で乙は2位」、B「私は2位で丁は4位」という2つの発言が正しければ、Aの発言者は（　1　）、Bの発言者は（　2　）になる。

	1	2	3	4	5
甲			○		
乙		A_2B_1			
丙	A_1	B_1			
丁	A_1			B_2	
戊	A_1	B_1			○

A・Bの発言者をA_1・B_1、発言内容をA_2・B_2とする。

ここで、戊は5位なのだからA・Bの発言を正しいものとして発言できず、嘘である場合だけにA・Bの発言者になる可能性がある。以上をもとにして発言内容の真偽がわかればよいので、嘘の発言者が誰かについては検討対象から外しても問題はない。

まず、Aの発言が嘘だとすると、（　3　）は2位ではない。「私が2位」というBの発言が正直に言えるのは丙のみで、丙が2位になる。Bの発言から、4位は丁に決まる。残りの乙が1位になる。
順位は、乙－丙（B）－甲－丁－戊である。

	1	2	3	4	5
甲			○		
乙	○	×			
丙	×	B_1			
丁	×			B_2	
戊	×	×			○

次に、Bが嘘をついているとすると、（　4　）は4位ではなく、Aの発言から乙は2位である。丁は1位に決まり、丁がAの発言者とわかる。残りの丙が4位になる。

順位は、丁（A）－乙－甲－丙－戊である。

	1	2	3	4	5
甲			○		
乙		A_2			
丙		×		○	
丁	A_1			×	
戊	×	×			○

以上の2つの場合が成り立つので、どちらにも共通する選択肢を選ぶ。乙・丙・丁の3人だけについてみると、前者が乙－丙－丁で、後者が丁－乙－丙なので、順位の関係が変わらないのは、乙－丙で、乙は丙より順位が上といえる。

【解答】
1　乙以外の丙か丁　**2**　丁以外の乙か丙　**3**　乙　**4**　丁

A10 正解－3

1番目の発言（発言者A）と2番目の発言（発言者B）のどちらが嘘かで場合分けする。

(1) 1番目の発言が正しく、2番目の発言が嘘の場合

2番目の発言は嘘なので、発言者（B）は2位ではなく、丁は4位ではない。
したがって、1位は丁、4位は丙である。

	1	2	3	4	5
○1番目の発言	A	乙	甲		戊
×2番目の発言		~~B~~		~~丁~~	

→

1	2	3	4	5
丁 A	乙	甲	丙	戊

(2) 1番目の発言が嘘で、2番目の発言が正しい場合

1番目の発言が嘘なので、発言者（A）は1位ではなく、乙は2位ではない。
したがって、乙は1位、2位は丙、前の発言者は、丁か戊ということになる。

	1	2	3	4	5
×1番目の発言	A	~~乙~~			
○2番目の発言		B	甲	丁	戊

1	2	3	4	5
乙	丙 B	甲	丁	戊

以上から順位は2通りあることになり、どちらにもあてはまるものを選択肢から考える。肢3の乙・丙の順位については、2位・4位か1位・2位の2通りで、どちらも乙は丙より順位が上なので、確実にいえるのは肢3となる。

Q11 規則的な動きの整理

問 右図のような環状の線路を3台の模型の列車P、Q、Rが走っている。線路には東西南北の駅があり、列車は各駅間を停車時間を含めて1分で走る。列車Pは北駅と西駅間のみを往復し、Q、Rは他の列車に出会うまで同方向に走り、出会うと引き返すことを繰り返す。今、Pは北駅から西駅方向に、Qは南駅から西駅方向に、Rは南駅から東駅方向に同時に走り出した。8分後にQとRが出発する駅と向かう駅はそれぞれどこか。

（地方上級）

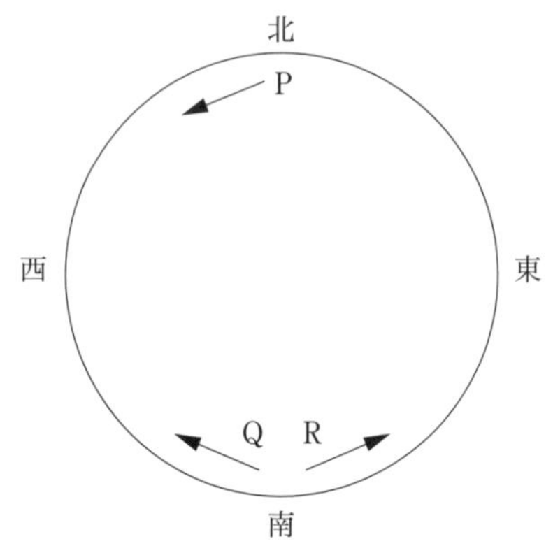

	列車Q		列車R	
	出発する駅	向かう駅	出発する駅	向かう駅
1	西駅	南駅	北駅	東駅
2	西駅	南駅	東駅	南駅
3	南駅	東駅	北駅	東駅
4	南駅	東駅	東駅	南駅
5	東駅	南駅	東駅	北駅

PointCheck

◉手書きでの図の作成 解法ポイント

この種類の問題では、多くの受験者が図に書き込む方法をとっている。その上で、規則性を見つければそれによって計算することになる。

ただ、円形では行程が書きづらいので、正方形にして、確実に1分で1本ずつ進む方向と位置を確認していく。

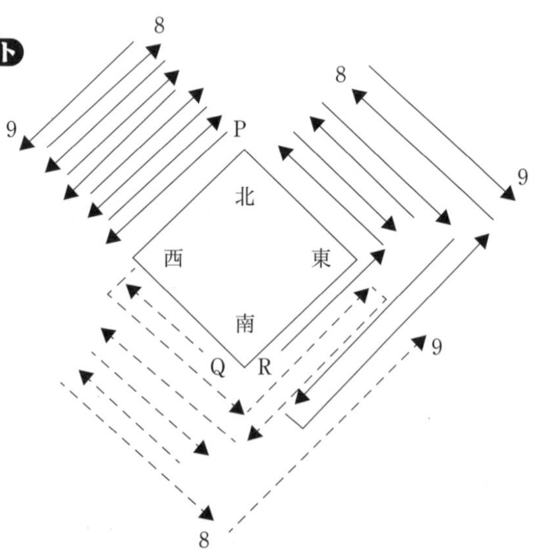

8分後に、
Pは（ 1 ）にいて、（ 2 ）に向かい、
Qは（ 3 ）にいて、（ 4 ）に向かい、
Rは（ 5 ）にいて、（ 6 ）に向かっている。

【解答】
1　北駅　2　西駅　3　南駅　4　東駅　5　北駅　6　東駅

A11 正解ー3

P·Q·Rのスタートから9分後までの、現在地と進行方向を考えながら、表にまとめる(8分後の進行方向を考えるため、9分後の現在地も確認しておく)。

まず、Pは北駅と西駅を往復し続ける。
Qは、1分後に西駅でPと出会い、南駅に戻る。
Rは、1分後の東駅では出会いはなく通過し、北駅に進む。
Qは、2分後の南駅では出はいはなく通過し、東駅に進む。
Rは、2分後に北駅でPと出会い、東駅に戻る。

発想ポイント
この作業を続けていくと下の表のような現在地と進行方向になる。網掛け部分は列車が出会った場合を表している。

	スタート	1分後	2分後	3分後	4分後	5分後	6分後	7分後	8分後	9分後
P	北	西	北	西	北	西	北	西	北	西
Q	南	西	南	東	南	西	南	西	南	東
R	南	東	北	東	北	東	南	東	北	東

8分後に、Qは、南駅で出会いはなく通過して、東駅に進む。
8分後に、Rは、Pと北駅で出会い、Rは東駅に戻る。
以上から、Qは南駅→東駅、Rは北駅→東駅となり、肢3が妥当である。

Q12 所持品の対応表

問　A～Dの4人はそれぞれ色の異なる2本の旗を持っており、その色は、赤、青、桃色、黄色のいずれかである。次のア～オから判断して、各人の持っている旗の色を述べたものとして正しいものはどれか。 (地方上級)

ア．A、B、Dのそれぞれが持っている旗のうち、1本は同じ色であり、他の1本はすべて色が異なる。
イ．BとCが持っている4本の旗はすべて色が異なる。
ウ．Cの持っている旗のうち、1本は青で、他の1本はDの持っている旗と同じ色である。
エ．Aの持っている旗はいずれも桃色ではない。
オ．赤と青の旗を両方持っているものはいない。

1　Aは黄色、Bは赤、Cは黄色の旗を持っている。
2　Aは黄色、Bは桃色、Dは赤の旗を持っている。
3　Aは黄色、Cも黄色、Dは桃色の旗を持っている。
4　Bは赤、Cは桃色、Dは黄色の旗を持っている。
5　Bは黄色、Cは桃色、Dは赤の旗を持っている。

PointCheck

◉対応表の作成手順　テクニック【対応表】

問題は、4つの商品を2つずつ買った場合や、4つの作業を2人ずつの組で行う設定と同じもので、典型的な対応関係に関する出題である。1人2本と限定されているし、条件も多いので最終的に旗を確定できる。素早く対応表の作成を試してみて、条件からわかるものを埋めていき、確実に正解したい問題である。

解法ポイント

作成にあたっては､行列の項目をはじめから確定しない解法を理解しておこう。条件から、ベースとなるどちらかの項目を確定して表を作成する。確実に埋まるものから、他の項目との関係で確定するセットの可能性を検討していく。

不都合があったら、表の形を変えたり、項目を移動させて考える柔軟性も大切である。

まず、色を確定せずに、4人を行にして表を作ってみる。

条件アより

A	○	○		
B	○		○	
C				
D	○			○

条件イより

A	○	○		
B	○		○	
C		○		○
D	○			○

条件ウより

		青		
A	○	○		
B	○		○	
C		○		○
D	○			○

条件エ・オより、
Aの残りの色は、(1)以外の黄。

	黄	青		
A	○	○		
B	○		○	
C		○		○
D	○			○

条件オより
Cの残りの色も、(2)以外の桃
Bが(3)となる。

	黄	青	赤	桃
A	○	○		
B	○		○	
C		○		○
D	○			○

以上の条件にあてはまるのは、肢4である。

【解答】
1 桃・赤　**2** 赤　**3** 赤

A12 正解－4

条件から、A～Dの4人と旗の色との対応表を作る。若干複雑になるが、1つずつ条件を積み上げれば確実に旗が決まる。

解法ポイント

[条件ウ＋条件オ＋条件イから]
Cは青を持つ＋赤と青は両方持たない＝Cは赤を持たない
Cは赤を持たない＋BはCと違う2色
＝Bは青を持たず赤を持つ

	赤	青	桃	黄
A				
B	○	×		
C	×	○		
D				

[条件ア＋条件オ＋条件エから]
ABDは共通1色＆異なる色＋赤と青は両方持たない
＝ABD の共通1色は赤と青ではない
※赤が共通とすると、誰かが青を持たざるをえなくなる。
共通色は赤と青ではない＋Aは桃を持たない
＝ABD の共通色は黄

	赤	青	桃	黄
A			×	○
B	○	×		○
C	×	○		
D				○

・Bは赤と黄に決定⇒条件イから、Cは青と桃
⇒条件アから、Aは青と黄
⇒Dは黄色と桃
以上から、4人の旗の色は表のようになり、肢4の「Bが赤、Cは桃色、Dは黄色」が正しい。

	赤	青	桃	黄
A	×	○	×	○
B	○	×	×	○
C	×	○	○	×
D	×	×	○	○

Q13 複雑な項目・条件のまとめ方

問　ある中学校の同学年にA～Fの6人の転校生があり、1組、2組、3組のいずれかのクラスに転入させた。その状況が次のア～オのようにわかっているとき、確実にいえるのはどれか。　(国家一般)

ア．6人の生徒の居住地区は東町1人、西町2人、南町3人である。

イ．Bの居住地区は西町であるが、Eの居住地区は東町ではなく、Fの居住地区は南町ではない。

ウ．西町居住の生徒は異なるクラスに、また南町居住の生徒は各クラスに1人ずつ転入した。

エ．6人のうちEとCを含む3人が男子である。西町居住と南町居住の生徒のうちそれぞれ1人だけは男子である。

オ．2組にはCだけ、3組にはDとEだけが転入した。

1　Aは東町居住の女子で1組に転入した。
2　Bは西町居住の男子で1組に転入した。
3　Dは西町居住の女子で3組に転入した。
4　Eは南町居住の男子で3組に転入した。
5　Fは東町居住の男子で1組に転入した。

PointCheck

◉必要な情報の効率的な整理　テクニック【表による整理】

6人について、クラス（3）・居住地（3）・性別（2）の分類項目があり、条件文にも「○町ではない」や「○町は異なるクラス」などの複雑なものがある。わかりやすいまとめ方と、着実に条件を絞り込んでいく過程を理解して欲しい。選択肢にも目を通しておくと途中で解答が得られる場合もあり、完璧な対応表を作ることにこだわらないこと。

<クラス>

条件オから、（ 1 ）は1組である。その他の条件も含め、表Ⅰのようになる。

Ⅰ	組	居住	性別
A	1		
B	1	西	
C	2		男
D	3		
E	3	~~東~~	男
F	1	~~南~~	

<居住地>

南町は各クラスに1人ずついるので、（ 2 ）が南町だと決まる。西町は違うクラスなので、（ 3 ）は西でも南でもなく東町に決まる。ここまでで表Ⅱのようになる。

Ⅱ	組	居住	性別
A	1	南	
B	1	西	
C	2	南	男
D	3		
E	3	~~東~~	男
F	1	~~南~~東	

<性別>

条件エから、東・西・南に男子は1人ずついるから、東町のFは男子。すると、（ 4 ）は西町に決まる（表Ⅲ）。

Ⅲ	組	居住	性別
A	1	南	
B	1	西	
C	2	南	男
D	3		
E	3	~~東~~西	男
F	1	~~南~~東	男

最後にA・B・Dは女子で、Dは南町だとわかる。

以上から、表Ⅳのように決まり、ここから選択肢を検討すると、「Fは東町・男子・1組」の選択肢5が正しいことになる。ただし、表Ⅱの段階である程度選択肢が絞り込めるので、Fが東町の男子と決まった時点で答えは出る。

Ⅳ	組	居住	性別
A	1	南	女
B	1	西	女
C	2	南	男
D	3	南	女
E	3	~~東~~西	男
F	1	~~南~~東	男

【解答】
1 A・B・F　**2** AとC　**3** F　**4** E

A13 正解ー5

テクニック【割合】【速度】

まとめ方にある程度慣れてくると、複数の項目を一緒に処理することができるようになる。もちろん、その方がスピードは上がるがミスも多くなるので、行き詰まったら確実なところまで戻れるように、思考の過程を残して置くこと。

条件オから、1組はA、B、Fになるが、Bが西町なので、同じ組のFは西町でも南町でもなく東町になる。東町はF1人だけなので、Aは南町である。

	A	B	C	D	E	F
組			2	3	3	
居住地		西			西か南	東か西
性別			男		男	

条件ウから、南町の生徒は一組に1人ずつであり、2組に転入したCは南町である。

3組のEは西町か南町だが、条件エから、Eは男子でCと同じ南町ではないから、Eは西町になる。3組のもう1人のDは南町である。

	A	B	C	D	E	F
組	1	1	2	3	3	1
居住地	南	西	南	南	西	東
性別			男		男	

条件エから、南町と西町の1人ずつが男子で、男子は3人だから、Fは男子になり、残りのA、B、Dは女子である。

	A	B	C	D	E	F
組	1	1	2	3	3	1
居住地	南	西	南	南	西	東
性別	女	女	男	女	男	男

A・Dは南町、Eは西町なので、肢1、3、4は誤り、Bは女子なので肢2は誤りになる。以上から肢5のみが確実にいえる。

第2章 いろいろな判断 Level 1

Q14 対応表と場合分け

問 1〜6巻までの6冊の参考書がある。これらはすべて異なる内容（数学・物理・化学・地学・生物・天文学）で、異なるカバー（白・黒・赤・緑・青・黄）が掛けてある。A・B・Cの3人に渡された参考書の組は、それぞれ1巻と生物の2冊、5巻と黄の2冊、物理と黒の2冊である（順不同）。また、Bは白の化学、Cは青の3巻を持っていて、2巻と数学、天文学と赤の参考書はそれぞれ同じ人が持っている。以上から、確実にいえることは次のうちどれか。

（地方上級）

1 2巻は黒の天文学である。
2 3巻は青の地学である。
3 4巻は緑の生物である。
4 5巻は赤の数学である。
5 6巻は白の化学である。

PointCheck

◉対応表と場合分け 発想ポイント

A・B・Cに渡された参考書の条件から、以下のような表を作成していく。

まず、「Cは青の3巻」を入れる場所を探すと、（ 1 ）か、（ 2 ）になる。まず、物理を「青の3巻」として考える。

	?		?		C	
No.	1		5		3	
内容		生物			物理	
色				黄	青	黒

「Bは白の化学」は、（ 3 ）か（ 4 ）である。

1列目がBとして考えると、「2巻と数学、天文学と赤の参考書は、それぞれ同じ人」から、以下のようにAが決まり、Bの生物が緑となる。4・6巻は決まらない。

	B		A		C	
No.	1		5	2	3	
内容	化学	生物	数学	天文	物理	地学
色	白	緑	赤	黄	青	黒

ここから、肢4の「5巻は赤の数学である」が確実にいえる。

次に3列目を「Bは白の化学」として考えると、「2巻と数学、天文学と赤の参考書は、それぞれ同じ人」を入れる場所がなくなる。

また、初めに戻って、生物を「青の3巻」として考えても、「2巻と数学、天文学と赤」の2冊の組を入れる場所がAだけしかなく、成り立たない。

	C		B		A	
No.	1	3	5			
内容		生物	化学		物理	
色		青	白	黄		黒

【解答】
1 左から2列目の生物 **2** 右から2列目の物理 **3** 左から1列目
4 左から3列目

A14 正解ー4

テクニック【対応表による場合分け】

条件「1巻と生物」「5巻と黄色」「物理と黒」をもとに表にまとめていく。

巻数	1	
内容		生物
カバー		

5	
	黄

物理	
	黒

残った条件のうちB・Cに関するものをあてはめることを検討する。
「Bは白で化学」→内容・カバーが未定なのは、1巻か5巻
「Cは青の3巻」→巻数・カバーが未定なのは、生物または物理
そこで場合分けをして、残る「2巻と数学、天文学と赤は同一人」も含め検討する。

(1)「Bは白で化学」が5巻の場合
(i)「Cは青の3巻」が物理の場合
「2巻・数学は同一人」→Aのみ
「天文学・赤は同一人」→Aのみ
「2巻・数学、天文学・赤」をAが同時に持つことはできず不適当。
(ii)「Cは青の3巻」が生物の場合
「2巻・数学は同一人」→Aのみ
「天文学・赤は同一人」→Aのみ
(i) 同様、適当ではない。
(2)「Bは白で化学」が1巻の場合
→「Cは青の3巻」は物理
「2巻・数学は同一人」→Aのみ
「天文学・赤は同一人」→Aのみ

1		5		3	
~~数・天~~	生物	化学		物理	
~~ ~~		白	黄	青	黒
A		B		C	

1	3	5			
	生物	化学		物理	~~数・天~~
	青	白	黄		~~黒~~
C		B		A	

1		5		3	
化学	生物			物理	
白	緑		黄	青	黒
B		A		C	

1		5	2	3	
化学	生物	数学	天文	物理	地学
白	緑	赤	黄	青	黒
B		A		C	

この場合は、「2巻・数学、天文学・赤」をAが同時に持つことが可能である。また、空欄で残る部分に入れると、地学がCの黒、緑がBの生物に入ることになる。ただ、生物と地学が4巻・6巻のいずれかは確定できない。

以上から、肢4の「5巻・赤・数学」のみが確実にいえる。

Q15 暗号・換字表

問 **ある法則に従うと、暗号（月、月）(月、大)(乙、甲)(大、月)(七、乙)(甲、乙)(乙、七)がSTARLINと解読できるとき、(大、甲)(甲、七)(月、七)(大、月)(大、甲)(甲、七)(甲、乙)(七、乙)(七、乙）は次のうちどこの国の人物か。** (国税専門官類題)

1 アメリカ　**2** イギリス　**3** ドイツ　**4** フランス　**5** 日本

PointCheck

◉試行錯誤を積み重ねる 発想ポイント

暗号解読は規則性の発見であり、ヒントを見つけだすまでが勝負。文字配列の順序をどう読み解くかの公式はないが、まず対応表（換字表）のイメージを持ち、試行錯誤してみる。暗号文の同じ字を記号にし、判明している字をあてはめると、「○△□R○△ILL」となり、「○△□」の3つがどのアルファベットになるかを見つけだせばよいことになる。つまり、(大、甲)(甲、七)(月、七）の3つのアルファベットを確定するだけである。次ページの解答のように、対応表を前提にし、3文字だけに絞って解読していってもよい。

◉換字表の作成 解法ポイント **【暗号】**

(1) アルファベット順に変換

STARLINの例文から、アルファベット順に暗号の対応関係をみる。

A	I	(1)	(2)	R	(3)	(4)
(乙、甲)	(甲、乙)	(七、乙)	(乙、七)	(大、月)	(月、月)	(月、大)

(2) 使用文字の検討

①使用されている漢字は、甲・乙・七・大・月の5文字。
　ここで、5×5のアルファベット対応表（換字表）を考える。
②AからIには、8文字進む関係があり、(乙、甲) ⇔ (甲、乙) の逆の関係がある。
③LからNには、2文字進む関係があり、(七、乙) ⇔ (乙、七) の逆の関係がある。
④RからTには、2文字進む関係があり、(大、月) ⇔ (月、大) の逆の関係がある。
以上のことから、下図のような「左回り」で進む対応関係が推測される。

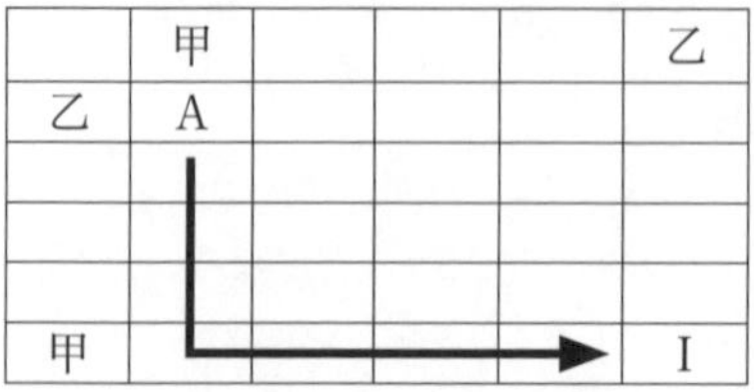

	甲				乙
乙	A				
甲					I

続くLとNを、乙の行・列との関係で考えると、やはり左回りにあてはめられる。

	甲			七	乙
乙	A			N	
					L
甲					I

渦巻き型にアルファベットを順に入れると、漢字とアルファベットの対応がわかる。

	甲	月	大	七	乙
乙	A			N	
七					L
大		R			
月		S	T		
甲					I

	甲	月	大	七	乙
乙	A	P	O	N	M
七	B	Q	X	W	L
大	C	R	Y	V	K
月	D	S	T	U	J
甲	E	F	G	H	I

以上から、問題文の暗号は「CHURCHILL（チャーチル）」となる。

【解答】
1 L　**2** N　**3** S　**4** T

A15 正解－2

問題の暗号は、アルファベット1文字を、「甲、乙、七、大、月」の5文字のうち2つ組み合わせて表している。5文字を整理しアルファベットとの対応を考えるが、漢字を並べる基準として画数を考えると、

甲（5画）、乙（1画）、七（2画）、大（3画）、月（4画）

よって、乙・七・大・月・甲の順に対応表を作る。

	乙	七	大	月	甲
乙		N			A
七	L				
大				R	
月			T	S	
甲	I				

Aから数えてIは9番目で、Iから数えてLは4番目、Lから数えてNは3番目である。さらに、R・S・Tはアルファベットの順なのに折れて進んでいることから、表のように、右回りのアルファベット順があてはまる。

	乙	七	大	月	甲
乙	M	N	O	P	A
七	L	W	X	Q	B
大	K	V	Y	R	C
月	J	U	T	S	D
甲	I	H	G	T	E

問題文の暗号は、CHURCHILLとなり、イギリスの元首相チャーチルを示している。

Q16 折り返しコースでの順位

問 山田、鈴木、木村、加藤、中井の5人が折返しコースでマラソン競争をした。この時の折返し地点近くでの状況は次のようであった。この時、正しくいえるのは次のうちどれか。

（地方上級）

・山田は3人目に木村とすれ違った。
・木村は2人目に加藤とすれ違った。
・鈴木は加藤の次に折り返した。
・折返し地点の近くで順位の変動はなかった。

1 山田は4位で折り返した。
2 鈴木は2位で折り返した。
3 木村は3位で折り返した。
4 加藤は1位で折り返した。
5 中井は5位で折り返した。

PointCheck

◉状況図による解法 発想ポイント

数的推理の速さの問題のように、数直線上に状況をいくつか書くことで、問題の意図が見えてくることがある。表にまとめるときのヒントにもなり、順位の変動や複雑な場合分けがなければ、そのまま解答が得られる。

条件「山田は3人目に木村とすれ違った」から、Ⅰ、Ⅱのような2つの状況が考えられる。

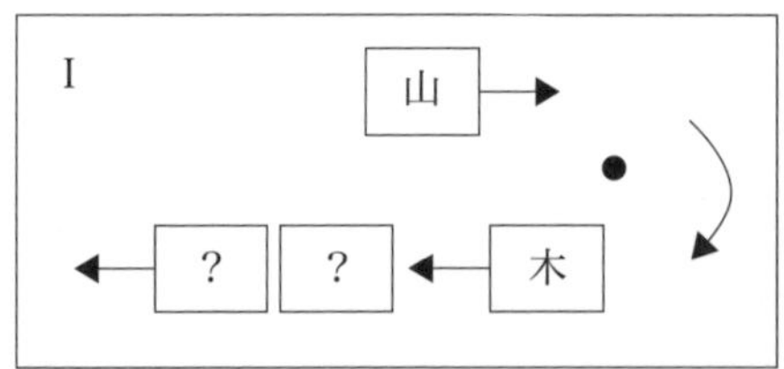

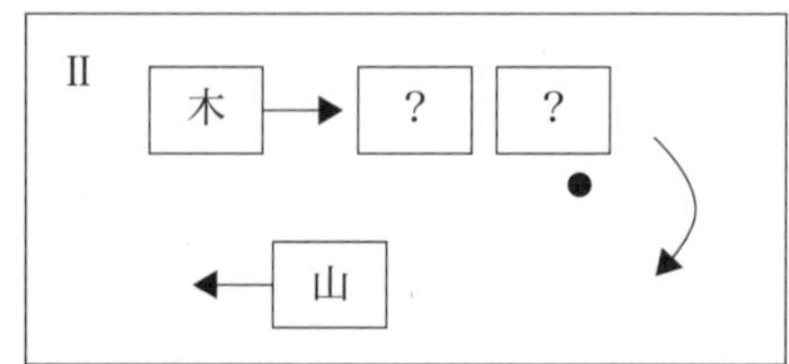

それぞれについて、条件（ 1 ）を考えると、加藤の位置が決まる。

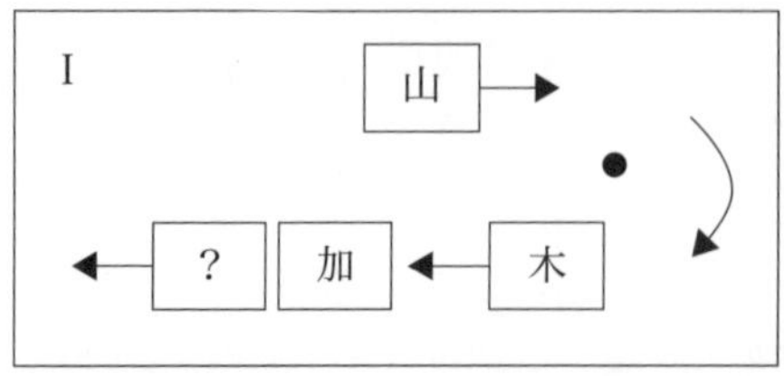

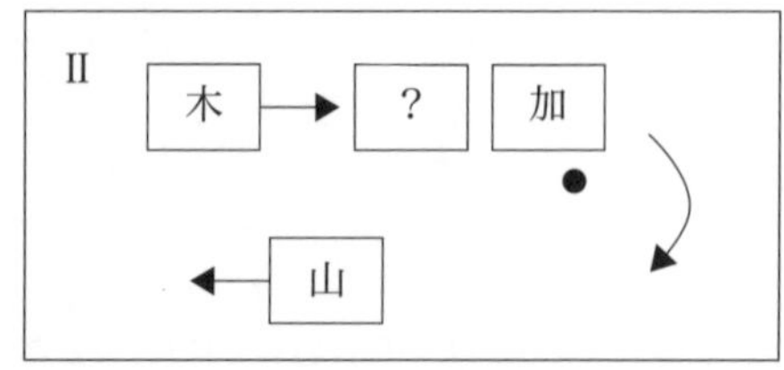

そして、条件（ 2 ）から、鈴木の位置を検討すると、

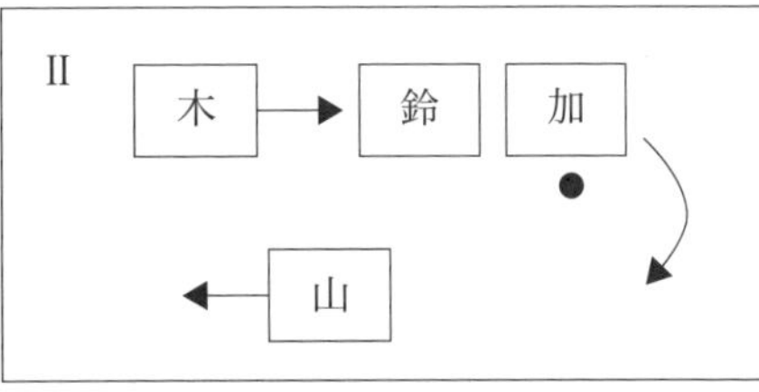

Ⅰでは、加藤の次に鈴木を入れると、条件（ 3 ）が成り立たなくなってしまう。
Ⅱでは、加藤の次に鈴木を入れれば、山田－加藤－鈴木－木村の順番が成立する。
この順位を崩さないようにするには、中井は間に入れることはできず、5番目と決まる。

【解答】

1　木村は2人目に加藤とすれ違った　　2　鈴木は加藤の次に折り返した

3　山田は3人目に木村とすれ違った

A16 正解－5

各順位の走者が、何人目に何番とすれ違うかを表にまとめる（折り返した走者が丸数字）。

	すれ違う相手			
順位	1人目	2人目	3人目	4人目
1	2	3	4	5
2	①	3	4	5
3	①	②	4	5
4	①	②	③	5
5	①	②	③	④

解法ポイント

折り返しコースのすれ違いでは、1位の走者は、折り返した後に、2～5位の走者にすれ違う。2位の者は、折り返してきた1位の走者（①）とすれ違い、折り返し後に、3～5位の走者とすれ違う。

「山田は3人目に木村とすれ違った」が、表の「すれ違う相手・3人目」から、木村は折り返す前の4位の走者か、折り返してきた3位の走者になる。

また、木村は「2人目に加藤とすれ違った」ので、順位の3位を4位をみると、すれ違う2人目の加藤は折り返してきた2位に確定する。

「鈴木は加藤の次に折り返した」ので、鈴木は3位に確定する。

3位が鈴木なので、木村は4位に確定する。残る順位から、4位の木村と3人目にすれ違う山田は、1位に決まる。中井は5位である。

折り返しでの順位の変動はないので、肢5の「中井は5位」が正しい。

Q17 2試合の順位の変動

問　A～Fの6人がボウリングをそれぞれ2ゲーム行い、第2ゲーム終了時の合計得点で最終順位を争った。今、次のア～オのことがわかっているとき、A～Cの第1ゲーム終了時の順位の組合せとして妥当なものはどれか。ただし、各ゲームの終了時において、同順位の者はいなかったとする。
(地方上級)

ア．Aの最終順位は第1ゲーム終了時の順位より、4つ下がった。
イ．Bの最終順位は第1ゲーム終了時の順位より、3つ上がった。
ウ．Cの最終順位は第1ゲーム終了時の順位より、1つ上がった。
エ．Dの最終順位はAより上位であり、第1ゲーム終了時の順位より、3つ下がった。
オ．Eの最終順位は第1ゲーム終了時の順位より、5つ上がった。

	A	B	C
1	1位	4位	5位
2	1位	5位	4位
3	2位	4位	5位
4	2位	5位	3位
5	2位	5位	4位

PointCheck

◉順位の変動を表であらわす　テクニック【順位の変動】

条件の厳しいものからあてはめていけば、ある程度のところまでは楽に決められる。本問の場合、順位が大きく変動したものと、それに関連するものから先に決めていくことになる。

複雑な場合分けが必要な場合は、書きなおせるようにするか、いくつかの簡単な表が書けるようにしておく。

条件オから、Eは5つ順位をあげたのだから、(1)位から(2)位への変動しかないことになる。

条件アから、Aは第1ゲームで(3)位しかない。さらに、条件エが、第2ゲームでDがAの上位になるためには、第1ゲームでAは(4)位、Dは(5)位に決まる。

第1G		第2G
D		E
A	−3	
		D
E	−4	A

次に、Bは3つ上昇なので、5位から2位に決まり、Cは1つ上昇なので4位から3位になる。残った3位から5位に下がったのがFとなる。

以上から、第1ゲーム終了時、Aは2位、Bは5位、Cは4位である。

第1G		第2G
D		E
A	+3	B
		C
C	+1	D
B		
E		A

【解答】
1 6　**2** 1　**3** 1か2　**4** 2　**5** 1

A17 正解－5

わかりやすい条件から、1つ1つ順位を決めていく。自分なりの作表をしてみよう。

条件オのEは「順位が5つ上がる」ということから、1ゲームで6位で、最終順位で1位しかない。

条件イで、Bは「順位が3つ上がる」が、Eと同順位にならないことから考えると、Bは1ゲームで5位、最終順位で2位である。

条件ウで、Cは「順位が1つ上がる」が、E・Bと同順位にならないことから考えると、Cは1ゲームで4位、最終順位で3位になったと考えられる。

条件エより、「最終順位はDのほうがAより上位」だが、最終順位で1ランク差だと1ゲームの順位が同じになってしまうので、Aの最終順位は6位、Dの最終順位は4位になる。よって、Aは1ゲーム2位、Dは1ゲーム1位になる。

条件にないFは、該当者がいない3位から5位に下がったと考えられる。

以上から、A、B、Cの第1ゲーム終了時の順位は、2位、5位、4位となり、肢5が妥当である。

	1ゲーム		最終順位
E	6位	5上がる	1位

	1ゲーム		最終順位
B	4位	3上がる	~~1位~~
	5位		2位
	~~6位~~		3位

	1ゲーム		最終順位
C	2位	1上がる	~~1位~~
	3位		~~2位~~
	4位		3位
	~~5位~~		4位
	~~6位~~		5位

	1ゲーム		最終順位
A	1位	4下がる	5位
	2位		6位
D	1位	3下がる	4位
	2位		5位
	3位		6位

	1ゲーム		最終順位
F	3位		5位

Q18 5回のゲームの順位決定

問 A～Dの4人がゲームを行ったところ、5回とも同順位はなくAとCは常に3位以内であった。次の表はその順位の一部を示している。この結果について1位から3位までだけに上位にいくほど高い得点をつけたところ、合計点は高い順にBACDとなった。このときいえることとして、妥当なものはどれか。 (地方上級)

回数	A	B	C	D
1			3位	1位
2		2位		
3				3位
4		1位	3位	
5		1位	2位	

1 Aは1位が2度あった。
2 Aは2位が2度あった。
3 Aは2回目が3位であった。
4 Cは1位が2度あった。
5 Cは3回目は1位であった。

PointCheck

◉得点のある順位 解法ポイント

常に3位以内という条件から、AとCで決まらないのが2回・3回の順位だけで、他の順位は決まる。得点を極端に、1位100点、2位10点、3位1点、4位0点としてみる。

	A	B	C	D
1	2位＝10	4位＝0	3位＝1	1位＝100
2		2位＝10		4位＝0
3		4位＝0		3位＝1
4	2位＝10	1位＝100	3位＝1	4位＝0
5	3位＝1	1位＝100	2位＝10	4位＝0
	21点	210点	12点	101点

最終順位がBACDなので、AはBを越えられず、2回・3回両方で（ 1 ）位ではない。

2回目Aが1位、Cが（ 2 ）位とすると、3回目はAが（ 3 ）位、Cが1位になるので、合計A＝131点、C＝113点で、BACDの順位が成り立つ。

	A	B	C	D
1	2位	4位	3位	1位
2	1位	2位	3位	4位
3	2位	4位	1位	3位
4	2位	1位	3位	4位
5	3位	1位	2位	4位

2回目Aが3位、Cが1位とすると、3回目はAが1位、Cが2位になるので、
合計A＝122点、C＝122点で、Aが上位ではなくなってしまい、適当ではない。

以上からすべての順位が確定し、「Cの3回目は1位」が妥当である。

【解答】
1 1　**2** 3　**3** 2

A18 正解ー5

問題文に表があるので、わかっているところだけでも決めていくと、AとCの順位・得点で場合分けをすればよいと理解できる。

発想ポイント

「AとCは常に3位以内であった」から、A（1回目2位、4回目2位、5回目3位）になる。

また、A・Cが2回目の1位か3位、3回目の1位か2位なので、D(2回目4位)、B(3回目4位）が決まる。

回数	A	B	C	D
1	2位	4位	3位	1位
2		2位		4位
3		4位		3位
4	2位	1位	3位	4位
5	3位	1位	2位	4位

ここで、Aの2回目・3回目の順位で場合分けをして考える。

［A (2回目1位、3回目1位）の場合］
AがBより、2位が1回分、3位1回分多くなってしまい、最終順位がB＞Aの順にならず適当でない。

［A (2回目1位、3回目2位）の場合］
BはAより1位が1回分多い。A・C・Dは1位が1回ずつだが、AはCより2位が2回分多く、CはDより2位が1回分多くなる。よって、上位で獲得する得点の差が大きければ、B＞A＞C＞Dになる可能性は十分ある。

順位	B ＞	A ＞	C ＞	D
1位	2回			1回
2位	1回	2回	1回	0回
3位	0回	1回	2回	1回
4位	2回	0回	0回	3回

回数	A	B	C	D
1	2位	4位	3位	1位
2	1位	2位	3位	4位
3	2位	4位	1位	3位
4	2位	1位	3位	4位
5	3位	1位	2位	4位

［A (2回目3位、3回目1位）の場合］
AとCが1位1回、2位2回、3位2回で、同じ得点になってしまうので適当でない。

［A (2回目3位、3回目2位）の場合］
CがBより、3位が2回分多くなってしまい、最終順位がB＞A＞Cの順にならず適当でない。

以上から、すべての順位が確定し、肢5「Cは3回目は1位」が妥当である。

Q19 家までの距離の比較

問 会社からA～Eの5人の自宅までの距離について次のことがわかっている。

・A宅までの距離は、B宅までとE宅までの距離の平均に等しい。
・B宅までの距離は、A宅までとC宅までの距離の平均に等しい。
・C宅までの距離は、B宅までとD宅までの距離の平均に等しい。
・E宅までの距離は、D宅までの距離より長い。

この時自宅が、会社から2番目に遠いのはだれか。 （国家一般）

1 A　**2** B　**3** C　**4** D　**5** E

PointCheck

◉距離の推理と線分図 解法ポイント テクニック **【線分図による比較】**

身長や点数の問題と同様に、比較の問題では、線分図・数直線で表すか、不等号などの式で状況を理解していく。一直線上に表せる問題や、本問のように複数の直線を組み合わせる問題があるが、条件を読み間違わなければ、視覚的に表せるので簡単な問題である。

ところで、条件の「○宅までと△宅までの距離の平均に等しい」というのは、○宅と△宅のちょうど中間にあるという意味。数的推理の平均の考え方も必要である。

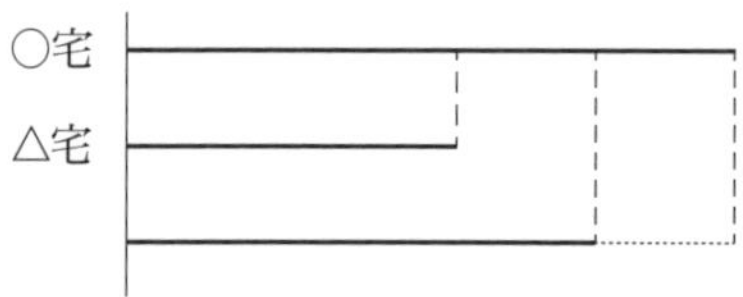

よって、3番目までの条件から、次のような線分図が書ける。

・A宅までは、B宅とE宅の平均　B　A　E

・B宅までは、A宅とC宅の平均　A　B　C

・C宅までは、B宅とD宅の平均　B　C　D

両端は、どちらが会社から遠いか確定していない。

会社を左端にとって線分図をつなげ、最後の条件に合うように、E宅を遠く、D宅を近くにする。線分図の前後を入れ替え、共通する（ 1 ）宅をつなげると、次のようになる。

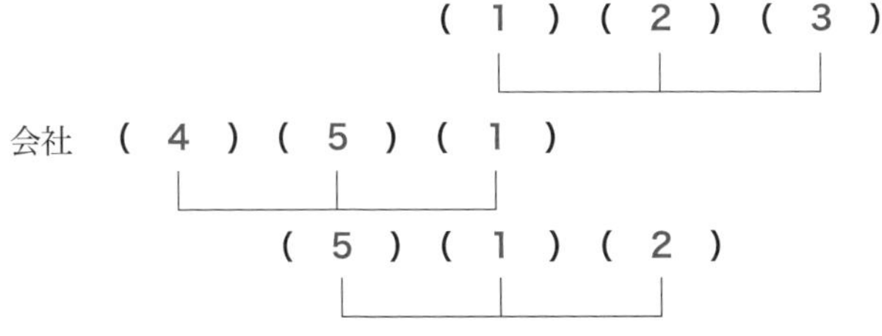

以上から、2番目に遠いのは（ 2 ）宅になる。

【解答】
1 B　2 A　3 E　4 D　5 C

A19 正解－1

不等号や矢印で「前後」を表し、数式のように扱うと、慣れれば格段に速く答えが出る。ただ、本問では会社からの遠近がわからないので、仮に「－」で結んでおく。

1番目の条件から、会社からA宅までの距離は、B宅とE宅の中間になる。
B－A－E
2番目の条件から、会社からB宅までの距離は、A宅とC宅の中間になる。
A－B－C
3番目の条件から、会社からC宅までの距離は、B宅とD宅の中間になる。
B－C－D
これを順に並べると、D－C－B－A－EまたはE－A－B－C－Dとなる。
そして、4番目の条件から、E宅のほうが会社から遠くあるので、
会社→D→C→B→A→E
この順に遠くなっており、2番目に遠いのはA宅である。

Q20 ゆるい条件からの年齢の比較

問　保育園のひよこ組の園児の年齢について、次のことがわかっている。

・5人の年齢の和は11歳である。
・1歳未満の子はいない。
・AはCより年齢が上である。
・Bは5人の中の最年長で、その年齢の者はほかにいない。
・DはEよりも年齢が上である。

さらに、次の1～5のうちどれかの事実がわかったので、5人の年齢を正しくいうことができた。それはどれか。　（地方上級）

1　AとDの年齢が同じである。
2　CとDの年齢が同じである。
3　CとEの年齢が同じである。
4　Aの年齢は、Eの年齢の2倍である。
5　Bの年齢は、Cの年齢の4倍である。

PointCheck

◉決定条件を探る場合分け　テクニック【数量に関する判断】

問題にあげられた条件だけでは年齢の決定ができず、いくつかの可能性があることになる。つまり、この問題は、条件から年齢を仮定し場合分けをして、いくつかのパターンを探すことを求められているのだ。

「AはCより年長」「DはEより年長」「Bは最年長で一人だけ」という条件から、最低年齢の1歳から決めていく。

①最低年齢CとEが1歳だとする
AとDは（　1　）である。年齢の和が11歳なので、最低年齢だと、Bは（　2　）歳になる。

②次に、Cだけに＋1歳する
Aも＋1歳しなければならず、全体で（　3　）歳増えることになる。しかし、それでは（　4　）が2歳下がり3歳になり、BとAが同じになってしまい、条件に適さない。

③AとDに＋1歳する
両方に＋1歳すると同様にBと同じ年齢になってしまうので、AかDのどちらかだけが＋1歳することは可能である。この場合、Bは（　5　）歳になる。

よって、①B＝5、A＝D＝2、C＝E＝1の場合と、③B＝4、(A・D) ＝ (3・2)、C＝E＝1の場合があるが、③ではA・Dが2歳か3歳か決まらない。

①の場合だけに当てはまるものを選択肢から探すと、「AとDの年齢が同じ」が妥当といえる。

【解答】
1 2歳以上　**2** 11－6＝5　**3** 2　**4** B　**5** 4

A20 正解－1

記号化、数式化、作表することで、条件をまとめやすくなり、数的推理でのテクニックを使うことができるようになる。

解法ポイント

園児は1歳以上でA＞C、D＞Eだから、C＝E＝1（歳）だと考えると、A・Dは2歳以上になり、この4人の年齢の和は6歳以上になる。

5人の年齢の和は11歳なので、最年長Bの年齢は11－6＝5(歳) か11－7＝4(歳) であるが、11－8＝3(歳) になると、最年長3歳が複数いることになり条件に合わない。

以上から､5人の年齢の組合せを表にすると、①～③の3通りが考えられる。これをもとに、選択肢の各条件を加えて考え、年齢が決定するかどうかを確認する。

	B	A	C	D	E
①	5	2	1	2	1
②	4	3	1	2	1
③	4	2	1	3	1

1. 「A＝D」→表の①の場合の年齢に確定できる。
2. 「C＝D」→Cは1歳だけであり、Dと等しくならない。
3. 「C＝E」→①～③のすべてでCとEは等しく、年齢を確定できない。
4. 「A＝E×2」→①と②であてはまり、年齢を確定できない。
5. 「B＝C×4」→②と③であてはまり、年齢を確定できない。

以上より、肢1が妥当である。

第3章 順位と位置 Level 1

Q21 順序決定と場合分け

問　甲、乙、丙、丁の４人がこの順に横１列に並んで座っている。いま、サイコロを振って、出た目が１、２の場合は甲と乙が、３、４の場合は乙と丙が、５、６の場合は丙と丁がそれぞれ席を交換することにした。サイコロを３回振った結果、席順は全員最初の位置とは違っていた。このときの席順について確実にいえることは、次のうちどれか。　(地方上級)

1　甲と乙は隣り合わせになった。
2　甲と丙は隣り合わせになった。
3　甲と丁は隣り合わせになった。
4　乙と丙は隣り合わせになった。
5　乙と丁は隣り合わせになった。

PointCheck

◉可能性の整理と結果の予測　テクニック【順序の決定】

サイコロを振る回数は3回で3回交代するだけだから、最初の位置と異なる場合はそれほど多くならない。このような問題で確実に回答する場合は、規則性の発見と同じように、ある程度の条件整理をして、着眼点を定め、選択肢から正解を選ぶという流れになる。最終的に順序がすべて確定できなくてもよく、時間の短縮を優先すべき問題である。

(1) 問題の趣旨をつかむ　解法ポイント

単純な交換から試してみる。サイコロを3回振って、1→1→1なら、甲と乙しか替わらない。1→5→1なら､甲と乙は元に戻ってしまう。全員最初の位置と違うようになるためには、全員が替わって、かつ同じ交換で元の位置に戻らないことが必要だと推測できる。

サイコロの目は奇数だけで考えれば十分だから、結局、サイコロ3回の目は1・3・5が1回ずつでなければならない。

(2) 着眼点と予測　発想ポイント

①誰が隣り合わせになるかに絞る

サイコロが1→3→5と出た場合、4人の席順は「(　1　)」
サイコロが3→1→5と出た場合、4人の席順は「(　2　)」
ここで選択肢を検討すると、この2つだけでも、共通するのは肢3の「甲と丁は隣り合わせになった」だけになる。

②交換規則の発見

3つの席の交換は、「乙の場所に甲がくる」「丙の場所に丁がくる」というものと、「乙丙の場所が入れ替わる」というものが、組み合わされた作業である。はじめに乙と丙が並んでいるので、乙・丙の場所を固定的に考えれば、甲と丁は最終的に隣り合わせになるものと考えられる。

【解答】
1　丁甲乙丙　　2　乙丁甲丙

A21 正解ー3

以下のような完全解の確認は、本番の試験で行うものではない。どこに着目すれば、題意に沿った解答を導き出せるかを理解できればよい。考え方の筋道を押さえておこう。

解法ポイント

列の端にいる甲と丁の位置が変わるためには、1または2と、5または6が、1回ずつ出なければならない。

また、残りの1回が、1または2なら、甲は元の位置に戻ってしまい、5または6なら丁が元に戻ってしまう。

よって、1または2と、3または4と、5または6が、1回ずつ出なければならず、甲と乙、乙と丙、丙と丁の交換が1回ずつになる。

1・3・5の奇数だけに絞って、目の出る順番を考えると、
$_3P_3=3\times2\times1=6$通り

この6通りの席の交換について表で確認する。(下線が交換した部分)

目の順番	1→3→5	1→5→3	3→1→5	3→5→1	5→1→3	5→3→1
1回目	乙甲丙丁	乙甲丙丁	甲丙乙丁	甲丙乙丁	甲乙丁丙	甲乙丁丙
2回目	丙甲乙丁	乙甲丁丙	乙丙甲丁	甲丁乙丙	乙甲丁丙	甲丙丁乙
3回目	丁甲乙丙	丙甲丁乙	乙丁甲丙	乙丁甲丙	丙甲丁乙	乙丙丁甲

以上のすべての場合にいえることは、肢3の「甲と丁は隣り合わせ」だけである。

Q22 駐車した順序の推理

問　ある駐車場の２つの区画に代わる代わるA～Eの車が駐車した。ア～ウのことがわかっているとき確実にいえるものは次のうちどれか。　（地方上級）

ア．駐車開始時刻はABCDEの順
イ．駐車終了時刻はBADECの順
ウ．駐車時間は長いものから順に5時間、4時間、3時間、2時間、1時間

1　Cの駐車開始時刻はAの駐車終了時刻より前である。
2　BとDは同じ区画に駐車した。
3　AとDについては、Aの駐車時間のほうが長い可能性と、Dの駐車時間のほうが長い可能性とがある。
4　1時間しか駐車しなかったのはD、Eのどちらかである。
5　Bの駐車時間はEより短い。

PointCheck

◉交代順序の決定　テクニック【順序の決定】

条件がゆるいので最終的に確定はしないが、そのような場合は関係性をしっかりつかめば、選択肢もあわせて早く解答に至れる可能性がある。逆に選択肢の中から、条件の厳しいものを見定めておくことが有効である。

発想ポイント

開始時刻と終了時刻から、A・BとC・D・Eが同じ時間帯に2区画に分かれていて、(A始－B始－B終－A終）と、(C始－D始－D終－E始－E終－C終）という関係が推測できる。線分図で表すと次のようになるが、Aの終了とCの開始の関係は確定できないので、AとCが同じ区画の場合もある。

（１）………	（２）　（３）
（４）………	（５）

ここで、A・B・C・D・Eの駐車時間を考えると、A・Cが4・5時間、B・D・Eが1・2・3時間と次のような可能性が考えられる。D・Eは確定できない。

A	＞	B
5	＞	3
4	＞	3
4	＞	2

C	＞	D＋E
4	＞	2＋1
5	＞	2＋1
5	＞	3＋1

以上から選択肢を検討する。

1. 前述のように、Aの終了とCの開始の関係は確定できない。
2. BとDは同じ区画だった可能性もあるが、図のように別の区画の場合もある。
3. 表から、Aのほうが駐車時間は長くなる。
4. 表から、DかEのいずれかが1時間と考えられ、妥当と考えられる。
5. 表の最下段から、Bが2時間、Eが3時間の可能性もある。

【解答】
1 A　**2** D　**3** E　**4** B　**5** C

A22 正解ー4

矢印・不等号で数式的な順序の関係図を作り、時間の可能性をあてはめていく。

解法ポイント

開始時刻（A－B－C－D－E）と終了時刻（B－A－D－E－C）を比較する。

開始　A－B－－－C－D－－E
終了　　　　B－A－－－D－－E－C

BはAの駐車時間内に開始・終了しているので、AとBは別の区画になり、駐車時間はA＞Bとなる。

D・EはCの駐車時間内に開始終了しているので、CとD・Eは別の区画になり、駐車時間はC＞D＋Eとなる。

ここで、Cの開始時刻がAの終了時刻の前か後かはわからないので、Cが使った区画はAの後かBの後かは確定できない。

区画①　A－－→A－－→C－－－－－－－→C
区画②　B→B －－→ D→D　E→E

以上から各選択肢を検討すると、条件だけからはCの開始とAの終了の前後が決定できず、CがA・Bどちらの後の区画を使ったかがわからない以上、A・Cの前後、B・Dの区画について決定はできない。よって、肢1、2は妥当ではない。

次にそれぞれの駐車時間は、1～5時間であるので、
C＞D＋Eより、CとD・Eの駐車時間は、 5＞3＋1、5＞2＋1、4＞2＋1　の3通り。
この3通りに対応して、A＞Bより、 4＞2、4＞3、5＞3　となる。

以上から、Aの駐車時間は必ずDより長く、Bの駐車時間はEより長くなる可能性もあるので、肢3、5は妥当ではない。

そして、1時間駐車したのは、D･Eのどちらかだけなので、確実にいえるのは肢4である。

Q23 平面上の区画と位置関係

問 **太郎、次郎、三郎の３兄弟は、それぞれ妻と子ども（次郎のみ子どもは２人）を含めて10人で親睦旅行をすることにした。飛行機の座席が図のように確保でき、それぞれの座席を決めたところア〜エのようになった。このことから確実にいえるものはどれか。**

（国家一般）

ア．太郎夫婦と次郎夫婦は前列に隣り合わせに座ったが、三郎夫婦は前列と後列に分かれて座った。
イ．三郎の家族は3人とも通路側に座った。
ウ．次郎夫婦の真後ろに次郎の子ども2人が座った。
エ．前列、後列とも男女が交互に座った。

通路	前					通路
	A	B	C	D	E	
	F	G	H	I	J	
	後					

1　Aが太郎の席ならば、Fは三郎の娘の席である。
2　Bが太郎の席ならば、Gは太郎の息子の席である。
3　Cが次郎の席ならば、三郎の子どもは男の子である。
4　Dが次郎の席ならば、Iは次郎の息子の席である。
5　Eが三郎の席ならば、三郎の子どもは女の子である。

PointCheck

◉対応条件がある席順　**テクニック【座席の決定】**

選択肢を確認して、太郎がA・B、次郎がC・D、三郎がEの場合を問われているので、条件に合わせて、次のような座り方を考えておく（左右対称の場合も考えられる）。

太郎夫婦		次郎夫婦		三郎夫婦
三郎夫婦子	太郎子	次郎子	次郎子	三郎夫婦子

1．Aを太郎の席にすると

太郎	太郎妻	次郎	次郎妻	三郎
三郎妻娘	太郎息子	次郎娘	次郎息子	三郎妻娘

Fは三郎の妻の場合もあり、不適。

2．Bを太郎の席にすると

太郎妻	太郎	次郎妻	次郎	三郎妻
三郎息子	太郎娘	次郎息子	次郎娘	三郎

男女交互なので、Gは太郎の娘になり、不適。

3. Cが次郎の席というのは肢1と同じだから、三郎の子どもは娘となり、不適。
4. Dが次郎の席というのは肢2と同じだから、Iは次郎の娘になり、不適。
5. Eが三郎の席というのは肢1と同じだから、三郎の子どもは女の子となり、確実にいえる。

A23 正解ー5

以下の解説では、まず、前席の座り方を考え、さらに場合分けして後席を確定するが、選択肢を見て1つずつ可能性をチェックしていくとよい。整理力が試される問題である。

条件アから、三郎もしくは三郎妻が、AかEに座ることになる。そして、条件イから、後席通路側F・Jには残りの三郎家族が座るので、次郎の2人の子供は後席通路側に座ることはない。すると、条件ウから、次郎夫妻は2人の子どもの前の席になるので、次郎夫妻は前席通路側にはならず、三郎夫妻どちらかが座るAかEの隣、B·CかC·Dになる。

以上から、前席の座り方は、AかEに、三郎か三郎妻が座る、2×2＝4通りで、男女交互に座っている。

A	B	C	D	E
太郎	太郎妻	次郎	次郎妻	三郎
太郎妻	太郎	次郎妻	次郎	三郎妻
三郎	次郎妻	次郎	太郎妻	太郎
三郎妻	次郎	次郎妻	太郎	太郎妻

次に、前席の座り方により、後席がどうなるかを考える。

前席に三郎なら、後席の一方の通路側に三郎妻が座る。後席は（女・男・女・男・女）になるので、他方の通路側は三郎の娘が座る。

三郎がEのとき、Gに太郎の息子、Hに次郎の娘、Iに次郎の息子がいる。

三郎がAのとき、Iに太郎の息子、Hに次郎の娘、Gに次郎の息子がいる。

前席に三郎妻なら、後席の一方の通路側に三郎が座る。後席は（男・女・男・女・男）になるので、他方の通路側は三郎息子が座る。

三郎妻がEのとき、Gに太郎の娘、Hに次郎の息子、Iに次郎の娘がいる。

三郎妻がAのとき、Iに太郎の娘、Hに次郎の息子、Gに次郎の娘がいる。

以上のことから、各選択肢を検討していく。

1. Aが太郎なら、前席のEは三郎になる。
   しかし、後席の通路側F・Jどちらに三郎の妻・娘が座るかは確定できない。
2. Bが太郎なら、前席のEは三郎妻になる。
   前席に三郎妻が座る場合は、太郎の子供は娘である。
3. Cが次郎なら、前席のAかEにどちらかに三郎になる。
   前席に三郎が座る場合は、後席通路側どちらかに三郎の娘が座るはずである。
4. Dが次郎なら、前席のEは三郎妻になる。
   Eの三郎妻の真後ろ（Jの席）は、三郎か三郎の息子で、Dの真後ろ（Iの席）には次郎の娘が座るはずである。
5. 前席のEが三郎なら、後席通路側どちらかに三郎の妻と娘が座る。

以上より、確実にいえるのは肢5である。

Q24 着色された正方形の平面充填

問 図Ⅰのように、a～iの9個の小正方形をもつ大正方形の枠がある。図Ⅱのような色のついたA～E5種類の紙片6枚で、この大正方形の枠をすき間なくかつ重なることなく埋めることにした。いま、6枚の紙片の同じ色が辺と辺で接しないように並べるとき、各紙片の位置として確実にいえるものはどれか。なお、Aの紙片はa、bの位置に置いてあるものとする。

(国家一般)

図Ⅰ

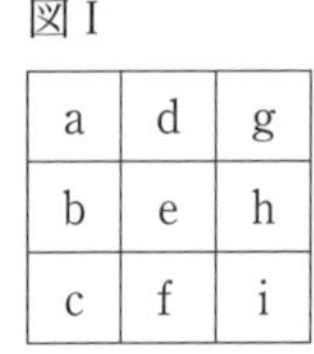

a	d	g
b	e	h
c	f	i

図Ⅱ

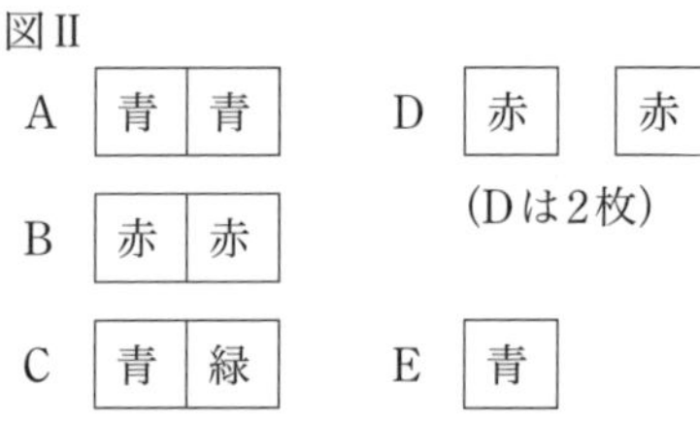

1 紙片Bはd、eの位置にある。
2 紙片Dの2枚はc、iの位置にある。
3 紙片Eはgの位置にある。
4 eの位置には緑色が来る。
5 iの位置には赤色が来る。

PointCheck

◉平面充填の場合分け 解法ポイント

条件の厳しいもの、つまり接する可能性の高い赤(または青)から順に埋めていくのが基本。

赤に注目すると、小正方形で4枚ある。これをcを除いた、defghiの長方形に入れようとすると、必ず(1)が接してしまう。そこで、角のcには必ず(2)を入れなければならない。ただ、cにBの赤－赤を入れると、Dは dhに入れることになり、(3)が入る場所がなくなってしまう。よって、cには必ず(4)の1つが入る。

残りの場所に、BとDを入れていくと、次の3通りが考えられる。

青	赤	
青	赤	
赤		赤

青	赤	赤
青		
赤		赤

青	赤	
青		赤
赤		赤

さらに、CとEの場所を決めていくと、

青	赤	青緑
青	赤	緑青
赤	青	赤

Cの向きで2通り

青	赤	赤
青	緑	青
赤	青	赤

Cの向きで2通り

青	赤	青
青	緑	赤
赤	青	赤

以上から選択肢を検討する。

1. Bは3通りの位置が考えられる。
2. Dはcに必ず入り、残りはd・iに入る可能性がある。
3. Eはf・g・hに入る可能性がある。
4. Eは赤と緑の可能性がある。
5. c・d・iには必ず赤が入る。

【解答】
1 赤　**2** 赤　**3** C　**4** D

A24 正解ー5

青のEを置く場所は、fghiのどれかになり、それぞれを場合分けして考えていく。

青	d	g
青	e	h
c	f	i

テクニック【平面充填】

Eをfに置く場合：Cの青はgかhのどちらかに入る。まず、dgにC(緑青) を置くと、残りのBとDの赤が接してしまう。そこで、ghにC(青緑または緑青) を置くと、cにD(赤) を1枚入れ、deにB(赤赤)、iにD(赤) を入れることになる。…①

青	赤	青緑
青	赤	緑青
赤	青	赤

さらに、ehにC(緑青) を置くと、cにD(赤) を1枚入れ、dgにB(赤赤)、iにD(赤) を置けばよい。…②

青	赤	赤
青	緑	青
赤	青	赤

Eを gに置く場合：Cの青は fiのどちらに入る。しかし、赤のBとCが接しないようにするには、efにC(緑青)を置き、hiにB(赤赤)、cとdにD(赤) を置くことになる。…③

青	赤	青
青	緑	赤
赤	青	赤

Eをhに置く場合：Cの青はfにしか置けず、gdeで赤が接しないように、dgにB (赤赤)、cとiにD (赤) を置けばよい。…④ (②で検討した色の組合せと同じ)

青	赤	赤
青	緑	青
赤	青	赤

Eをiに置く場合：Cの青は gにしか置けず、赤のBとCが接しないように置くことはできない。

以上から、選択肢を検討する。

1. B(赤赤)を deに置くのは①の場合で、② dg、③ hiもありえる。
2. D(赤)はc、iだけでなく、③のc、dに置く場合もある。
3. E(青)は、f、g、hに置くことができる。
4. eの位置には、①のようにC(赤赤)を置くこともできる。
5. iだけでなく、cdも必ず赤が入っている。これが正しい。

Q25 ゲームのルールに従った場合分け

問 **兄と弟が2人で交互に石を取り続け、最後の石を取った人が負けになるゲームをする。1度に取れる石は、1個、3個、4個のいずれかで、兄、弟の順に取るものとする。兄、弟ともに勝つために最善を尽くすとすると、石の数が4個から7個であれば兄が勝ち、石が8個であれば弟が勝つ。石が10個の場合に関して正しく述べているものはどれか。**

(地方上級)

1 兄は最初に1個取れば必ず勝つことができる。
2 兄は最初に3個取れば必ず勝つことができる。
3 兄は最初に4個取れば必ず勝つことができる。
4 最初の兄が取る個数にかかわらず弟は必ず勝つことができる。
5 兄、弟ともに必ず勝つ方法はない。

PointCheck

◉ルール指示とヒントの活用 発想ポイント

本問のゲーム自体は、よくある「最後の1個を取ると負け」だと理解できるだろう。ポイントは、「ミスがなければ、4～7個であれば兄が勝ち、8個であれば弟が勝つ」というヒントを活かせるかである。このことヒント自体については、場合分けして確認しておこう。試してみると、2個が取れないことが最後のポイントになることがわかる。

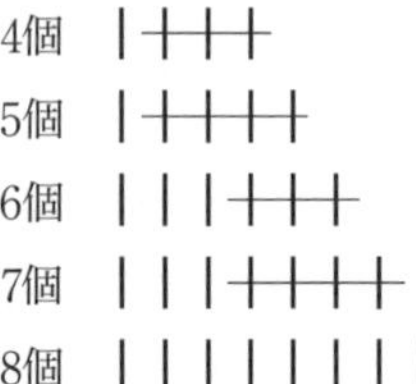

解法ポイント

石の数を□、兄が先に取る数をxとして考える。

石を4～7個残すときは次に取るほうが勝つので、□$-x$を（ 1 ）にしてはいけない。

また、8個のときは次に取るほうが負けるので、□$-x=$（ 2 ）にできればよい。

つまり、石を取って4～7にせずに、8になるようにすれば兄が勝てる。

つぎに、石が9個の場合で考えてみる。

$9-x=$（ 3 ）にすれば、次に石を取るほうが負けになる。よって、最初に兄が取る数を、$x=$（ 4 ）にすれば必ず勝つことができる。

では、問題の10個の場合、$10-x=8$になるように、$x=2$は取れない。

x＝1だと、10－1＝9になり、弟に9－1＝8にされてしまい、兄が負ける。
x＝3だと、10－3＝7となってしまい、やはり兄が負ける。
x＝4だと、10－4＝6となり、兄が負ける。
すなわち、どのように石を取っても、次に取る弟のほうが勝つことになる。

【解答】
1 4～7　**2** 8　**3** 8　**4** 1

A25 正解－4

ゲームのルールを読み替えて理解しやすくする。
すなわち、初めに石を取る人が、「何個を残せばよいか」を考えると、
・石の数が4個から7個を残すと、負けが確定する。
・石の数が8個残れば、勝ちが確定する。
こうすれば、実際どうなるかを考えずに、設定どおりに答えを出すことができる。

発想ポイント

石が10個の場合、初めに兄が3個または4個取るとすると、10－3＝7、10－4＝6となり、負けが確定してしまう。
したがって、「勝つために最善を尽くす」のであるから、兄は1個を引き、10－1＝9にするしかない。この場合は問題の設定上、まだ勝敗は確定しない。

次に、弟も同様に考えると、弟が3個または4個取るとすると、9−3=6、9−4=5となり、負けが確定してしまう。
したがって、「勝つために最善を尽くす」のであるから、弟は1個を引き、9－1＝8として弟の勝ちが確定する。

以上から、弟は、兄の取る個数にかかわらず、必ず勝つといえ、肢4が正しい。

Q26 数量に関する判断

問 A～Eの5人が、地区の清掃大会に参加したところ、拾った空缶の数について次のア～オのことがわかった。このとき、正しくいえることは次のうちどれか。 （地方上級）

ア．空缶の数は5人とも異なっていて、いずれも50個以上100個以下であった。
イ．Aの拾った空缶の数はBの空缶の数の3分の2であった。
ウ．Aの拾った空缶の数はDの空缶の数とEの空缶の数の合計の2分の1であった。
エ．Cの拾った空缶の数はDの空缶の数の3分の2であった。
オ．Cの拾った空缶の数はEの空缶の数より2個多かった。

1 Aの空缶の数は、62個であった。
2 Bの空缶の数は、90個であった。
3 Cの空缶の数は、54個であった。
4 Dの空缶の数は、78個であった。
5 Eの空缶の数は、52個であった。

PointCheck

◉数式から推理する大小関係 解法ポイント

数的推理と判断推理の境界線は微妙なところがあり、それぞれの学習ポイントを生かして解かなければならない問題もある。どちらが不得意なのかが確認できる問題である。

イ：$A=B\times\frac{2}{3}$、ウ：$A=(D+E)\times\frac{1}{2}$、エ：$C=D\times\frac{2}{3}$、オ：$C=E+2$からおおまかな大小関係を推測すると、$E<(C・A)<(B・D)$ となる（カッコ内は未定）。

Dを基準に考え、A・B・C・EをDで表すと、

条件エから、$C=\frac{2}{3}D$　　条件オから、$E=\frac{2}{3}D-2$

条件ウから、$A=\left(D+\frac{2}{3}D-2\right)\times\frac{1}{2}=\frac{5}{6}D-1$

条件イから、$B=\left(\frac{5}{6}D-1\right)\times\frac{3}{2}=\frac{5}{4}D-\frac{3}{2}$

C・E・Aが整数になるためには、Dは6の倍数であればよいことになる。

しかし、Bが整数になるためには、$\frac{5}{4}D$が約分されて$\frac{奇数}{2}$になる必要がある。

したがって、Dは6の倍数だが、12の倍数にはなってはいけない。

大きいほうの、E≧50から、$\frac{2}{3}$D－2≧50　よって、D≧78

小さいほうの、B≦100から、$\frac{5}{4}$D－$\frac{3}{2}$≦100　よって、D≦81$\frac{1}{5}$

以上から、Dは、78≦D≦81$\frac{1}{5}$で、6の倍数で12の倍数ではない数で、78個と考えられる。

A26 正解－4

Aに着目して、条件から数の範囲を絞っていく、いわば数的推理的な解き方となる。

条件ウ・エ・オから、D・Eを消去して、AをCで表すと、

$A=\left(\frac{5}{2}C-2\right)\times\frac{1}{2}=\frac{5}{4}C-1$

条件アから、Cが50以上なので、$A=\frac{5}{4}\times 50-1=61\frac{1}{2}$より、Aは62個以上になる。

さらに、式を変形して4(A＋1)＝5C　　よってAは1を加えると5の倍数…①

条件イから、$A=B\times\frac{2}{3}$

条件アから、Bが100以下なので、$A=100\times\frac{2}{3}=66\frac{1}{2}$より、Aは66個以下になる。

さらに、式を変形して3A＝2B　　よって、Aは2の倍数…②

①②から、Aは62以上66以下で、1加えると5の倍数になる偶数であり、64となる。

よって、B＝96、C＝52、D＝78、E＝50となる。

第4章 数量 Level 1

Q27 はかりかた、オモリ・分銅の扱い方

問 **34g、29g、7g、4gのオモリがそれぞれ2個ずつある。これらのうち5個を組み合わせて100gにするときに、正しいものは次のうちどれか。** (地方上級)

1 4 gは使わない。
2 7 gを1個使う。
3 29 gを1個使う。
4 34 gを1個使う。
5 34 gを2個使う。

PointCheck

◉立体図形の最短距離 テクニック **【天びんのはかりかた】**

典型的な天びん・分銅や贋金の問題は、数学的知識の有無が左右するので、試験ではその場で考えさせる設定にすることが多い。ただ、基本的な解き方、解法の手順は慣れておいたほうがスピードが上がり、得点源の問題にもなる。

①重いオモリから順に乗せて、オーバーする重さを考える
最も重い34 gが3つあるとすると、100 gに近くなるが、
34＋34＋34＝102(g)
になり、100 gより2 g多くなる。

解法ポイント

②オモリの交換で調整する
4種類のオモリの差を確認し、オモリを交換していく。
34 g－29 g＝5 g、34 g－7 g＝27 g、34 g－4 g＝30 g
③使用できる個数を考慮し、オモリの和・差で調整する
29 g＋7 g＝36 g、29 g＋4 g＝33 g、7 g＋4 g＝11 g
29 g－7 g＝22 g、29 g－4 g＝25 g、7 g－4 g＝3 g

ここで、34 gを(**1**)に替えると、(**2**) g減るので、2つの34 gをこれに替える。
34＋(**1**)＋(**1**)＝100
本問では、以上の34 gが1個と(**3**) gが2個と(**4**) gが2個で、合計5個100 gになる。

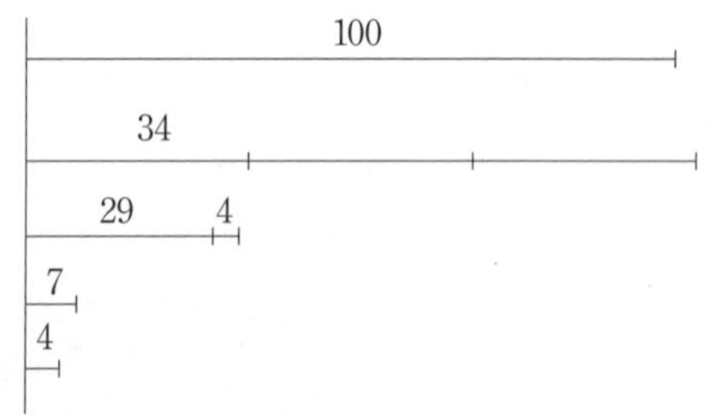

本問では、細かい和・差の調整は必要ないが、天びん秤の問題ではいくつかの試行錯誤が必要になり、その上で場合分けが求められることもある。いずれにしても、前ページの線分図のように視覚的に状況が把握できるものがあるとよい。

【解答】
1　29 g＋4 g　**2**　1　**3**　29　**4**　4

A27 正解－4

場当たり的ではあるが、方程式の解法を利用して、天びんを式で解くという方法もある。やはり、右辺を100 gにするように、両辺に同じオモリを足したり引いたりしていく。

解法ポイント

すべての種類のオモリを1個ずつ計4個を使うと、
34＋29＋7＋4＝74(g)
両辺に34gを加えると、
34＋34＋29＋7＋4＝108(g)

両辺から8 gを減らすために、8 gとなるオモリの組合せを考える（**PointCheck**③参照）。
34－29＝5、7－4＝3　より、（34－29＋7－4）のオモリの組合せを引けばよい。
これは、34 gと7 gを取り除いて29 gと4 gを足すことになるので、
34＋34＋29＋7＋4－（34－29＋7－4）＝108 g－8(g)
両辺を整理して、34＋29＋4＋29＋4＝100(g)
したがって、34gを1個だけ使うので、正解は肢4となる。

Q28 3進法による天秤

問 上皿天秤で40ｇまでを1ｇ単位で計るために、1ｇとあと3種類の分銅を1個ずつ用意しておいたところ、誤って他の分銅と混ぜてしまった、混ぜたなかには、2g、3g、4g、7g、8g、9g、27g、28gの分銅があった。最初にあった1g以外の3種類の分銅のうちの2つを正しくあげているものは次のうちどれか。（地方上級）

1 3g、4g　**2** 3g、7g　**3** 3g、9g　**4** 4g、9g　**5** 8g、27g

PointCheck

◉3進法での分銅の置き方 テクニック【天びんのはかりかた】

上皿天秤では、分銅の和と差で重さを量れるので、具体的に分銅の和・差で量れる重さを考えていく。選択肢の組合せがある場合は、試行錯誤すると決定的なヒントが発見できる。

肢1と2は、あと1つの分銅が（　1　）gでも、4つを足して（　2　）gにならない（1＋3＋4＋28＝36、1＋3＋7＋28＝39）ので、妥当ではない。

肢3は、あと（　3　）gの分銅を使えば、（　4　）gを量ることができ、3－1＝2、3、3＋1＝4、9－3－1＝5…と順に計測可能である。

肢4では、40gを量るため、27gか28gを選ばなければならない。しかし、（　5　）gを量るためには、あと1つの分銅を加えることで、2gの和か差ができるようにしなければならない。1gと4gと9gと、27gまたは28gの組合せでは、2gの和・差ができない。

肢5は、1gと8gと27gで、4g以上必要だが、やはり4gだと2gの和・差ができない。また、7g・9gだと2gは量れるが、3gの和・差ができない。

ちなみに、40gまでの分銅の乗せ方は表のようになる。（▲は○の分銅と逆の皿に乗せる。）

分銅	1	3	9	27	分銅	1	3	9	27	分銅	1	3	9	27	分銅	1	3	9	27
1	○				11	▲	○	○		21		○	▲	○	31	○	○		○
2	▲	○			12		○	○		22	○	○	▲	○	32	▲	▲	○	○
3		○			13	○	○	○		23	▲	▲		○	33		▲	○	○
4	○	○			14	▲	▲	▲	○	24		▲		○	34	○	▲	○	○
5	▲	▲	○		15		▲	▲	○	25	○	▲		○	35	▲		○	○
6		▲	○		16	○	▲	▲	○	26	▲			○	36			○	○
7	○	▲	○		17	▲		▲	○	27				○	37	○		○	○
8	▲		○		18			▲	○	28	○			○	38	▲	○	○	○
9			○		19	○		▲	○	29	▲	○		○	39		○	○	○
10	○		○		20	▲	○	▲	○	30		○		○	40	○	○	○	○

【解答】
1 28　**2** 40　**3** 27　**4** 40　**5** 2

A28 正解ー3

上皿天秤の計量は、片側の皿だけに分銅を乗せる場合、分銅の合計の重さを量ることができ、両側の皿に分銅を乗せる場合、分銅の差の重さを量ることができる。以下では、基本的な3進法による分銅の置き方を、考え方も含めて解説する。

解法ポイント

ここで、1gの分銅と、xgの分銅があるとする。1gは＋1gと−1gに使うことができるので、1g、$x-1$g、xg、$x+1$gの計量が可能になる。
$x-1=2$gにするためには、$x=3$gで、これで1gから4gまでの計量が可能となる。
よって、1gから4gまで計量するためには、3gの分銅があればよい。

4gまでの計量が可能になったので、次にygの分銅があるとすると、1g、…、4g、$y-4$g、$y-3$g、$y-2$g、$y-1$g、yg、$y+1$g、$y+2$g、$y+3$g、$y+4$g　の計量が可能となる。
$y-4=5$gにするためには、$y=9$gで、これで1gから13gまで計量が可能となる。
よって、1gから13gまで計量するためには、さらに9gの分銅があればよい。

13gまでの計量が可能になったので、次にzgの分銅があるとすると、1g、…、13g、$z-13$g、…、zg、…、$z+13$g　の計量が可能となる。
$z-13=14$gになるためには、$z=27$gで、$27+13=40$となる。
これで、1gから40gまでを1g単位で計量することができる。

以上から、最初にあった4個の分銅は、1g、3g、9g、27gで肢3が正しい。

Q29 制限のあるタイル貼り

問 下図のような辺の長さがaおよび$2a$の模様のついた長方形の型紙8枚と1辺の長さがaの正方形の型紙4枚がある。これらの12枚の型紙を用いて、すき間なく、かつ、重ねることなく並べて辺の長さが$4a$および$5a$の長方形を作るとき、この長方形としてありうるものは次のうちどれか。

（地方上級）

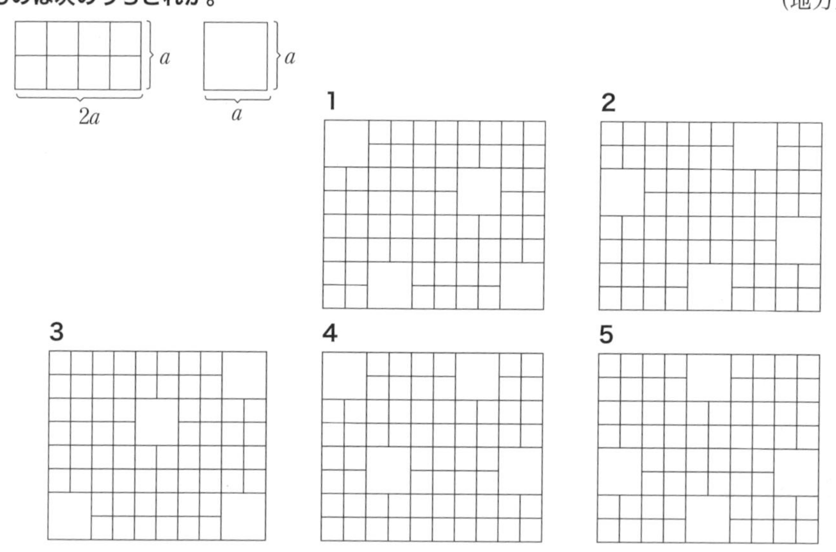

PointCheck

●制限のある場所の発見 テクニック【タイル張り】

$a \times a$の正方形と、角や辺に囲まれた部分で、長方形の型紙を入れる方向が決まってくるところがいくつかある。たとえば、肢1の左下の角や、肢2の左上の角などは入れ方がきまる。また、肢4や5は、シンメトリーな配置で考えやすい。それらをヒントに、実際に埋めていくと、肢1、2、3、5の場合は、例えば×印の部分が埋められずに残る。

1

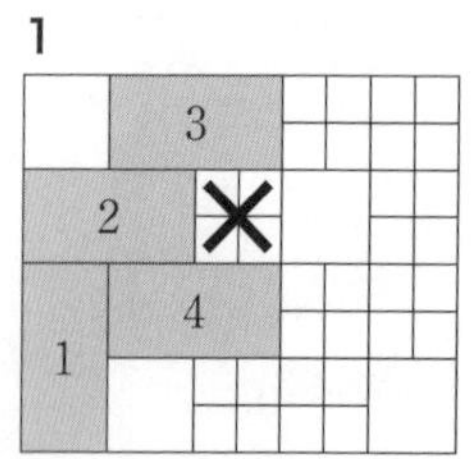

2

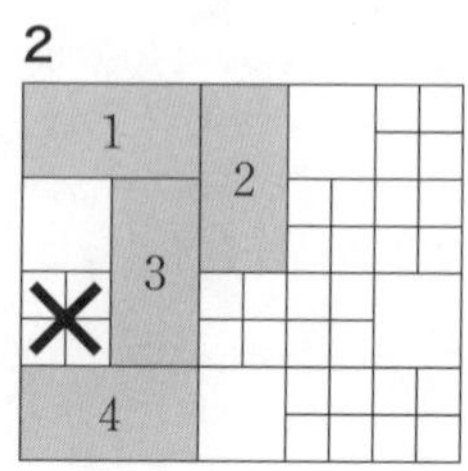

3

4

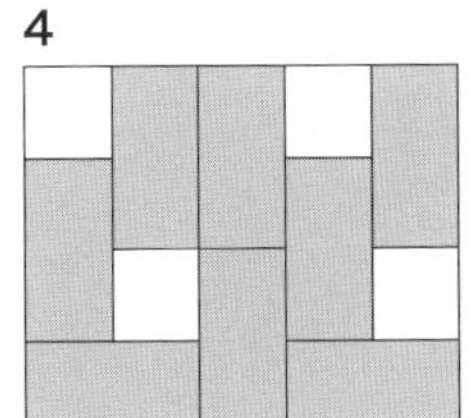

5

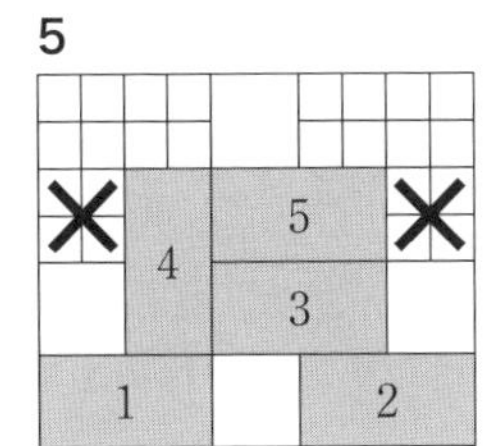

A29 正解－4

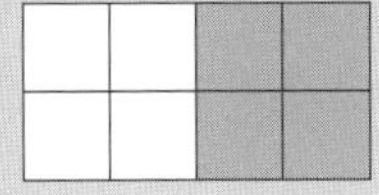

$a \times 2a$の長方形の型紙を、$a \times a$の2つの正方形に分け、1個を塗りつぶして組合せを考える。肢1～5の各配置に、このような市松模様の型紙を並べることができたとすると、黒い部分と白い部分は同じ数になるはずである。

たとえば、肢1、5の場合では、黒い部分が7個、白い部分が9個となる。この場合、黒い部分を増やしても、黒白の長方形を合わせて配置することはできない。

肢2、3の場合は、黒い部分が9個、白い部分が7個となり、同様に、配置できない。肢4の場合は、黒･白の部分がいずれも8個になり、長方形を配置することが可能である。

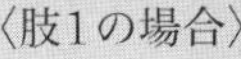
〈肢1の場合〉

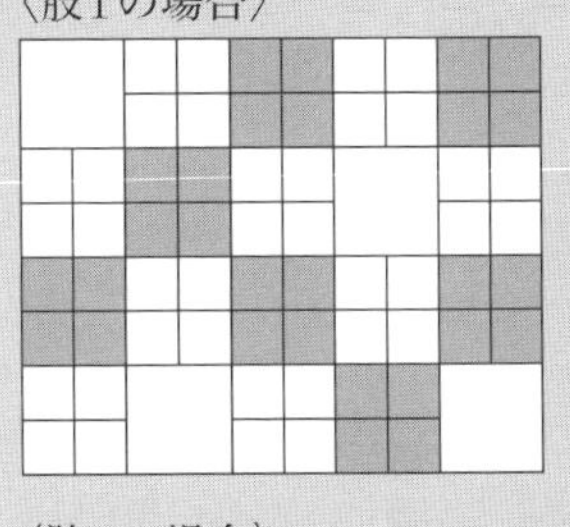

〈肢2の場合〉

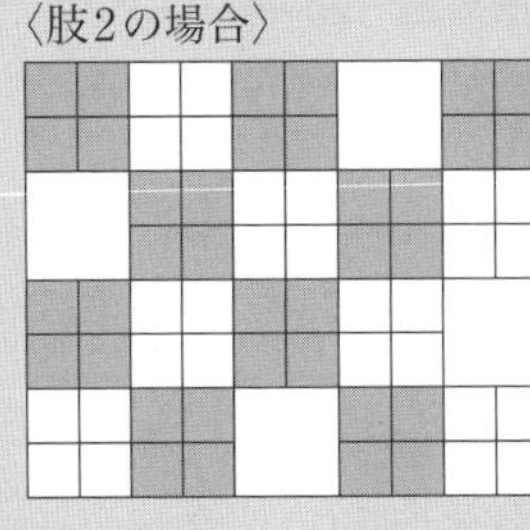

〈肢3の場合〉

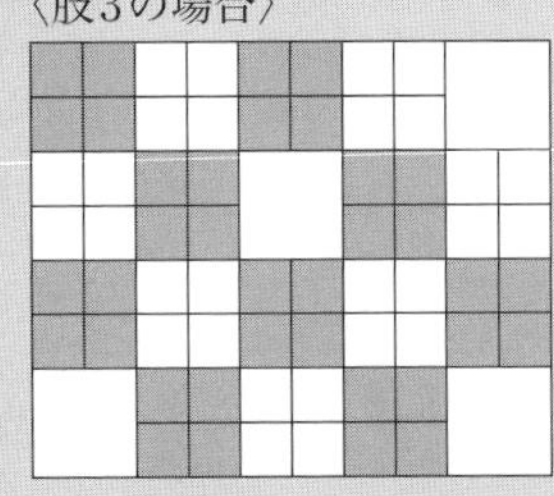

〈肢4の場合〉

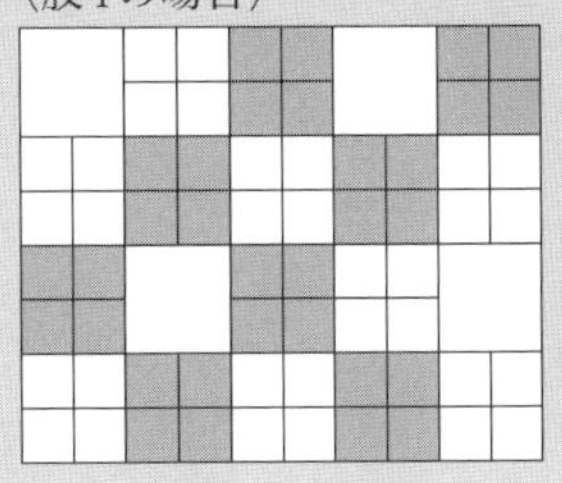

〈肢5の場合〉

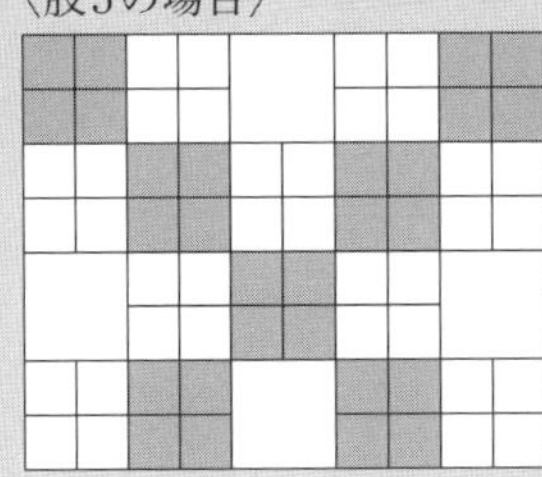

第5章 平面図形 Level 1

Q30 区画の組み合わせ方

問　図のように均等に区画された土地がある。ある不動産業者はア～ウの条件でこの土地の購入を考えている。購入条件を満たす区画された土地の組合せは全部で何通りあるか。

(国家一般)

ア. 長方形の土地であること
イ. 300m^{2}以上の面積であること
ウ. 土地の道路に面している長さの合計が10m以上あること

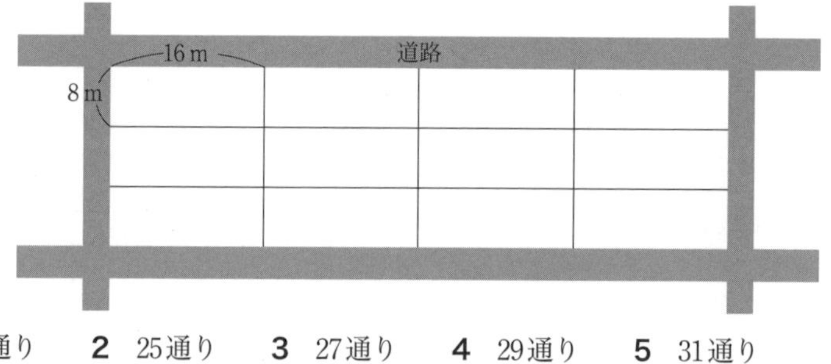

1　23通り　**2**　25通り　**3**　27通り　**4**　29通り　**5**　31通り

PointCheck

◉条件に合う区画の組合せ　発想ポイント【天びんのはかりかた】

長方形で300㎡以上の面積をとれるものを考えていくが、このような場合、大きいものから慎重に考えてイメージを深めていくのも1つの方法である。6区画までは、条件ウの道路に面する長さは注意しなくてもよい。

区画数	縦×横	
12区画	全体	1通り
9区画	3×3	2通り
8区画	2×4	2通り
6区画	3×2	(1)
6区画	2×3	(2)

4区画については、横並びの1×4は、図の上から2段目の土地に注意するが、縦の合計で16mとなる。

区画数	縦×横	
4区画	1×4	(3)
4区画	2×2	(4)

3区画の横並びで選ぶ場合、図の上から2段目の土地は2通りだが、条件ウ「道路に面した長さが10m」に適さない。図の1段目と3段目についての、2×2＝4通りだけになる。

区画数	縦×横	
3区画	1×3	4通り※
3区画	3×1	4通り

【解答】
1　3通り　　2　4通り　　3　3通り　　4　6通り

A30　正解－4

条件イについて検討すると、1区画の面積は8×16＝128m^{2}であるから、3区画以上の土地を組合せしなければならない。

条件アから、長方形にしなければならないので、3区画、4区画、6区画、8区画、9区画、12区画の土地の組合せがある。

解法ポイント

条件ウから、道路に面した長さが10m以上になるように、区画の組合せ方を考えていく。

〈3区画の場合〉
横に3区画の組合せ：中段の区画では道路の長さが片側8mにしかならないので、上段下段の4区画から4通りが適する。
縦に3区画の組合せ：上下の道路に面するので、4通りすべてが適する。

〈4区画の場合〉
縦横2×2の組合せが6通り、横に4区画の組合せが3通り

〈6区画の場合〉
縦横2×3の組合せが4通り、縦横3×2の組合せが3通り

〈8区画の場合〉　2通り

〈9区画の場合〉　2通り

〈12区画の場合〉　1通り

以上から、
4＋4＋6＋3＋4＋3＋2＋2＋1＝29(通り)
が条件に適する土地の組合せになる。

Q31 正方形を作るカードパズル

問 図のようなA～Fのカードのうち4枚を使って、1つの正方形をつくる。いま、Aのカードを用いて正方形をつくる場合に、必要とする残りのカードはどれか。
ただし、カードは回転させたり、裏返ししたりしないものとする。 （国家一般）

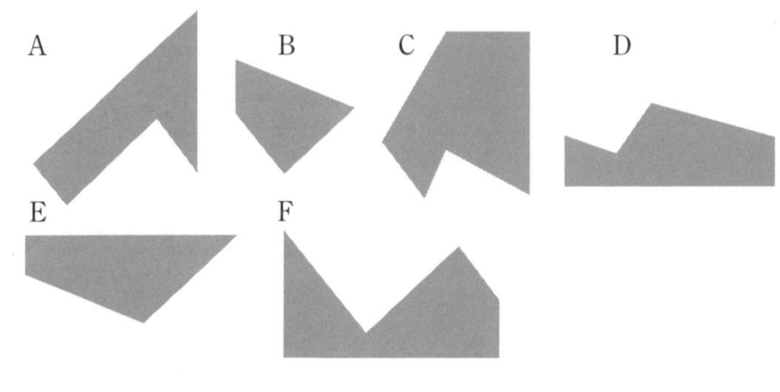

1 B・C・F
2 B・D・E
3 B・E・F
4 C・D・E
5 D・E・F

PointCheck

◉切り取られた図形の再構成 **テクニック【パズルの組合せ】**

好き嫌い、得意不得意が分かれる問題である。不得意な場合は、迷わず選択肢の組合せで1つ1つ検討していこう。

この問題では、「回転させたり、裏返ししたりしない」とされるので、各カードを平行移動させればよい。選択肢を検討するなかで、どれか1つが合体できればすぐに他のカードも見つかる。

発想ポイント

右の図のように平行移動して、Aの直角（90°）部分にあてはまるカードを探すと、Fしかない。

これが、肢1、3の検討で見つかるかどうかが最大のポイントとなる。

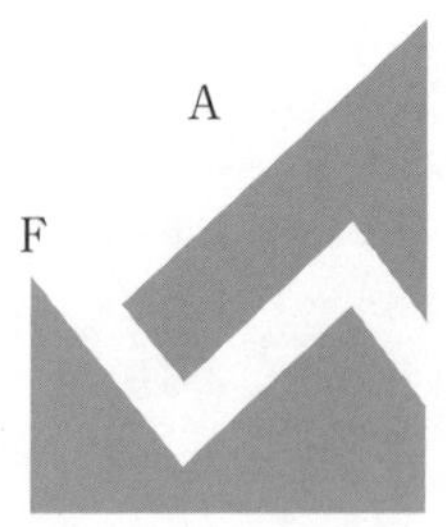

2つを組み合わせた形から、出来上がりの正方形を書いてみると、CやDは組み合わせることはできない。BとEを組み合わせてみて、肢3が妥当と考えられればよい。

A31 正解－3

角度の合う部分を見つけて組み合わせればよいのだが、回転させたり、裏返ししたりしないので、まずは、DかFが正方形の下部の1辺を作るものと考えて、上部に組み合わせることができるものを考えていく。

発想ポイント

Dにちょうど合うものがないとして消去して、選択肢を確認すると、肢1のB･C･Fか、肢3のB･E･Fの組合せのどちらかとなる。

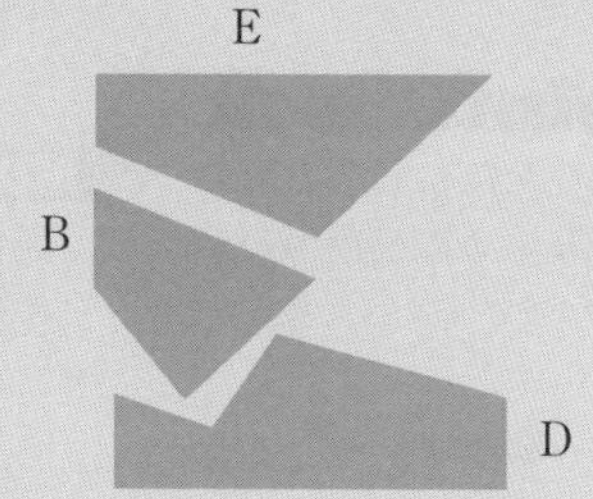

ここで、肢1で、Fの辺と平行な正方形の上部の辺が、A･B･Cの組合せでは作れないことから、肢3に絞られる。

Fを下部の辺、Eを上部の辺と考え、E･Bを組み合わせ、Aの斜め上に接続できれば、Fの上部が完成する。

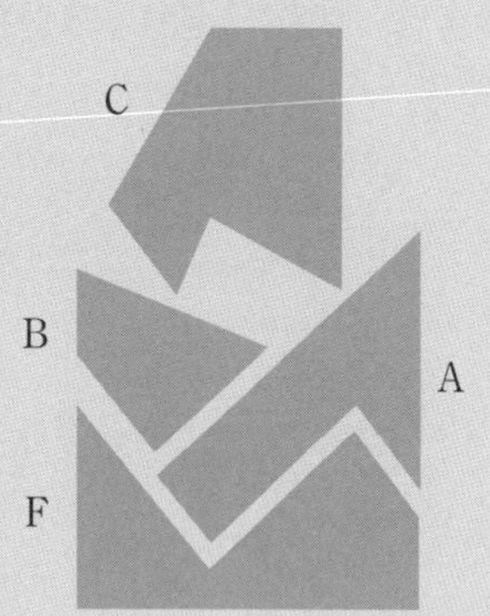

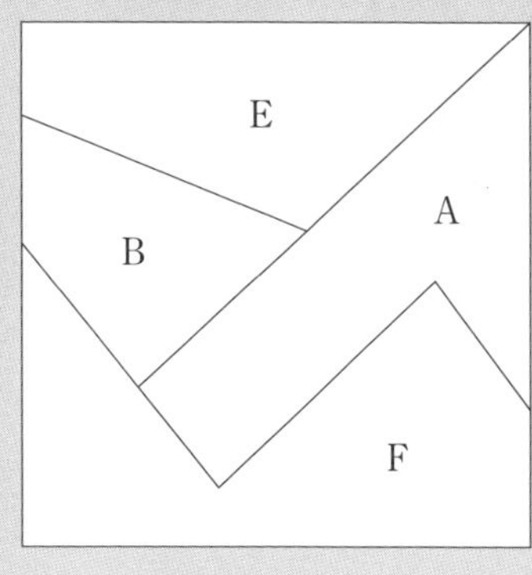

Q32 折りたたんで重なる図形

問 下の図形A～Eは透明なセロハン紙でできており、網かけの部分は黒く塗りつぶされている。太線を折り目としてたたんでいって最後にできる三角形を透かして見たときに、その模様が同じになるものの組合せとして、正しいものは次のうちどれか。（国税専門官）

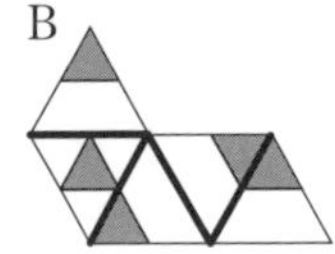

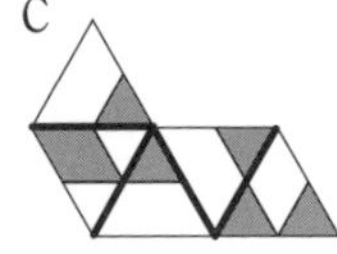

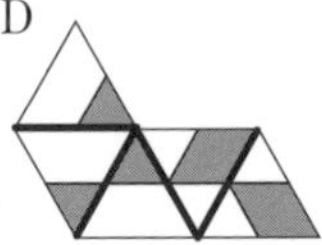

1 A・C　　**2** A・D
3 B・C　　**4** B・E
5 D・E

PointCheck

◉折りたたむ図形の頂点 

折り始める三角形の頂点を、図のように1・2・3として、それぞれの頂点がどこにくるかを考える。

Aの場合は、
1→1と中→3→1と中→3
というように塗りつぶされた場所が決まる。つまり、2の三角形が塗りつぶされていない。

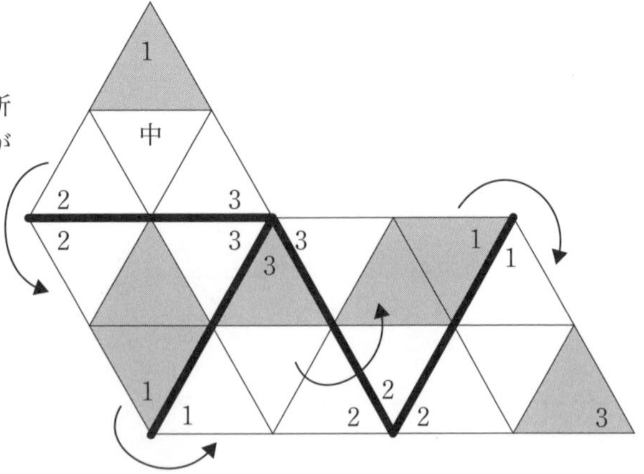

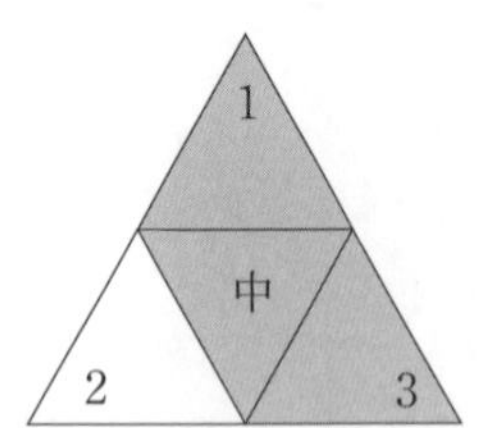

同様に、Bの場合は（1→中→1→1→1）となり、2と3が塗りつぶされない。
Cの場合は（3→2と中→3→1→2と3）となり、すべて塗りつぶされる。
Dの場合は（3→1→3→1と中→3と中）となり、2が塗りつぶされない。
Eの場合は（3→1→3→1と2→2と3）となり、中が塗りつぶされない。

以上から、AとDは、2が塗りつぶされない模様になる。

A32 正解－2

塗りつぶされている部分を、順に対称な位置に移して、塗りつぶしていく。
下の段の右端から順に折って進めていくと、Aの場合は次のようになる。

発想ポイント

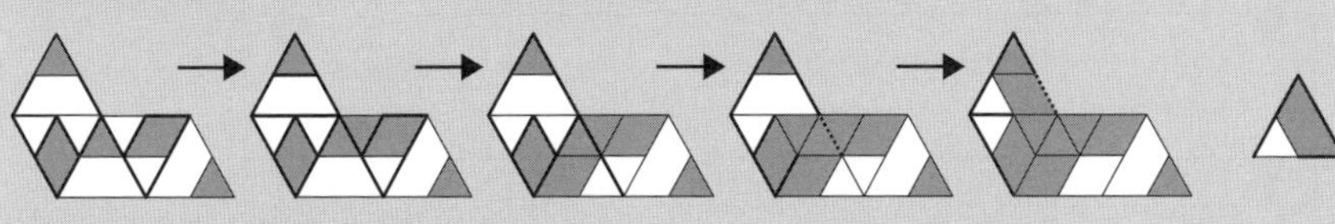

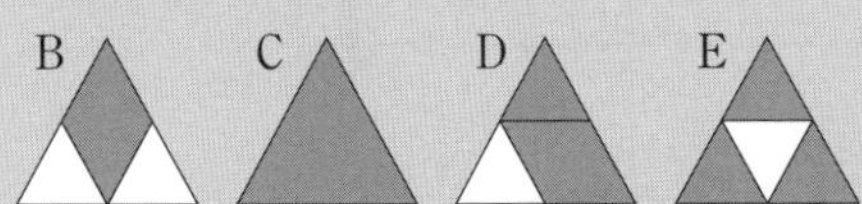

B～Eについても同様に塗りつぶすと上のようになる。
これを比べると、模様が同じになるのはAとDであり肢2が正しい。

Q33 サイコロの転がし

問　下図のような盤上で図の位置からサイコロを６回転がして、Ａの位置に達したときに上面の目が１になった、この場合におけるサイコロの上面の順番として妥当なものは、次のうちどれか、ただし、サイコロの向かい合った面の目の和は７とする。 （地方上級）

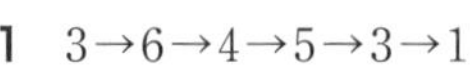

1　3→6→4→5→3→1
2　5→6→2→3→5→1
3　3→6→5→4→2→1
4　5→3→6→2→4→1
5　3→6→5→1→2→1

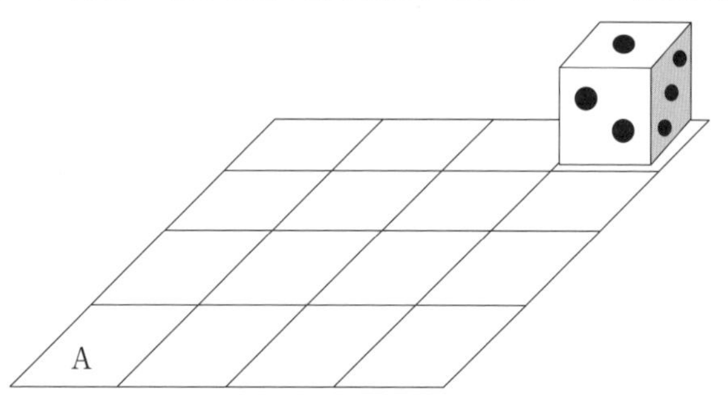

PointCheck

◉展開図による全面展開　テクニック【立方体の回転】

サイコロの上面・側面の展開図を組み合わせて、進行方向を確認していく。

肢1は、左に３回移動し、下へ２回だが、最後に上面を１にするには左に移動してしまう。
肢2は、下へ３回、左に２回で、最後に下に移動してしまう。次の図はその移動を示す。

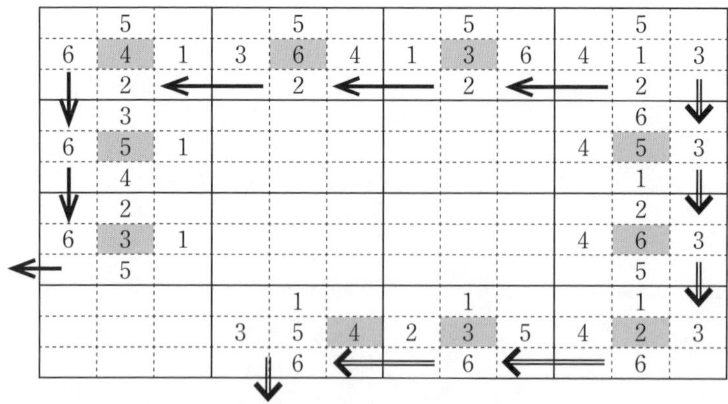

肢3は、左に2回、下へ1回、左に1回移動し、次に枠から外れてしまう。
肢4は、下1、左1、下1、左1、下1、左1で、左下の位置で上面が1になる。

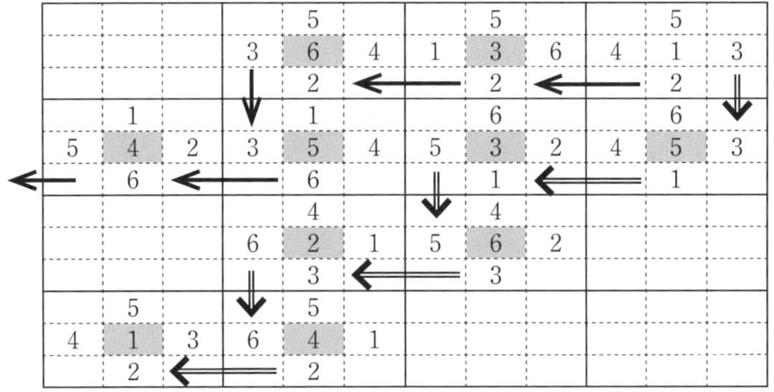

肢5は、最後の3つの移動「1→2→1」は、後に戻るように移動しているので、明らかに誤りである。

A33 正解ー4

与えられた盤上だけで、サイコロの目と動く方向を確認しながら、最初の1の目から選択肢のとおりにマス目を移動してみる。Aの位置で上面が1になることを確認できればよい。初めはかなり混乱するだろうが、ぜひ一度練習してほしい。

解法ポイント

1. 1→左3→左6→左4→下5→下3→×1(Aの位置で上面の目は2。図Ⅰ)
2. 1→下5→下6→下2→左3→左5→×1(Aの位置で上面の目は4。図Ⅱ)
3. 1→左3→左6→下5→左4→1　(Aにくる直前に上面の目が1になる。図Ⅲ)
4. 1→下5→左3→下6→左2→下4→左1(図Ⅳ)
5. 1→左3→左6→下5→下1→下2→×1(Aの位置で上面の目は4。図Ⅴ)

したがって、妥当なものは肢4となる。

図Ⅰ

4	6	3	1
5			
3			
2			

図Ⅱ

			1
			5
			6
4	5	3	2

図Ⅲ

	6	3	1
4	5		
1			

図Ⅳ

			1
		3	5
	2	6	
1	4		

図Ⅴ

	6	3	1
	5		
	1		
4	2		

Q34 ねじった直方体とメビウスの帯

問 伸縮が自在な材質でできた細長い直方体があり、そのうち一対の面は正方形である。これを曲げて正方形の面どうしをつなぎAから矢印の方向に辺をなぞっていくと、1周で再び点Aに戻ってくる。この直方体を180°および270°ねじってつないだとき、Aから出発して再びAに戻ってくるのにそれぞれ何周するか。（地方上級）

	180°	270°
1	1周	3周
2	1周	4周
3	2周	3周
4	2周	4周
5	4周	3周

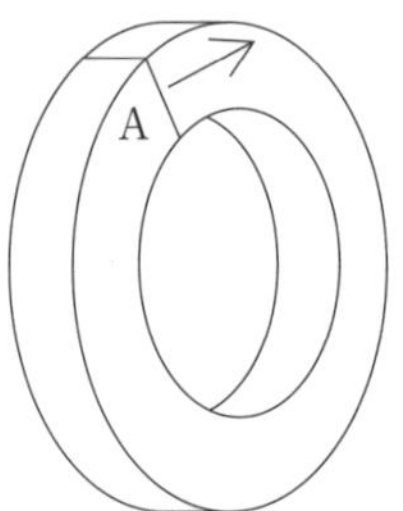

PointCheck

◉立体図形のねじれ 発想ポイント

帯状の長方形の片方の端を180°ひねって、他方の端に貼り合わせた「メビウスの帯」を、直方体で作ったものを想像できるとよい。

断面で考えると、ねじらない場合は、aからスタートしてa′に進み、aに戻る。

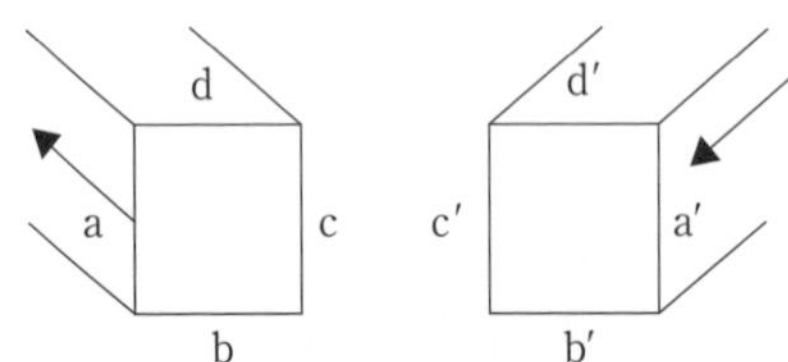

解法ポイント

180°ねじると、aからスタートしてa′に進み、cにつながる。cからc′に進み、ここでaに戻る（a→a′＝c→c′＝a）。したがって、2周することになる。

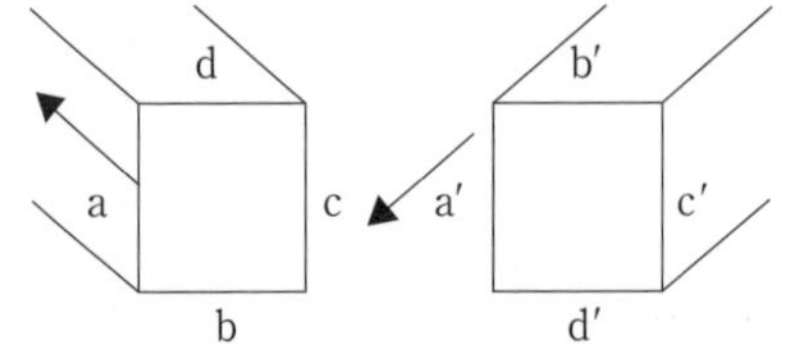

※厚さを考えないメビウスの帯では、2周して帯の裏表をすべて通過することになる。厚みの部分は追加しないとも考えられる。

270°ねじると、a→a′＝b→b′＝c→c′＝d→d′＝a
この経路でaに戻るので、合計4周することになる。

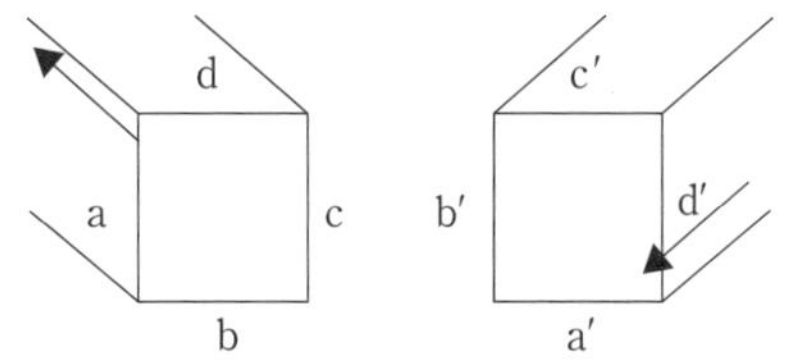

※メビウスの帯と同じで、上下左右すべての面を通るので4周する。

A34 正解－4

直方体の断面図でつなぎ合わせて、次の周でどの面と接続しているのかを理解する。

つなぎ合わせる正方形部分の頂点をＰＱＲＳとして、辺ＰＱ上にＡがあるとする。ねじらない場合は、ＰＱを出発すればＰＱに戻るので、1周であると考える。

直方体を180°ねじると、ＰＱを出発して、1周してＲＳの辺に接続し、さらに1周してPQに接続する。よって、Ａに戻るには2周することになる。

直方体を270°ねじると、ＰＱを出発して、1周でＱＲの辺に接続し、もう1周してＲＳに接続し、もう1周してＳＰの辺に接続し、さらに1周してＰＱの辺に戻ってくることになる。よって、Ａに戻るには4周することになる。

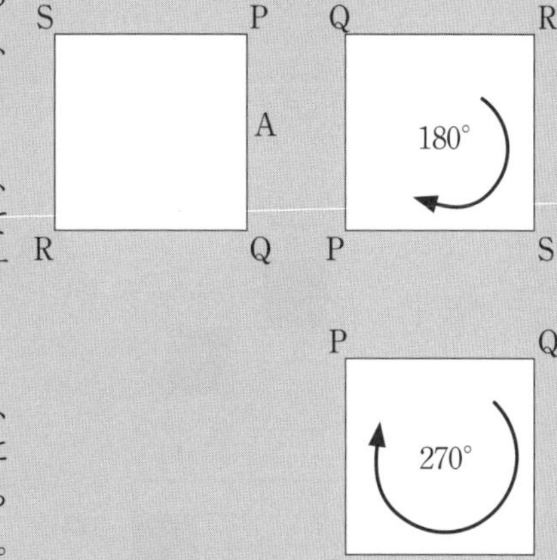

以上から、180°ねじると2周し、270°ねじると4周するので肢4が妥当である。
ちなみに、270°ねじるのと90°ねじるのは、周回順は異なるが、4周は同じである。

第7章 立体図形 Level 1

Q35 くり抜いて残る立方体の数

問 次の左図のように、216個の小さい立方体をすき間なく積み重ねた立方体がある。この立方体をA、B、Cの3方向から見て右図に示される黒く塗りつぶした部分を面と垂直な方向にそれぞれくりぬいたとき、残された立体の小さい立方体の数として、妥当なものはどれか。ただし、立方体はくりぬいてもくずれないものとする。（地方上級）

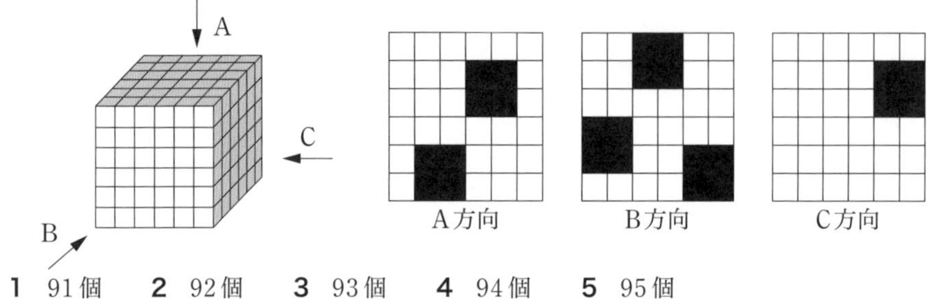

1 91個　**2** 92個　**3** 93個　**4** 94個　**5** 95個

PointCheck

◉積まれた立方体のくりぬき　解法ポイント

A方向から2カ所抜くと、(2×2)×6段×2カ所が抜かれる。

B方向から3カ所抜くと、(2×2)×6段×3カ所が抜かれる。しかし、AとBが重複して数えられている部分が4つあるので、−(2×2)×4　はすでにA方向で抜かれている。

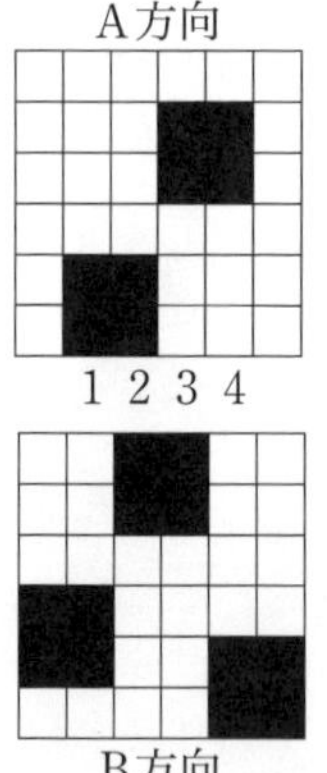

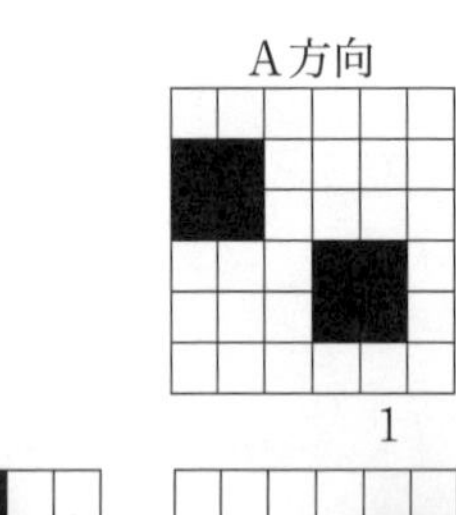

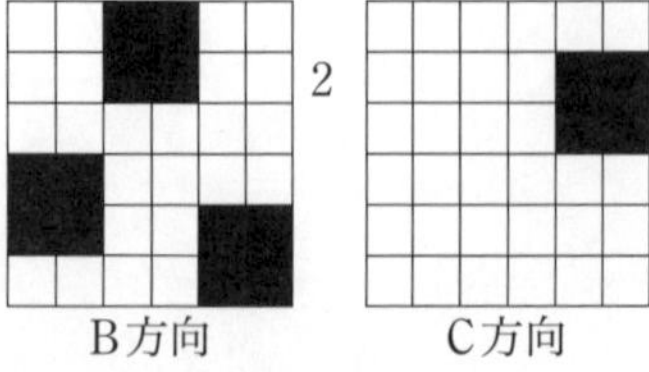

C方向から1カ所抜くと、(2×2)×6×1カ所が抜かれる。同様に、CとA・Bが重複している部分が2つあるので、−(2×2)×2　はすでにA・B方向で抜かれると考えられる。しかし、この中で、A・B・Cが重複している部分（小立方体1個分）は引きすぎなので、1個分を足して考える。

以上から、

$(2 \times 2) \times 6 \times 2 + (2 \times 2) \times 6 \times 3 - (2 \times 2) \times 4 + (2 \times 2) \times 6 \times 1 - (2 \times 2) \times 2 + 1 = 121$(個)

216個から121個が抜かれるので、 $216 - 121 = 95$(個) となる。

A35 正解－5

手前のB方向から、1面ずつ慎重にくり抜かれた部分を確認していく。

テクニック【小立方体のくり抜き】

Bの方向から見ていくから、右の部分は常に抜かれている状態になる。

1面･2面は、A方向の2列が、右上の図に加わる。

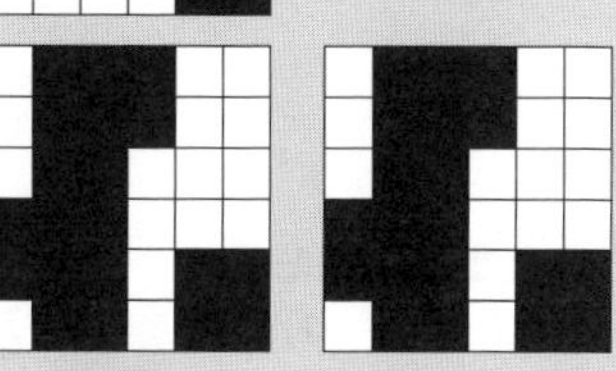

3面は、A方向もC方向もないので、初めのB方向のみとなる。

4面から、またA方向の1列が加わる。

5面では、A方向の1列とC方向の1列が重なる。

6面では、C方向の1列のみとなる。

残された小立方体は、上から順に16、16、24、16、9、14となり、全部で95個である。

第8章 展開図ほか Level 1

Q36 立方体の展開図の組み立て

問 次の図は立方体の3面にそれぞれA、B、Cの文字を書き、この立方体を展開した図であるが、ア～オの展開図のうち、組み立てたときこの立方体と同じになるものはどれか。

(地方上級)

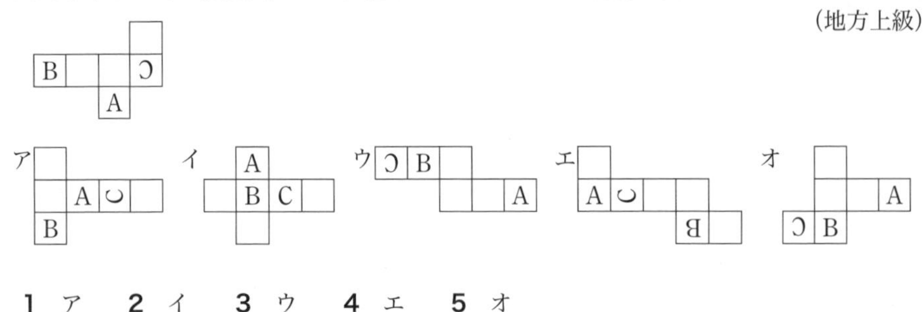

1 ア　2 イ　3 ウ　4 エ　5 オ

PointCheck

●展開図の辺・頂点の関係　テクニック【展開図の変形】

展開図で、辺が直角を作っている部分は、組み立てると接続する部分である。さらに、直角を作る辺ととなり合う辺どうしも接続することを考えて、AとB・Cの関係を考える。

すると、右図のように、Aの右隣にCの上部分が接続し、Aの下にBの下部分が接続している。

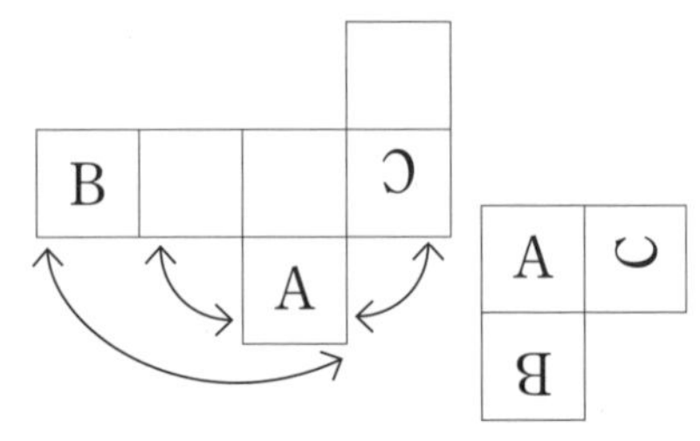

同様に、アからオのA・B・Cの関係を検討する。

アは、Aの下にBの右部分が接続し、イは、Aの下にBの上部分が接続し、適当ではない。

エは、Aの下にくるBの向きが反対になっている。

ウは、Aの右隣にBの上部分、Aの下にCの下部分になり、Aに対するB・Cの位置が入れ替わっている。

オは、問題の展開図と同じ配置になる。

A36 正解ー5

問題の展開図を組み立てて、Aの面を天井と考えると、BはAの下側の壁になり、Aの右横の壁がCになる。Bは倒立、Cは正立であり、右下のような見取り図になる。

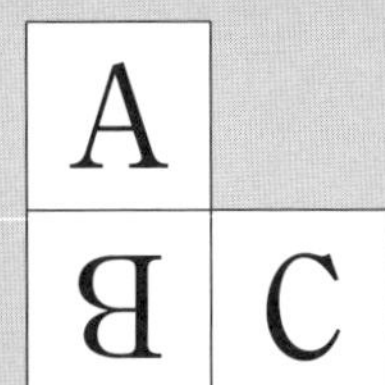

発想ポイント

選択肢の展開図で、Aを天井として、床に当たる部分を決めると、それぞれBとCは、壁にあたる部分にあることになる。

しかし、ウの展開図では、組み立てると、Aの右横の壁がBで、下側の壁がCになり、B・Cの位置が適当ではない。

さらに、アの展開図は、Aの下側でBが横向きになっており、倒立にならない。

また、イの展開図ではBが正立になってしまい、エの展開図もBの壁はイと同じである。いずれもBの向きが適当ではない。

以上から、肢5のオの展開図だけが、Aの下側の壁にBが倒立になり、Cも右横の正しい位置にあることになる。

Q37 展開図の模様

問 次図のような模様をつけた立方体の展開図として、妥当なものは次のうちどれか。

(地方上級)

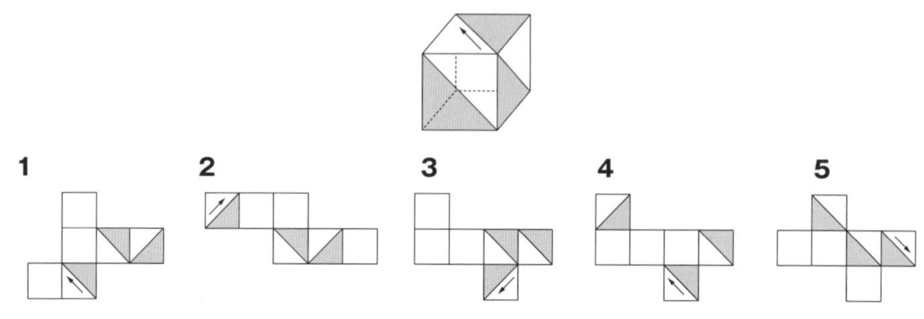

PointCheck

●接続する面と辺の関係 テクニック【展開図の再構成】

見取り図から、矢印のない前面と右側面の接続している関係を考えると、模様の三角形の斜辺が平行な形で展開図が接続している。

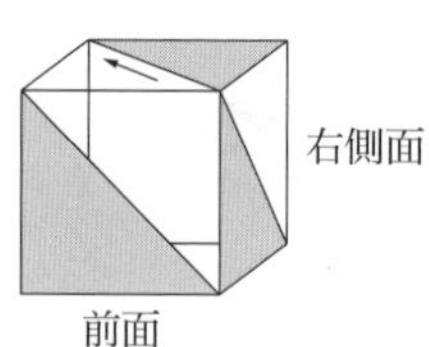

肢1と2は、三角形の模様が平行になってなく、肢5も前面と右側面を接続させて考えると、平行の関係にはならない。

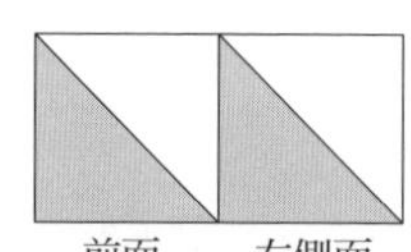

肢4は、矢印のある天井と右側面の関係は適当だが、前面にあたる部分がなく、矢印のある天井と平行な床の部分に模様の面がきてしまう。

肢3は、前面・右側面の関係も正しく、矢印のある天井と接続する向きも適当である。

A37 正解ー3

問題の見取り図で、矢印のついている面を天井とイメージして展開すると、右側の壁も下側の壁も、白の直角二等辺三角形が接続していることがわかる。

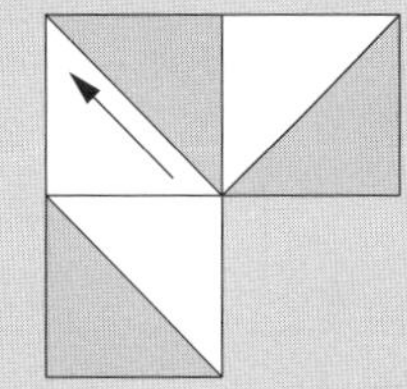

解法ポイント

それぞれの展開図を、同様な天井と壁の関係に直して確認する。

1

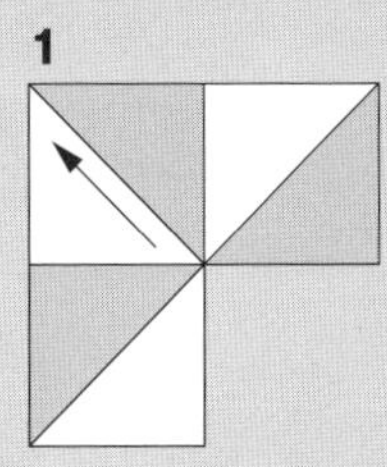

2

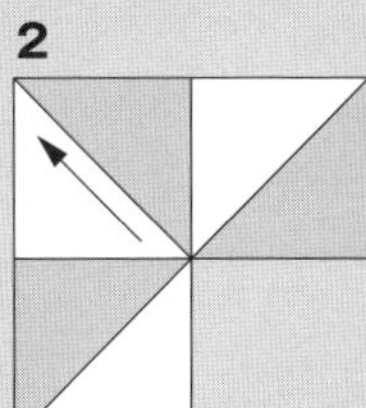

3

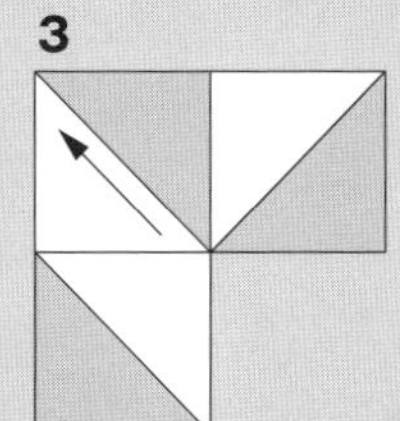

4

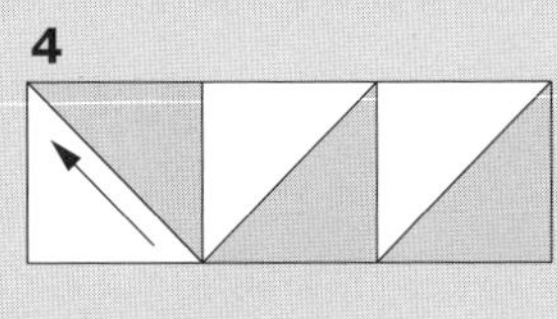

5

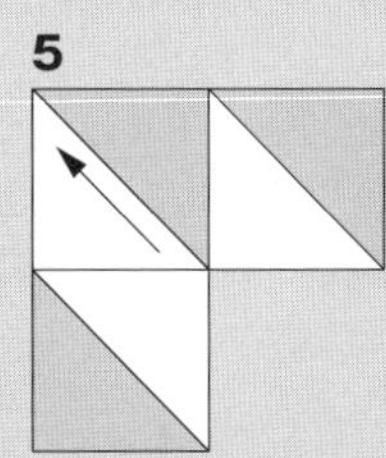

肢1と2の展開図では、矢印のついている天井の面に、網掛けの直角三角形が接続するので妥当ではない。

肢4では、天井の下側の壁がなく、床の部分に模様が配置されてしまい妥当ではない。

肢3と5は、矢印の天井に、白い直角三角形が接続している。しかし、肢5の右側の壁は白の直角三角形の向きが異なる。よって、妥当な展開図は肢3である。

Q38 立体内の平面の交線

問 下図のような立方体において、C、E、Qの3点を通る平面とH、P、Rの3点を通る平面とがそれぞれ平面ABCD上に作る交線を表す図として正しいものは次のうちどれか。ただし、P、Q、Rは、それぞれ辺EF、GH、CDの中点とする。 (地方上級)

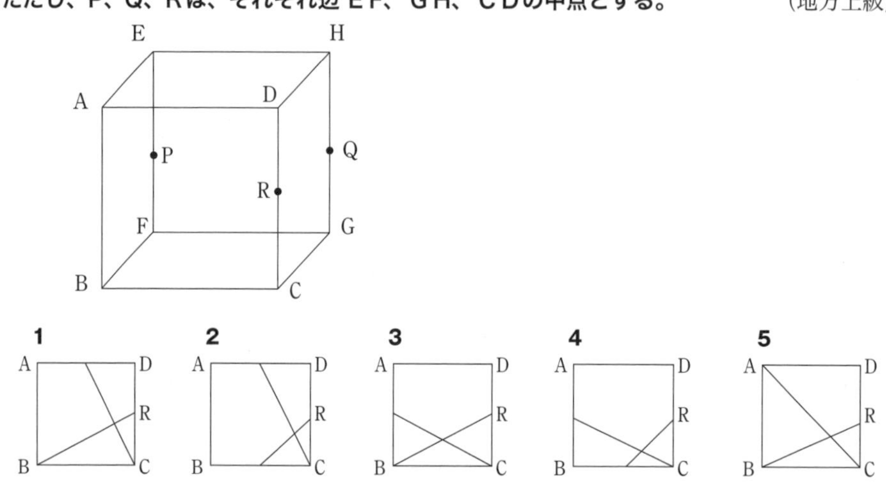

PointCheck

◉平面イメージと交線 テクニック【立体図形の切断面】

切断面の、EQ、QCに平行なそれぞれの辺に注意して、CEQを通る平面を描くと図Iのような平行四辺形になる。

同様に、HPRを通る平面を描くと、PRは中点であることから、平面は図IIのように、頂点Bを通ることになり、やはり平行四辺形ができる。

以上から、平面ABCDの交線は、図IIIのようになる。

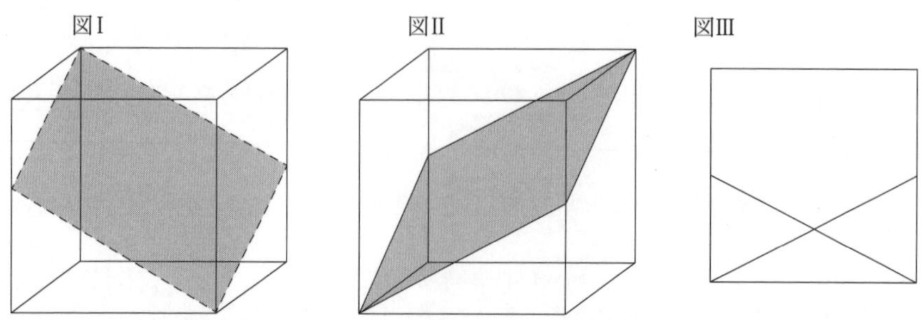

A38 正解ー3

まずは3点を結んで切断面の一部を把握する。そのうえで、辺や対角線を伸ばして、延長線と交わる部分を確認していく。

CEQの3点を結ぶとＣＱ＝ＥＱの二等辺三角形になる。この二等辺三角形で、頂点ＱからＥＣに下ろした垂線を、立方体の辺ＡＢまで延長すると、ＡＢの中点で交わる。この中点ＳとEQCで作る平行四辺形は、二等辺三角形と同一平面であるから、平面ＡＢＣＤ上の交線は、平行四辺形ＣＱＥＳの一辺ＳＣになる。

HPRの3点を結ぶとＨＰ＝ＨＲの二等辺三角形になる。この二等辺三角形で、頂点ＨからＰＲに下ろした垂線を、立方体の辺まで延長すると、ちょうど頂点Ｂに交わる。HPBRで作る平行四辺形は、二等辺三角形と同一平面であるから、平面ＡＢＣＤ上の交線は、平行四辺形ＨＰＢＲの一辺ＢＲになる。

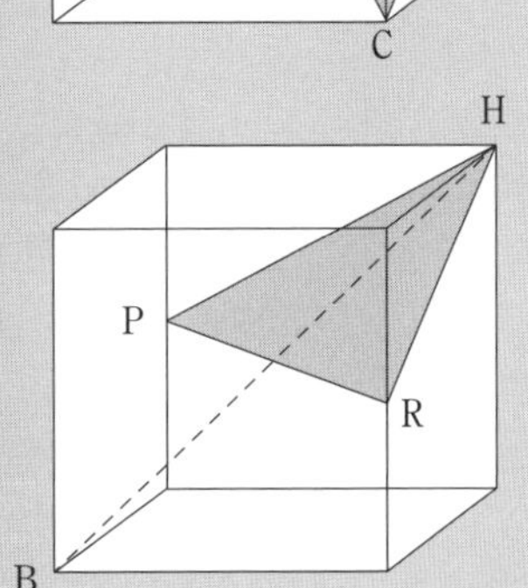

以上から、2つの交線は、ＢとＣから、ＡＢとＣＤの中点に向かって引いた直線になるので、肢3が正しい。

第8章 展開図ほか Level 1

Q39 投影図による図形の判別

問　次の正面図と平面図で表されている5つの立体のうち、形の異なるものが1つある。それはどれか。
（地方上級）

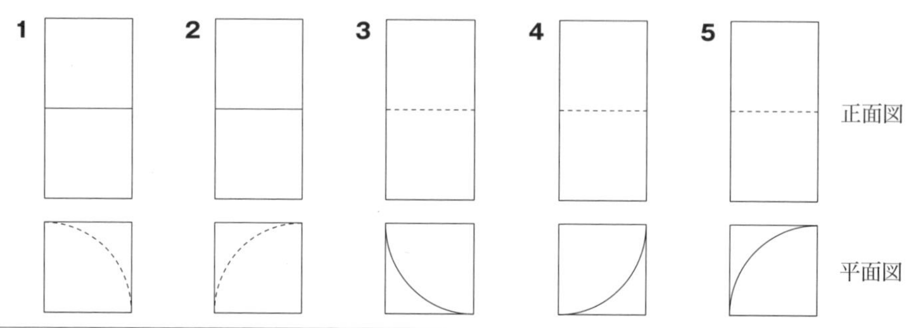

PointCheck

●投影図の実線・破線による判断　テクニック【投影図からの再構成】

肢1、2の図からは、上の段が立方体であることがわかるが、下の段がおうぎ形が残っているのか、おうぎ形に削られているのかはわからない。一見、底面が右の①②のどちらかわからないことになる。

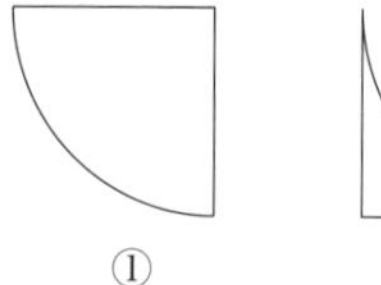
①

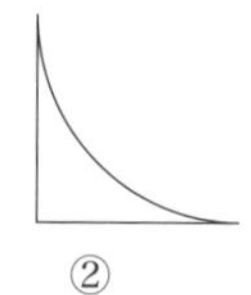
②

解法ポイント

しかし、よく見ると正面図の真ん中が実線で書かれており、そこに段差があることを意味する。おうぎ形の部分が手前に存在するなら、肢1、2の図の向きであれば段差はないはずで、破線で描かれる。ここで、肢1、2の下の段はおうぎ形が削られていると判断できる。

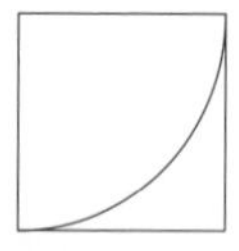
↑段差あり

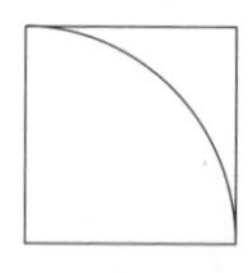
↑段差なし

※おうぎ形が残っている場合

肢3、4の図では、逆に上の段がおうぎ形状になっているが、ここでは上の段の手前に形があることがわかるので、おうぎ形が削られている形だと理解できる。上の図の②が、肢3、4の上面（天井部分）になっている。

以上から、肢1～4は、上または下の片側を、おうぎ形に削った形の方向を変えたものと考えられる。

しかし、肢5は、手前におうぎ形の形があることになり、おうぎ形が残った形になっていると考えられる。つまり、先の図の①が、上面（天井部分）になっている。

A39 正解－5

肢1～5の正面図からは、柱体であることと、上下で底面の形が異なっていることがわかる。さらに、正面図の中央が実線になっているものは、上の柱体から下の柱体への不連続が正面にあり、破線では反対側に不連続が隠れていることになる。

平面図とあわせて考えると、肢1、2は、上部が直方体で、肢3～5では下部が直方体になっているので、肢1、2の下部と肢3～5の上部が同じ形をしているかどうかを確認する。

肢1、2の立体の下部は、底面が円の4分の1のおうぎ形の柱体を、直方体から削り取った「残りの」柱体である。なぜなら、正面に不連続が現れており、手前のおうぎ形の部分が存在しないと考えられるからである。

また、肢3、4の立体の上部も、肢1、2同様の、おうぎ形の柱体を直方体から削り取った「残りの」柱体である。なぜなら、おうぎ形を削り取った残りの部分が下の直方体と連続しており、残りの部分が存在すると考えられるからである。

以上から、肢1～4は同じ立体が、上下左右に向きを変えたものと考えられる。

しかし、肢5の立体の上部は、底面が円の4分の1のおうぎ形の柱体そのものになる。なぜなら、正面図で破線になっている部分は、おうぎ形の部分と、下の直方体との連続を表しており、おうぎ形の部分が存在すると考えられるからである。

以上から、肢5だけが異なる形となる。

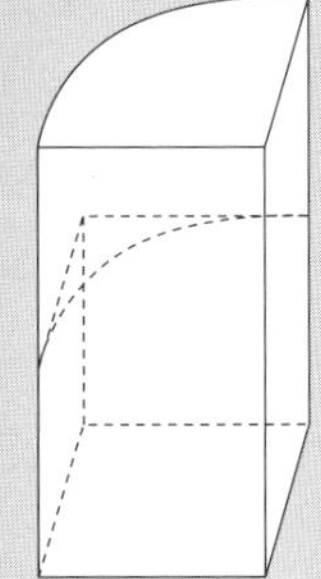

第8章 展開図ほか Level 1

Q40 複雑な投影図の解析

問 ある立体を真上から見ると図Ⅰのようであり、これをアの方向から見たものが図Ⅱである。このとき、イの方向から見た図として、妥当なものは次のうちどれか。

ただし、図中の破線は直接見えない辺を表す。 (地方上級)

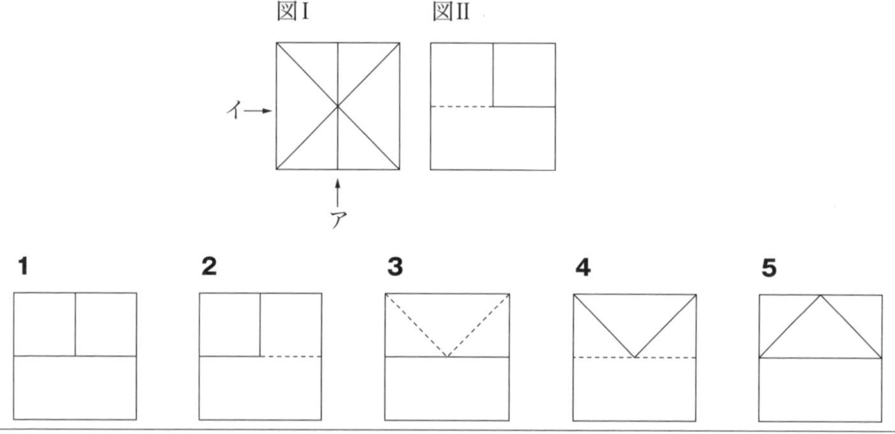

PointCheck

◉基本的な投影図の見方 テクニック【投影図からの再構成】

図Ⅰでアの方向から見た左側の三角形は、図Ⅱで破線で表現されていることから、形が残っていると考えられる。

とすると、図Ⅰでイの方向から見た手前の三角形は、図Ⅱで破線で表現されたように、三角形の部分が削られた部分だと考えられる。したがって、イの方向から見た上の三角形は、形が残っていないと考えられる。

図Ⅰのアの方向から見た右側の三角形は、図Ⅱでは実線で表現されていることから、その部分が削られていると考えられ、アから見た左右で削られる部分が逆になっていると考えられる。

以上から、イの方向から見ると、肢1のように、すべて実線で描かれた逆T字形になる。

A40 正解－1

立体の上部を慎重に見極める。ある部分とない部分がどこで分かれるか、実線の前後左右の有無を確認していけば、矛盾や不都合がある箇所が必ず見つかる。

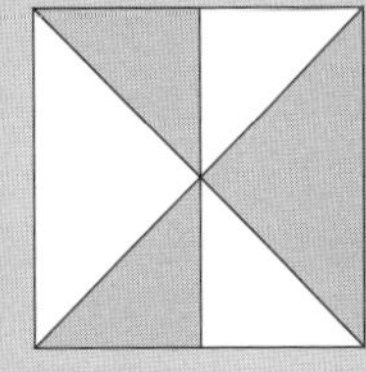

図Ⅱの正面図と、肢1～5の側面図から考えると、立体の下部については、直方体と考えてよい。

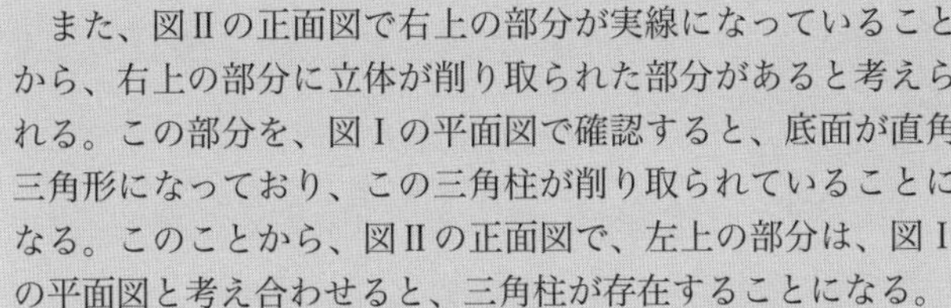

また、図Ⅱの正面図で右上の部分が実線になっていることから、右上の部分に立体が削り取られた部分があると考えられる。この部分を、図Ⅰの平面図で確認すると、底面が直角三角形になっており、この三角柱が削り取られていることになる。このことから、図Ⅱの正面図で、左上の部分は、図Ⅰの平面図と考え合わせると、三角柱が存在することになる。

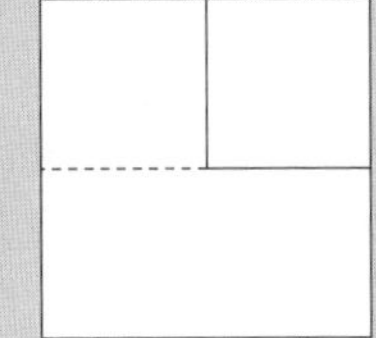

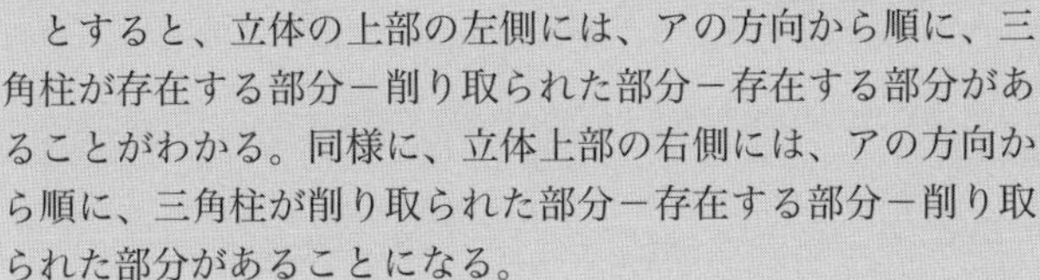

とすると、立体の上部の左側には、アの方向から順に、三角柱が存在する部分－削り取られた部分－存在する部分があることがわかる。同様に、立体上部の右側には、アの方向から順に、三角柱が削り取られた部分－存在する部分－削り取られた部分があることになる。

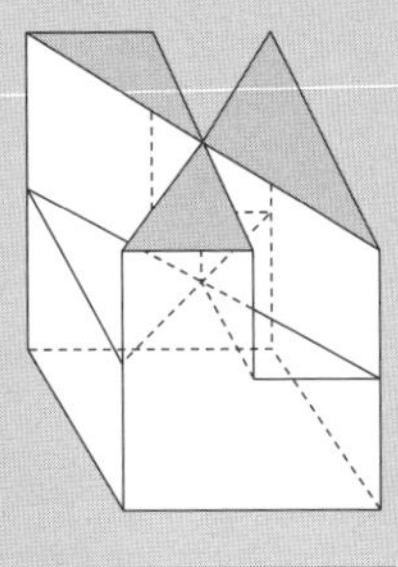

以上から、問題の立体は、直方体の上に、三角柱が左側に2つ右側に1つ乗っている形をしている。

このような立体を左側から見ると、上部には、手前に三角柱が存在しない不連続面があるので、下部と実線で分けられ、三角柱の側面である長方形が左右に並んでいる。したがって、肢1のような図になる。

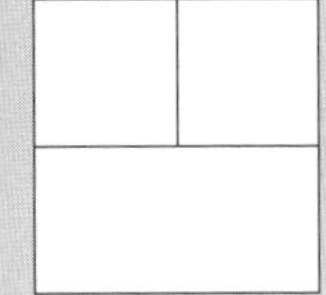

Q41 論理式が多い場合の処理

問　ある大学の学生についてA～Dの4人が次のように話したが、この大学の学生について論理的に正しくいえるのはどれか。（地方上級）

A：「判断力のある者以外は創造力がなく、協調性のある者は企画力がある」
B：「理解力のある者以外は協調性がなく、協調性のある者は決断力がある」
C：「創造力のある者は判断力があり、決断力のある者以外は企画力がない」
D：「判断力のある者は柔軟性があり、創造力のある者以外は企画力がない」

1　柔軟性のある者は理解力がある。
2　創造力のある者は協調性がある。
3　協調性のある者は柔軟性がある。
4　決断力のある者は判断力がある。
5　判断力のある者は企画力がある。

PointCheck

◉基本的作業のスピードアップ　テクニック【論理式】

まずは基本的な解法で確認していく。以下のような記号を用いて、論理式を作り、対偶を取る。

判断力（H）、創造力（S）、協調性（ky）、企画力（ki）、理解力（R）、決断力（ke）、柔軟性（J）

命題	対偶
$\overline{H} \to \overline{S}$	$\Rightarrow S \to H$
$ky \to ki$	$\Rightarrow \overline{ki} \to \overline{ky}$
$\overline{R} \to \overline{ky}$	$\Rightarrow ky \to R$
$ky \to ke$	$\Rightarrow \overline{ke} \to \overline{ky}$
$S \to H$	$\Rightarrow \overline{H} \to \overline{S}$
$\overline{ke} \to \overline{ki}$	$\Rightarrow ki \to ke$
$H \to J$	$\Rightarrow \overline{J} \to \overline{H}$
$\overline{S} \to \overline{ki}$	$\Rightarrow ki \to S$

4人が2つずつの命題を話しているが、Aの前半とCの前半は対偶の関係にあり、同じことを言っている。

1. Jで始まる論理式はない。
2. $S \rightarrow H$ 、$H \rightarrow J$ 「創造力」から「協調性」にはつながらない。
3. $ky \rightarrow ki$、$ki \rightarrow S$、$S \rightarrow H$、$H \rightarrow J$ 「協調性」から「柔軟性」につながり正しい。
4. keで始まる論理式はない。
5. $H \rightarrow J$ 「判断力」から「企画力」にはつながらない。

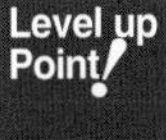

速く正確に処理をするために、解法の手順を確立しておくこと。さらに、ムダな作業を省くために、常に選択肢を含めた問題全体に目を配ることが大切。

A41 正解ー3

4人の発言とその対偶から、論理的に導かれるものを確認するが、ここで選択肢を見てみると、「○○のある者は△△がある」という表現になっている。なので、4人の発言を整理する場合も、「○○のある者」で始まるような条件を確認していけばよい。

発想ポイント

協調性あり → 企画力あり → 創造力あり → 判断力あり → 柔軟性あり

企画力あり → 決断力あり

協調性あり → 決断力あり

協調性あり → 理解力あり

1. 「柔軟性あり」から「理解力あり」は導かれず、確実に正しいとはいえない。
2. 「協調性あり」から「創造力あり」は導かれるが、逆の「創造力あり→協調性あり」は必ずしも正しいとはいえない。
3. 「協調性あり→企画力あり→創造力あり→判断力あり→柔軟性あり」と導かれるので、中を飛ばして「協調性があるものは柔軟性がある」は正しいといえる。
4. 「決断力あり」と「判断力あり」は論理的に結びつかず、正しいとはいえない。
5. 「企画力あり」から「判断力あり」は導かれるが、逆の「判断力あり→企画力あり」は必ずしも正しいとはいえない。

第1章 命題・論理 Level 2

Q42 項目・数量が多い図の作成

問　大学生40人にアンケート調査を行ったところ、ダイビングの経験者は32人、サーフィンの経験者は28人、ヨットの経験者は20人、カヌーの経験者は18人という結果が出た。このことから確実にいえるものは、次のうちどれか。　(地方上級)

1　ダイビングとヨットの両方の経験者は少なくとも12人いる。
2　ヨットとカヌーの両方の経験者は1人もいない。
3　ダイビングとサーフィンとヨットの3種目の経験者は少なくとも1人いる。
4　ダイビングとヨットとカヌーの3種目の経験者は、少なくとも1人いる。
5　サーフィンとカヌーの両方の経験者は少なくとも8人いる。

PointCheck

◉グラフ・数直線による表現　発想ポイント

各種目をバーで表し、全員40人の中に入るようにして、選択肢を検討していく。

1. ダイビングとヨットは、できるだけずらして重なりを少なくしても、32＋20－40＝12(人)が重なるので、確実にいえる。

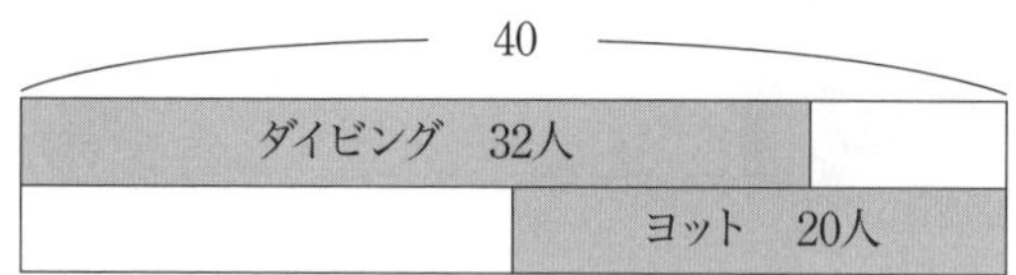

2. ヨットとカヌーはずらして重なりをなくすこともできるが、すべて重ねることもできるので、両方の経験者は最大で18人、最少で0人となる。1人もいないとはいえない。

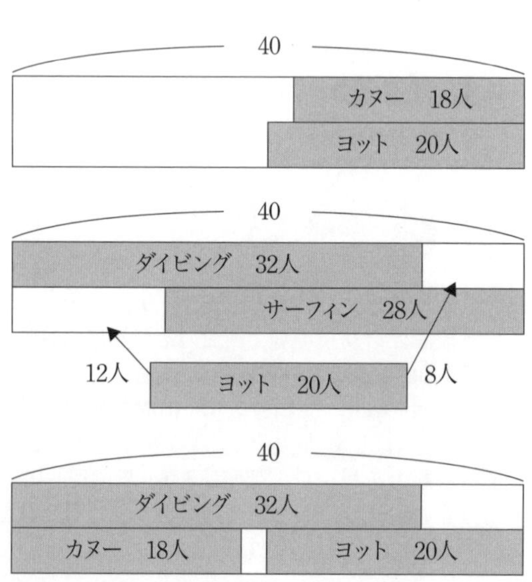

3. ダイビングとサーフィンの重なりは、最少で32＋28－40＝20(人)で、この重なり20人とヨット20人が重ならないようにすることもできるので、3種目の経験者は0の可能性もある。

4. カヌーとヨットの重なりは0になる場合もあるのだから、ダイビングを含めた3種目の経験者がいなくなる可能性もある。

5. サーフィンとカヌーの重なりは、最少で28＋18－40＝6(人)となる。

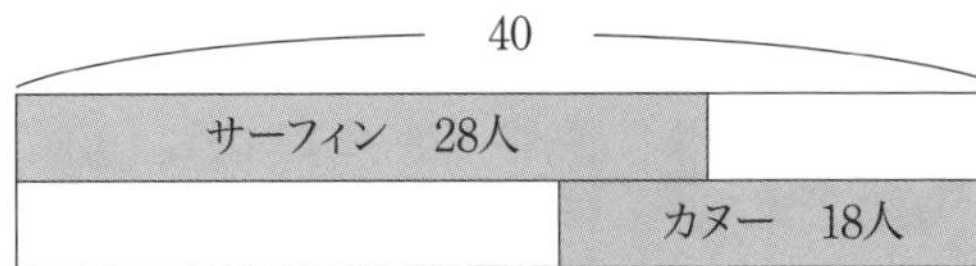

ベン図は集合全体をまとめようとしがちだが、いくつかに分割して頭の中でまとめることもできる。無理に書くと不都合な部分が多くなるので、できるだけ簡潔に、かつ正確に描かなければならない。

A42 正解ー1

テクニック【ベン図】

問題文の条件をベン図に表し、それぞれの重なりを考えてみる。

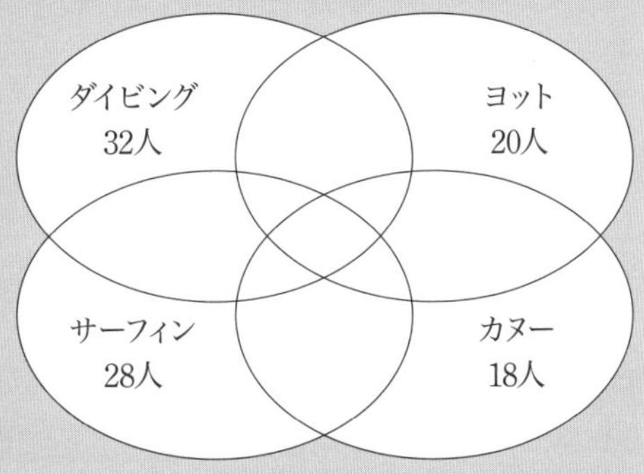

たとえば、ダイビングの経験者は32人で、サーフィンの経験者は28人なので、合計すると60人になる。しかし、全員で40人なので、少なくとも60－40＝20(人)については、ベン図の重なり部分、すなわちダイビングとサーフィンの両方の経験者と考えられる。したがって、両方の経験者は少なくとも20人以上と考えられる。

もちろん、20人以上で重なることも考えられ、サーフィンの経験者全てがダイビングの経験もある場合には、最大28人が重なることになる。

以上から、2種目の経験者をまとめると、
(ダイビング・サーフィン)＝20人以上、(ダイビング・ヨット)＝12人以上
(ダイビング・カヌー)＝10人以上、(サーフィン・ヨット)＝8人以上
(サーフィン・カヌー)＝6人以上、(ヨット・カヌー)＝0人以上
ここで、ヨットとカヌーは合わせて40人未満なので、両方の経験者がいない場合も考えられる。ただ、ヨットとカヌーの重なりがないとは限らず、最大18人重なることもありうる。

肢1、2、5は、2種目についての記述であり、以上の検討から、肢1は正しいといえる。肢3、4は、3種目の重なりについての記述である。しかし、(ダイビング・サーフィン)＝20人以上と、ヨット20人は、合わせて40人であり、3種目の重なりがない可能性がある。また、(ダイビング・ヨット)＝12人以上と、カヌー18人は、あわせて40人未満であり、3種目の重なりがない可能性がある。以上から、肢3、4は確実にはいえない。

Q43 製品組合せの関連性の図解

問 **製品A～Eの5品目のうち2品目を製造している会社が10社あり、2品目の組み合わせはどの会社も異なっている。このとき各社を●で表し、同じ品目を製造していない会社どうしを線で結んだときの図形として、正しいもののみを挙げているのはどれか。**

（国家一般）

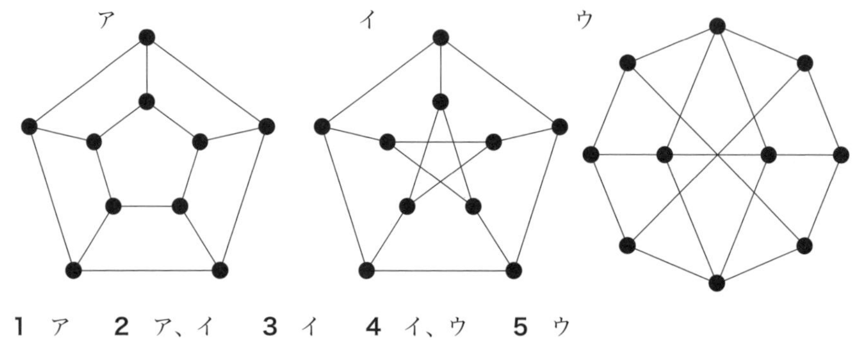

1 ア　**2** ア、イ　**3** イ　**4** イ、ウ　**5** ウ

PointCheck

◉問題の理解と製品の組合せ 発想ポイント

1つの点が何社とつながっているかと、辺がいくつになるかで、図の形を整理してみる。

アとイ：点（3社と連結が10個）、辺（15本）

ウ：点（3社と連結が6個、4社と連結が4個）、辺（17本）

ウだけが別の結びつきをしているので、問題文の「5品目のうち異なる2品目」「同じ品目を製造していない結び」に適するかどうかを検討する。

「A・B」を製造する会社が結びつけるのは、「C・D」「C・E」「D・E」の3社のみ。よって、ウはありえないことになる。

解法ポイント

では、辺の関係で見ると、①「A・B」－「C・D」「C・E」「D・E」をもとに、周囲の5つの点を展開してみる（1周して「A・B」に戻るように）。

②「C・D」－「A・B」「A・E」「B・E」、③「A・E」－「B・C」「B・D」「C・D」

④「B・D」－「A・C」「A・E」「C・E」、⑤「C・E」－「A・B」「A・D」「B・D」

これで、①「A・B」－②「C・D」－③「A・E」－④「B・D」－⑤「C・E」が1周。

ここで、①「A・B」とつながる残りの点「D・E」は、「D・E」－「A・B」「A・C」「B・C」とつながり、これは③④ともつながっている。

以上から、次の図のような関係が図としては正しい。

これはアではなく、イの関係であり、5つの製品を変えたとしても同じ結果となると考えられる。

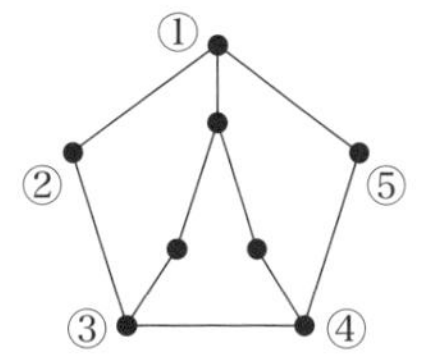

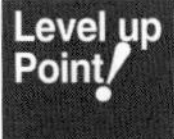

関係や関連を問う問題は今後も頻出であるが、問題の意味がわかれば特別な解法はいらない。方法は限りなくあるので、自分なりに矛盾や必然性が見つけだせればよい。

A43 正解ー3

問題の意味が理解しにくい。「10人の生徒が5種類の持ち物のうち、2つを持っている」という風に問題を理解しやすいように考え直してみてもいいだろう。A・B2品目を作っている会社と結びつくのは、ある程度限定されてくる。ここに気がつくかどうかがポイント。実際に全品目を書き出してもよい。

A～Eの5品目のうち2品目を組み合わせると、$(5\times4)\div(2\times1)=10$　であるから、10社すべて異なる2品目の製品を作っていることになる。

ここで、たとえば（A,B）の製品を作っている会社と結びつくのは、C・D・Eのいずれか2品目を作っている会社だから、3品目のうち2品目を組み合わせ、$(3\times2)\div(2\times1)=3$　となり、3社である。

したがって、点を結ぶ線は3本以上にはならず、ウは不適当となる。

解法ポイント

次に、ア・イの各点について、2品目を入れて考えてみる。

アの頂点を（A,B）、左隣を（C,D）とすると、（A,B）の下の点は、（C,D）以外のC・D・Eの組合せであり、（C,D）の右横は（A,B）以外のA・B・Eの組合せになる。

ところが、C・D・Eの残りの組合せは、(C,E)(D,E) で、A・B・Eも (A,E)(B,E) となり、この2つの点はEの商品が同じになり、線で結べない。よって、アは不適当となる。

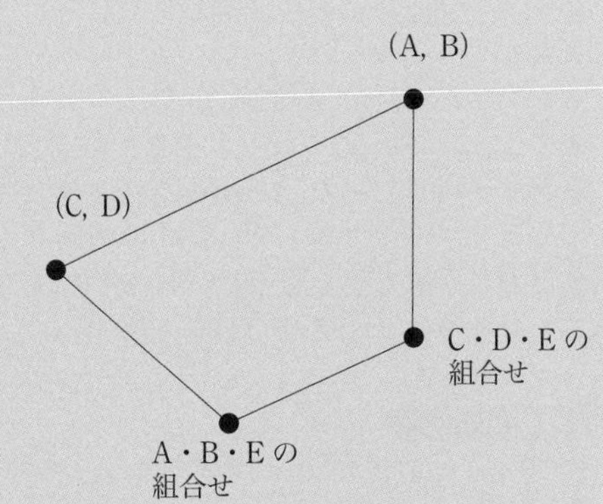

以上より、イのみの肢3が正しい。

第2章 いろいろな判断 Level 2

Q44 プロジェクトの優先順位

問　X市は8つの新規プロジェクトA～Hに対して予算配分をするに当たり、次のア～エの条件を満たして、優先順位を付けることになった。このとき、確実に言えるものはどれか。

(国税専門官)

ア：GとEは相互に関連したプロジェクトで、その間には他のプロジェクトを挟まないよう連続した優先順位を付けなければならず、かつ、GをEよりも優先させなければならない。

イ：HとFは相互に関連したプロジェクトで、その間には他のプロジェクトを挟まないよう連続した優先順位を付けなければならず、かつ、HをFよりも優先させなければならない。

ウ：CをBおよびDより優先させる場合には、DをEより、BをFより優先させねばならない。

エ：BおよびDをCより優先させる場合には、EをDより、FをBより優先させねばならない。

1　Aの優先順位が2位である場合には、Cの優先順位は1位か8位である。
2　CがFより優先する場合には、BはEより優先する。
3　EがCより優先する場合には、Cの優先順位は5位より下位である。
4　Fの優先順位が5位より下位でBより優先する場合には、DはCより優先する。
5　HとDがCより優先する場合には、EはBより優先する。

PointCheck

◉条件に合わないような並び方　解法ポイント

アイウエの条件を順に図で表すと右のようになる。

これを結びつけて考えると、右下のように表すことができる。

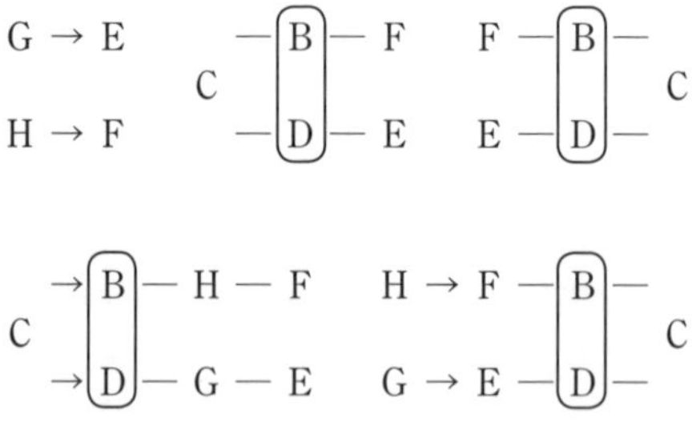

普通はこれでだいたいの順位が決まったように考えてしまうが、そこが本問の落とし穴である。あくまでも、Cとの比較で「BおよびDを優先」「BおよびDより優先」の場合だけである。

```
G → E          ─[B]─ F     F ─[B]─
             C                      C
H → F          ─[D]─ E     E ─[D]─

  →[B]─ H ─ F     H → F ─[B]─
C                               C
  →[D]─ G ─ E     G → E ─[D]─
```

発想ポイント

B・DとCとの優先関係がない場合、たとえば、B－C－Dという順の場合は、G→E、H→Fが守られていればよい。この連続を1セットと考えて、

ABCDG→E H→F　このような並び方が可能となる。

この並び方をもとにして、条件のような「B・DとCとの優先関係」がないように、選択

肢を検討する。

論理的な考え方や、関係性の処理方法が身についていれば、条件をまとめ上げる時間だけが必要になる。本問程度の条件文であれば、４分以内にまとめて判断できるようにしたい。

A44 正解－4

理論的に肢4の妥当性を導くよりも、消去法で肢4を導くほうが実戦的である。ある程度の論理的なまとめをしたら、選択肢の状況を検討していく。

まずアとイの条件をフローであらわすと、
ア：G→E(→は連続しているという意味)　イ：H→F
これと、ウ・エの条件を見比べて、重なる文字に注目する。
ウ：C＞｛B＆D｝ならばD＞EかつB＞F
エ：｛B＆D｝＞CならばE＞DかつF＞B

ここでアから、ウ・エのE・Fの前にはそれぞれG・Hが連続してこなければならない。
ウとアをまとめると、C＞｛B＆D｝ならば、D＞G→E かつ B＞H→F
さらにまとめて、　　C＞｛B＞H→F＆D＞G→E｝…①
同様にエもまとめて、｛H→F＞B＆G→E＞D｝＞C …②
となる。この2つの条件式から流れを考えていけばよい。

1. 一見よさそうに思えるが、②の条件は「BおよびD」＞Cである。つまり、BをCより優先させるが、DはCより優先しないとしたらこの限りではない（②の条件に制約されない）のであり、たとえば、BACDGEHFという順位も考えられる。
2. 同様に、①の条件式では、CがBに優先しても、DがCに優先する場合は当てはまらない。だから、DGECBHFという場合もある。
3. 同様に②式から、GEDCHFBという順位が考えられる。
4. 「Fの優先順位が5位より下位でBより優先」ということは①式の条件は成り立たない。Fは6位以下であるから、

順位	1	2	3	4	5	6	7	8	
					H	F	B		←Bは7位か8位
						H	F	B	

ここで、②（D＞C）が成立しないように文字が入ると、C＜Dになり①の条件があり成り立たない。よって、DはCより優先することになり（D＞C）、本肢は確実にいえることになる。
5. 肢1と同様に、HFDCBGEが考えられる。

Q45 最適な作業工程

問　①から⑥までの6つのステップとその間を進めるA～Hまでの8つの工程からなる、図Ⅰで表されるプロジェクトがある。

最も速く①から⑥のステップをすべて完了させるために、作業の遅延が許されない工程は次のうちどれか。

ただし、図Ⅰでは、ステップ、工程、工程に要する最低作業日数が図Ⅱの例に従って表されているものとする。（国税専門官）

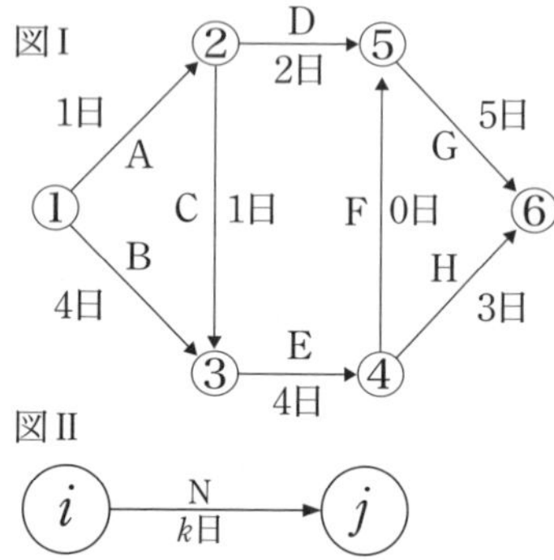

工程Nは、ステップ i からステップ j に進めるもので、最低作業日数 k 日かかる。また、工程Nを開始するには、ステップ i に入ってくる矢印で表される工程がすべて完了していなければならない。

1 A　**2** C　**3** D　**4** G　**5** H

PointCheck

◉問題の理解と図の変形

ステップに入ってくる矢印の工程がすべて完了していなければならないので、たとえば、③に入るには、②を完了していなければならない。この部分だけを図にすると右のようになる。

① —1日→ ② —1日→ ③
① —4日→ ③

発想ポイント

ここで、①～③のB工程に4日かかるので、①から②のA工程と、②から③のC工程は、1～2日の余裕があることがわかる。

出題の意味が理解できたら、同様に、③に続く工程の流れを作っていく。初めての問題には若干の不安があるだろうが、多少甘い理解でも結論が見えてくるところまで自力で考えること。

① —1日→ ② —1日→ ③
① —4日→ ③
② —2日→ ⑤
③ —4日→ ④
④ —0日— ⑤
⑤ —5日→ ⑥
④ —3日→ ⑥

①②③や①②⑤の工程は、①③④より余裕があることがわかる。

また、④⑥の工程も、⑤⑥より余裕がある。これより、⑤⑥の工程Gで遅れが許されないと考えられる。

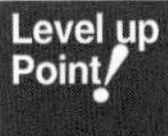

作業工程に関する問題は、手順・ルールが理解できれば、あとはそのとおりに進めるだけである。難しく考えずに、一部分に集中して考えれば、意外に簡単に答えが出る。

A45 正解－4

オペレーションズリサーチという「効率的な計画の達成」を探る手法ではあるが、以下のように1つ1つの工程を分析していけば、どのような出題でも正解に至ることができる。

解法ポイント

（Ⅰ）内容の理解

見慣れない問題だがまず問題内容を理解することから始める。例えば、工程Eを始めるにはステップ③に入ってくる工程（①→②→③の場合2日、①→③の場合4日）がすべて完了していなければならないので、ここまでに4日かかるという意味である。

（Ⅱ）工程の分割

次にどうやって解決していくか考える。→工程を分けて考える。

（Ⅲ）作業の確認

題意に合うように作業を実行していく。

(1) ステップ④→⑤→⑥の場合

ステップ③までには（Ⅰ）で述べたように4日かかる。するとステップ④を完了するには4＋4＝8日かかる。

したがって、ステップ④→⑤→⑥には8＋0＋5＝13日かかる。

(2) ステップ④→⑥の場合

同様に考えて④→⑥には8＋3＝11日かかる。

以上から「最も速く①から⑥のステップをすべて完了させるためには」→（1）のステップ④→⑤→⑥の作業に遅延が許されなくなる。

それは、B、E、F、Gの工程である。

（Ⅳ）導き出された答えが求める問題に適しているか検討

選択肢にあるのはGだけなので正解は肢4である。

Q46 ゲームの理論

問 A、Bの2人があるゲームをした。このゲームでは、例えばAが5点を取ればBは－5点となり、常に2人の得点の和は0になる。

表は、A、Bそれぞれが異なる3種類の戦略をとった場合における、Aの得点を示したものである。

A、Bは、相手の戦略については知ることができず、推理することもない。

いま、相手がいかなる戦略をとってきても、おのおの自分の得点をできる限り失わないという戦略をとるとき、A、Bそれぞれがとりうる戦略として最も有効なものはどれか。

（国税専門官）

Aの得点

		Bの戦略		
		Ⅳ	Ⅴ	Ⅵ
Aの戦略	Ⅰ	－3	5	－2
	Ⅱ	3	－1	1
	Ⅲ	4	－5	－2

	A	B
1	戦略Ⅰ	戦略Ⅴ
2	戦略Ⅰ	戦略Ⅵ
3	戦略Ⅱ	戦略Ⅳ
4	戦略Ⅱ	戦略Ⅵ
5	戦略Ⅲ	戦略Ⅳ

PointCheck

◉ゲームの考え方の基礎

ゲームの理論は、数学や経済、経営の諸分野で基礎から応用まで学習されており、そのままの形で出題されることは少ないといえる。教養試験で試されるのは、解法の知識よりもゲームのルールや結果の推測といった、理解力・分析力・創造力だからである。ただ、ここで確認しておかなければならないのは、この手の問題が出たときの「考え方」である。

たとえば、じゃんけんで勝てば1点、負ければ－1点で、どの手を出しても勝ち負けの得点が同じであれば、特に有効な戦略はない。ただ、相手が何を出すかがわからず、推理に意味がないという前提だけは同じである。では、じゃんけんが、パンチ、チョップ、キックに変わり、相手に与えるダメージが異なると、初めて戦略が生まれる。また、これに対して相手がどう攻撃・防御してくるかで、自分が受けるダメージが変わるとすると、「自分の得点をできる限り失わないという戦略」を考える。初めから、自分も大きなダメージを受ける必殺パンチは使わない。つまり、Aは、いきなり5点を狙ってⅠの戦略はとらないのだ。

◉期待値 解法ポイント

どの戦略をとるかの合理的な意思決定に用いられるのが期待値である。たとえば問題の表で、Ⅰ・Ⅱ・Ⅲを採用試験の受験者、Ⅳ行動力・Ⅴ協調性・Ⅵ企画力として、Ⅰ・Ⅱ・Ⅲの誰を採用するかを考えるとする。Ⅰ・Ⅱ・Ⅲの採点を平均して点数化する、簡単にいえばそれが基本的な期待値の考え方である。教養試験のレベルでは、特別な設定がない限り、平均の考え方で処理は可能である。

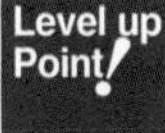

教養レベルで確認しておかなければならないのは、本問のレベルであろう。あとは、専門科目で学習する部分を上乗せすればよい。勘違いや思い込みに十分注意すること。

A46 正解－4

ゲームの理論もオペレーションズリサーチも、出題の前提が理解できれば計算や処理は非常に単純。むしろ、思い込みで利得表の読み間違いをしないように注意しよう。

解法ポイント

もし、Aが戦略Ⅰをとると、Bは戦略Ⅳ、Ⅴ、Ⅵのいずれかの戦略をとることができる。Bはどの戦略も平等にとりうるので、どの戦略をとるかは$\frac{1}{3}$となる。

Aが戦略Ⅰをとったときの得点の期待値は次のように表される。

Ⅰ：$(-3+5-2)\times\frac{1}{3}=0$

つまり、Bが戦略Ⅴなら5点という高得点が期待できるが、Ⅳ・Ⅵなら減点なので、確率的に期待できる点数は0点となる。

Aが戦略Ⅱ、Ⅲをとったときも求めると、

Ⅱ：$(3-1+1)\times\frac{1}{3}=1$　　Ⅲ：$(4-5-2)\times\frac{1}{3}=-1$

となり、期待値として1点となる戦略Ⅱが最も有効という結果になる。

同様にBの得点の期待値は、常に2人の得点の和が0となることから、表のプラス・マイナスを逆にして計算すればよい。

Ⅳ：$(3-3-4)\times\frac{1}{3}=-\frac{4}{3}$　　Ⅴ：$(-5+1+5)\times\frac{1}{3}=\frac{1}{3}$

Ⅵ：$(2-1+2)\times\frac{1}{3}=1$

となり、戦略Ⅵが最も有効である。

以上のことから、肢4のAは戦略Ⅱ、Bは戦略Ⅵが最も有効と考えられる（もちろん、これではBが負けてしまうが、BはAが戦略Ⅱをとることを知らない状況にあるのだから、期待値から考えるならBとしては戦略Ⅵをとることになる）。

Q47 利益計算・関数の条件

問 次は、ある食堂の利益計算に関する記述であるが、空欄AおよびBに当てはまる数値の組合せとして正しいものはどれか。 （国税専門官）

ある食堂では、メニューがラーメンとカレーライスだけであり、毎日、昼食時間帯にラーメンとカレーライスを合わせて100食だけ準備している。

今、天気とこの食堂の利益の関係について次のア、イのことがわかっている。

ア：ラーメンのみ100食準備すると、雨の日の場合には8万円の利益が上がるが、雨の日以外の場合には1万円の赤字となる。

イ：カレーライスのみ100食準備すると、その日が雨の日の場合には2万円の赤字となるが、雨の日以外の場合には、4万円の利益が上がる。

このとき、天気にかかわらず、この食堂の最低限約束されている利益が最大になるようにするには、毎日、ラーメンを［A］食、カレーライスを［B］食準備すればよい。

ただし、ラーメンとカレーライスの1食当たりの利益または赤字は、食数にかかわらず、それぞれ一定であるものとする。

	A	B
1	0	100
2	20	80
3	40	60
4	60	40
5	80	20

PointCheck

◉問題の理解と表の作成 

最大のポイントは「最低限約束されている利益が最大になる」を正しく理解できるかである。

食数		雨			雨以外			低いほうの利益
ラーメン	カレー	ラーメン	カレー	計	ラーメン	カレー	計	
		800/食	−200/食		−100/食	400/食		
0	100	0	−20000	−20000	0	40000	40000	−20000
20	80	16000	−16000	0	−2000	32000	30000	0
40	60	32000	−12000	20000	−4000	24000	20000	20000
60	40	48000	−8000	40000	−6000	16000	10000	10000
80	20	64000	−4000	60000	−8000	8000	0	0

「最低限約束されている利益」とは、雨でもそれ以外でも「最低これだけの利益はでる」という金額、つまり予想される最低の利益である。「最低限の利益が最大になる」とは、その利益が多くなるような組合せを意味する。

1食当たりに換算すると、ラーメンは、雨なら1食800円の利益、雨以外なら1食－100円の利益。カレーライスは、雨なら1食－100円の利益、雨以外なら1食400円の利益である。これらから、天気がどちらでも最低限稼げる利益が多くなる組合せを、選択肢の中から選べばよい。

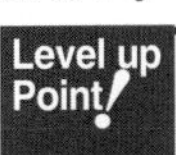

ゲーム的な要素のある有名な問題である。一度全体像を理解しておき、「最低限保証された最大」を覚えておけばよい。難しい計算はいらないので、確実に得点できるように。

A47 正解－3

食数によらず1食当たりの利益は一定であり、雨の日と雨以外の日はそれぞれ利益と食数の一次関数で表すことができる。このとき、たとえばラーメンの食数が決まれば、カレーは（100－ラーメン）食となるので、どちらかの食数と利益の相関だけ考えればよい。

解法ポイント

ラーメンをx食準備した場合には利益 y は下図のようになる。

・雨の日の場合、$x=100$食で$y=8$万円、$x=0$食で$y=-2$万円であるから、

$$y=\frac{x}{10}-2 \quad (\text{万円}) \quad \cdots①$$

・雨の日以外の場合、$x=100$食で$y=-1$万円、$x=0$食で$y=4$万円であるから、

$$y=-\frac{x}{20}+4 \quad (\text{万円}) \quad \cdots②$$

天気がどちらの場合でも最低限保証される利益は図の交点で表される。

①②を連立して解くと、$x=40$となり、肢3のラーメン40食、カレーライス60食となる。

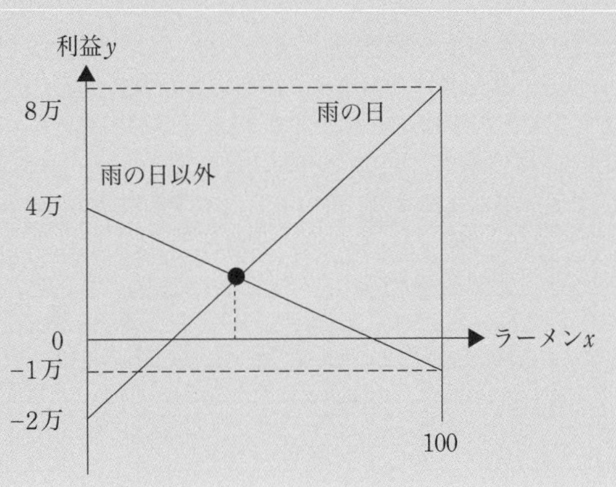

Q48 郵便のやりとりと通数

問　A～Eの5人の仲間内での年賀状のやりとりは以下の通りであった。このとき確実にいえるものは次のうちどれか。 （地方上級）

・Aは3通出して3通もらった。
・Bは1通も出さなかったが、3通もらった。
・Cは2通出して1通もらった。Cに出した相手は、Cに出した分も含めて2通出した。
・Dは出した枚数ともらった枚数が同じだった。
・全員の出した枚数の合計は10枚だった。
・同じ相手に2通以上出すことはなく、出したはがきは間違いなく届いた。

1　CはDに出した。　**2**　CはEに出した。　**3**　DはBに出した。
4　EはCに出した。　**5**　EはDに出した。

PointCheck

◉対応関係を効率的にあらわす図表 解法ポイント

問題文を表にまとめるとⅠの表のように表せる。

Ⅰ	出		受	
	数	相手	数	相手
A	3		3	
B	0		3	
C	2		1	2通出した人
D	x		x	
E				
計	10		10	

Ⅱ	出		受	
	数	相手	数	相手
A	3	BDE	3	CDE
B	0		3	A
C	2	A	1	2通出した人
D	x	A	x	A
E		A		A
計	10		10	

Cに出した相手は2通出した人なので、Aではない。そこで、AはBDEの3人に出したことになる。Aが受けた相手は、出していないBを除くCDEの3人になる（表Ⅱ）。

Cに出した相手は、DかEなので、場合分けして考える。まず、Cに出した相手がDだとすると、DはACに2通だけ出し、2通受けたことになる。DはBに出していないので、Bが受けたのはACEの3通に決まり、Cの出した相手も決まる。まとめると、Ⅲの表になる。

Ⅲ	出		受	
A	3	BDE	3	CDE
B	0		3	ACE
C	2	AB	1	D
D	2	AC	2	A ○
E		AB		A
計	10		10	

Ⅳ	出		受	
A	3	BDE	3	CDE
B	0		3	ACE
C	2	AB	1	D
D	2	AC	2	AE
E	3	ABD	1	A
計	10		10	

最後に残ったDの受けた相手、○部分は、確定していないEしかいないので、Ⅳのように表が完成し、選択肢も「EはDに出した」が正しいといえる。

次にCに出した相手がEだとすると、EはACに2通だけ出している。EはBに出していないので、Bが受けたのはACDに決まり、Vの表のようになる。しかし、Dの出・受は等しくなるはずなのに、すでにABCEの出した相手は決定してしまい、○に入れる可能性がなくなる。したがって、Cに出した相手はEとはなりえない。

V	出		受	
A	3	BDE	3	CDE
B	0		3	ACD
C	2	AB	1	E
D	x	AB	x	A○
E	2	AC		A
計	10		10	

A48 正解－5

出した人を横の行、受けた人を縦の列にとって、対応表を作る。

Aは3通出しているので、Cが受け取った「2通出した人」にはあたらず、Aが出した3通はC以外の3人。Bは1通も出さなかったので、Aが受け取った3通は、CDEの3人からである（上表）。

Cが受け取った「2通出した人」とは、DかEになり、DかEかで場合分けする。

		受け取った人物					
		A	B	C	D	E	合計
出した人物	A	＼	○	×	○	○	3
	B	×	＼	×	×	×	0
	C	○		＼			2
	D	○			＼		x
	E	○				＼	
	合計	3	3	1	x		10

＜DがCに出した場合＞

Dは2通出したことになるので、AとCのみに出し、BとEには出していない（中表の●と＊）。Bが3通受け取っているのでD以外の3人から受け取っている。Cは2通しか出していないので、DEには出していない。Dは出した数が2通なので、受けた数も2通になり、EはDにも出していることになる。全部で10通の出受けとなる。

		受け取った人物					
		A	B	C	D	E	合計
出した人物	A	＼	○	×	○	○	3
	B	×	＼	×	×	×	0
	C	○	●	＼	＊	＊	2
	D	○	＊	●	＼	＊	x
	E	○	●	×	●	＼	
	合計	3	3	1	x		10

＜EがCに出した場合＞

EはAとCへ2通出し、BとDには出していない。
BはE以外の3人から受け取っている。
Cは2通だけ出し、DEには出していない。
全部で10通になるために、DはEにも出したことになるが、Dの出した数と受けた数が同じにならず、条件に合わない。

		受け取った人物					
		A	B	C	D	E	合計
出した人物	A	＼	○	×	○	○	3
	B	×	＼	×	×	×	0
	C	○	●	＼	＊	＊	2
	D	○	●	×	＼	●	x
	E	○	＊	●	＊	＼	
	合計	3	3	1	x		10

以上から、DがCに出した場合の表で検討すると、確実にいえるのは肢5である。

Q49 多量の分類項目の表作成

問　ある会社では、今年度の新規採用者A～Hの8人を営業部、経理部、総務部、人事部の4つの部署にそれぞれ配属することにした。配属に関する担当者の発言は次のとおりであるが、これから確実にいえるものはどれか。 （国家一般）

ア．8人を性別に見ると女性より男性が少ない。居住地別に見ると、神奈川県が3人、東京都および埼玉県が各2人、千葉県が1人である。

イ．神奈川県に居住する2人の女性BとFはともに営業部には配属されず、Hは人事部に配属されなかった。また、B、F、Hはそれぞれ別々の部署に配属となった。

ウ．Hは神奈川県に居住しており、Cは千葉県に居住している。

エ．4つの部署のうち女性が配属されないのは人事部で、男性が配属されない部署が1つ、男女各1人の部署が2つある。

オ．GとHは男性であり、Cは女性である。また、DとEは同性である。

カ．最も多く配属されるのは経理部であるが、このうちに千葉県居住者はいない。

1　Aは人事部に配属された。
2　BとGは総務部に配属された。
3　Cは営業部に配属された。
4　DとGは同じ県に居住している。
5　Eは埼玉県には居住していない。

PointCheck

◉対応表の全体像　解法ポイント

まず問題文から、表を埋めていく。そして、男性が少ないのでDE は女性と考えられ、女性は人事がないことと、経理に千葉がいないことから、右のようになる。

	性別	住所	営業	経理	総務	人事
A						
B	女	神	×			×
C	女	千		×		×
D	女					×
E	女					×
F	女	神	×			×
G	男					
H	男	神				×

人事は女性なしで、他に男女1人ずつの部署が2つあるので、人事は男性1人の部署である。また、経理が最大なのだから、男女2人の部署ではなく、女性のみ3人の部署である。営業と総務は、男女2人の部署で、Aは男と決まる。

	性別	住所	営業	経理	総務	人事
A	男			×		
B	女	神	×			×
C	女	千		×		×
D	女					×
E	女					×
F	女	神	×			×
G	男			×		
H	男	神		×		×
			男女	女3	男女	男1

BFH は別々なので、営業はHだけしか入らないと考えられる。BF は営業になれないので、経理・総務に分かれ、Cは総務に入らず営業になる。BF のどちらかが総務になるので、DE はとも

に経理になる。

条件からわかることはここまでで、女性ＢＦは▲1か▲2の組合せ、男性AGは▼1か▼2の組合せで入る可能性がある。残りの住所は不明である。

以上から、肢1、2は可能性はあるが確実にはいえない。肢4、5は、東京か埼玉か住所が確定しない。3の「Cは営業部」は正しいといえる。

	性別	住所	営業	経理	総務	人事
A	男	?	×	×	▼1	▼2
B	女	神	×	▲1	▲2	×
C	女	千	○	×	×	×
D	女	?	×	○	×	×
E	女	?	×	○	×	×
F	女	神	×	▲2	▲1	×
G	男	?	×	×	▼2	▼1
H	男	神	○	×	×	×
			男女	女3	男女	男1

A49 正解ー3

まず、全員が8人で経理部に最も多く配属されたのだから、経理部は3人以上いる。また、男女2人が2つの部署にそれぞれ配属されるので、経理部は3人、残りの1つの部署に残り1人が配属される。

男性は女性より少ないので3人以下である。ただ、男女2人の部署に各1人ずつ計2人配属されているから、女性のいない人事部には、男性1人だけが配属されていることになる。

	男	女	計
経理部	0	3	3
総務部	1	1	2
営業部	1	1	2
人事部	1	0	1

解法ポイント

このことから、BCFと、性別が同じDEの5人が女性であり、残りのAGHは男性である。

女性のBFと、Hは、人事部以外の別々の部署に配属されている。BFが営業部ではないことから、経理部と総務部に分かれてどちらかに配属されている。よって、営業部に配属されたのはHになる。

部署		
経理部 女３人	女ＢかＦ 神奈川県	女Ｄと女Ｅ 東京都か埼玉県
営業部 男・女	男Ｈ 神奈川県	女Ｃ 千葉県
総務部 男・女	男ＡかＧ 東京都か埼玉県	女ＦかＢ 神奈川県
人事部 男１人	男ＧかＡ 東京都か埼玉県	

Cは千葉県居住だから経理部ではなく、残る営業部に配属されている。残った女性のDEは、経理部に配属される。

以上をまとめると、男性でAGは、どちらが総務部か人事部かは確定せず、女性のBFは、どちらが経理部か総務部かは確定していない。また、ADEGの居住について、東京都か埼玉県かは確定しない。よって、肢3「Cは営業部に配属された」だけが確実にいえることになる。

Q50 複雑な条件の配属部署と異動

問 ある会社で、昨年度入社の新入社員のうち、総務課、企画課、人事課、経理課、広報課の5つの課に配属されていたA～Eの5人が、今年の4月に異動し、その結果、次のア～キのことがわかった。

ア．5人はそれぞれ英語、ドイツ語、フランス語のうち、どれか1つを得意としている。
イ．今年度の異動では、5人はすべて別の課に異動し、また相互に入れ替わった者はいなかった。
ウ．Aは今年度総務課に配属されたが、昨年度の所属は人事課ではなかった。
エ．今年度経理課に配属された者が昨年度所属していた課に、今年度配属されたのはBである。
オ．Cが昨年度所属していた課に今年度配属された者は、昨年度企画課に所属していたが、Dではない。また、今年度企画課に配属された者は、英語が得意である。
カ．フランス語が得意な者が昨年度所属していた課に今年度配属された者は、昨年度は広報課に所属していた。また、今年度広報課に配属された者は、ドイツ語が得意である。
キ．Bは、英語が得意であり、また昨年度も今年度も広報課に配属されていない。

以上から判断して、昨年度と今年度の配属先の組合せとして、確実にいえるものはどれか。
（地方上級）

		昨年度	今年度
		昨年度	今年度
1	A：	経理課	総務課
2	B：	総務課	企画課
3	C：	広報課	人事課
4	D：	人事課	広報課
5	E：	企画課	経理課

PointCheck

◉チャート図やカード方式での条件整理　解法ポイント

条件を表にまとめるが、条件の文章を読んだだけでは表の縦横に何を設定すればよいのか見当がつかない。一般的には、人を軸にしてまとめるが、本問では配属部署のほうが条件が多いので、この異動（流れ）を重要なヒントとして見ていく。

ここで、条件イから、5人の中で相互の入れ替わり（2人同士の交代）がないことに注目できるかが、正答への分かれ道になる。たとえば「2人が相互に入れ替わり、残る3人が順に入れ替わる」ということがない。5人全員が玉突き状態で連続して異動するようにする。

以下は、各条件を視覚化した図を、表の形にまとめたものであり、実際にはチャートのような図を描いて配属部署の流れを考えている。

解法ポイント

条件ウ、エ＋キ、オ、カを、それぞれ表①～④のように表し、表を組み合わせて、5人分5行の表にするように、表①～④の点線の矢印を連続させていく。④は人がわからないので、②③との関係で組み合わせることができるかどうかを考える。

このでき上がった5行の表に、①のAを組み合わせる。

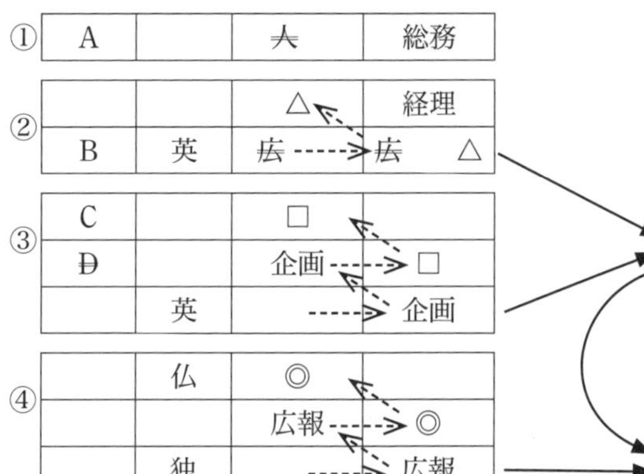

	人	語学	昨年	今年
①	A		~~人~~	総務
②			△	経理
	B	英	~~広~~	~~広~~　△
③	C		□	
	~~D~~		企画	□
		英		企画
④		仏	◎	
			広報	◎
		独		広報

まず、英語が得意な人をヒントに、②と③をまとめてみる。

C		経理	
~~D~~		企画	経理
B	英	~~広~~	~~広~~　企画

さらに、広報の条件に注意して、④を上につなげてまとめる。

	仏	◎	※
		広報	◎
C	独	経理	広報
~~D~~		企画	経理
B	英	~~広~~　※	~~広~~　企画

ここで、Aの今年の総務が、※部分だとすると、残る◎が人事になり、条件に合わない。

したがって、2行目がAで、◎に総務、※に人事を入れる。すると、4行目はEが入り、1行目はDが入る。

D	仏	総務	人事
A		広報	総務
C	独	経理	広報
~~D~~E		企画	経理
B	英	~~広~~　人事	~~広~~　企画

以上から、Eが昨年企画で、今年経理という肢5が正しいと考えられる。

条件が多く複雑な問題が続くが、これも基本的には反復と慣れで、かなり速く処理ができるようになる。単一の方法で処理できることには限界があるので、対応表・集計表・集計カード方式など、いくつかのやり方を確認しておきたい。

A50 正解ー5

実際の試験で以下の解法を完全に行うことはできないだろうが、一番現実のイメージが湧くのが、この配属部署カードである。全部を完成する必要はなく、一部分だけ記入すればよい。

発想ポイント

「社員」と「得意な語学」と「今年度の配属先」を、1枚のカードに表したものをイメージする。昨年度の配属先からの異動を矢印で示し、条件を考えると次のようになる。

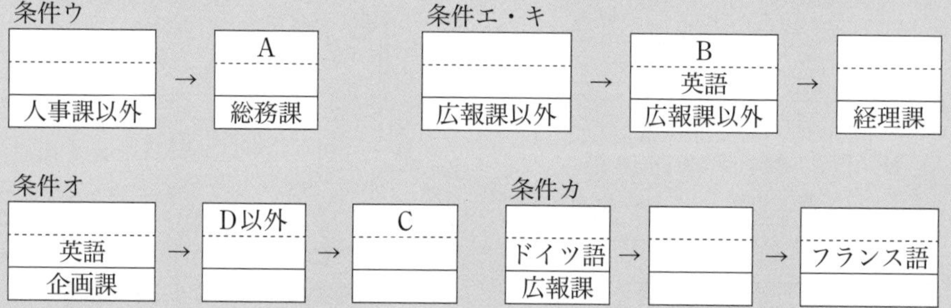

条件イの「5人はすべて別の課に異動し、また相互に入れ替わった者がいない」ということから、昨年の配属先と今年の配属先が連続して、5人全員がリレーのような異動をしていることになる。

これは、カードの上の2行の、「社員」「得意な語学」の部分を切り離して、今年度の配属先につなげた状態と考えられ、異動を矢印でつなぐと5人を一巡して、元の配属先に戻ることになる。

ここで、条件エ・キのカードの連続と、条件カのカードの連続を比較すると、5人しかいないので、6枚のカードのどれかが重なっているはずである。「広報課」と「広報課以外」は重なれないので、可能性があるのは、条件エ・キの1枚目と、条件カの3枚目だけである。

条件エ・キの順番で、1〜3番のカードを並べ、条件カの1枚目、2枚目を、4、5番につなげる。

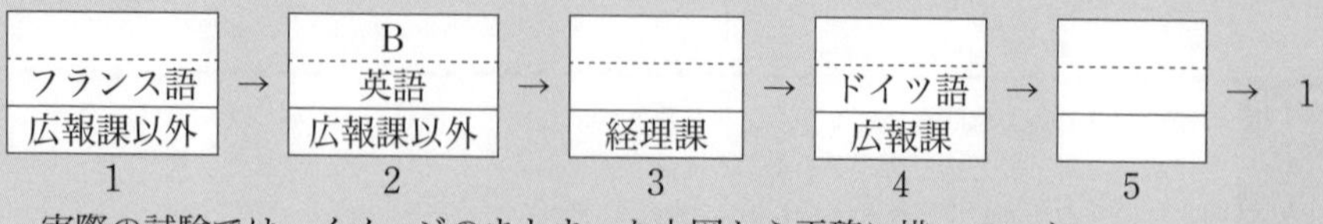

実際の試験では、イメージのまとまった上図から正確に描いていく。

この順番の中で、条件オの1枚目のカード「英語・企画課」は2番か5番であると考えられるが、5番にすると、条件オの3枚目のカード「C」が2番の「B・英語・広報課以外」になるので適当でない。したがって、条件オの1枚目は2番に重なることになる。

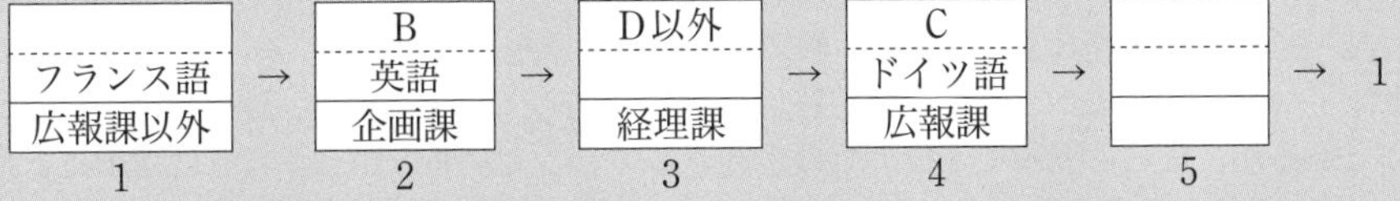

条件ウの2枚目のカード「A・総務課」は1番か5番であると考えられるが、1番とすると5番が「人事課以外」となり、人事課の入るところがなくなってしまう。したがって、条件ウの2枚目は5番に重なることになる。

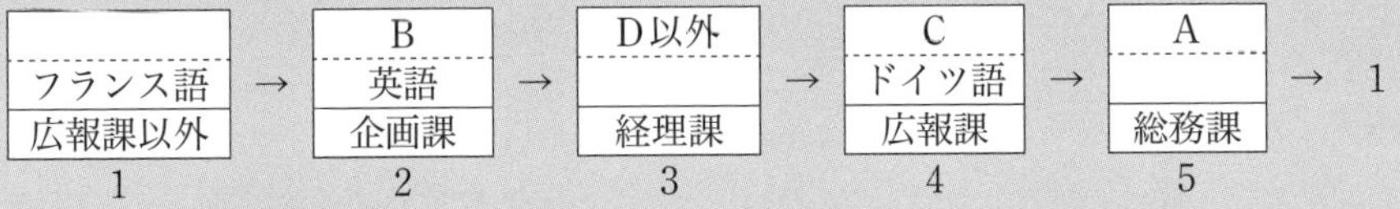

残った人と部署を見ていくと、1番はDで人事課、3番はEとなる。しかし、AとEの語学については確定できない。

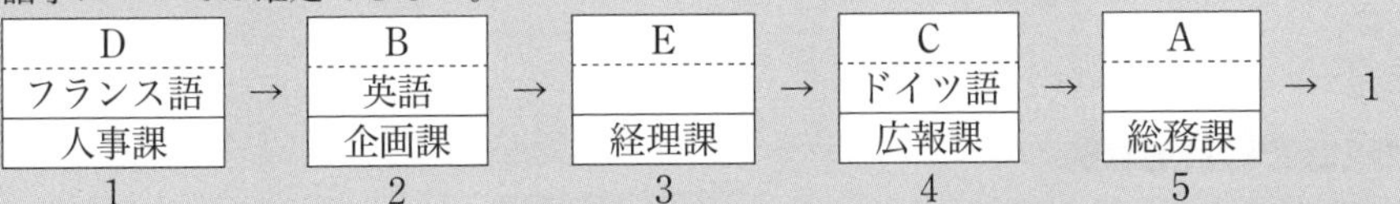

以上から、A(広報→総務)、B(人事→企画)、C(経理→広報)、D(総務→人事)、E(企画→経理) となり、肢5のみが確実にいえる。

Q51 所属・人数と割り振り

問 A、B、C、D4組の兄弟8人は、野球、書道、水泳を習っている。A、B、Cの3兄弟は2つずつ習っているが、うち1つだけは兄弟で共通していて、他方、D兄弟は1つずつ習っているが、これは兄弟で1つのものを共通して習っているという。さらに次のことがわかっているとき、確実にいえるのはどれか。 (地方上級)

・野球は5人、水泳は4人が習っている。
・Aの兄とBの兄とCの弟は、3人とも書道を習っている。
・Bの弟とCの兄は、ともに水泳を習っている。
・D兄弟は野球を習っていない。

1 B兄弟がともに水泳を習っているとき、C兄弟はともに野球を習っている。
2 A兄弟がともに野球を習っているとき、B兄弟はともに水泳を習っている。
3 B兄弟がともに野球を習っているとき、C兄弟はともに水泳を習っている。
4 C兄弟がともに野球を習っているとき、B兄弟はともに水泳を習っている。
5 D兄弟がともに書道を習っているとき、A兄弟はともに水泳を習っている。

PointCheck

◉簡単な整理ができるかのスピード重視 **解法ポイント**

正解にたどり着くためには、下の程度の簡潔な表がまとめられればいい。

	回数	野球5人	水泳4人	書道
A	○○□△	○○		兄
B	○○□△	○○	弟	兄
C	○○□△	○	兄	弟
D	○○	×		

○○は兄弟2人で習っていることをあらわし、野球は割り振りが決まらない。

ここで問題文から、もしD兄弟2人が習う共通のものを水泳とすると、Aの弟が書道に入り、Aが「1つだけ共通」に反することになる。したがって、D兄弟は書道に入る。

発想ポイント

ここまでで選択肢を検討するが、5はすでにD兄弟が書道に入っており、表の関係に影響はなくA兄弟は決まらない。

また、肢2～4はすべて「ともに野球を習っているとき」であり、A・B・Cのどれかが兄弟で野球と決まっても、残りのどちらが兄弟で野球かが決まるわけではない。

肢1は、B兄弟が水泳ならB弟が野球で、A・Cはともに兄弟で野球に決まる。

以上の作業を3分以内で行えればよい。

Level up Point! 内容は標準レベルだが、まとめ方に迷うと時間がかかる。自分の方法で短時間で整理。

A51 正解－1

A・B・Cの3兄弟は2つずつで、D兄弟は1つずつだから、のべ14人となる。野球は5人、水泳は4人なので、書道は5人が習っていることになる。人数分のマスをとった表で考える。このとき、兄弟が共通で習っている場合を大文字（2人分）、兄弟別々の場合を小文字（1人分）で表すこととする。（たとえば、Aが兄弟一緒、a1は兄、a2は弟となる。）

2、3番目の条件から、

水泳4人	b2	c1			
書道5人	a1	b1	c2		
野球5人					

4番目の条件から、D兄弟は、書道か水泳の残った2マスを使う。

D兄弟が水泳を一緒にやっているとすると、

水泳4人	b2	c1	D		
書道5人	a1	b1	c2		
野球5人					

ここに残りのA・B・C・a2を入れることになる。2つずつ習っているという前提から、書道の残りには兄弟2マスは入れられない。しかし、a2を入れると兄弟で1つ共通するという前提に反する。したがって、D兄弟は水泳ではない。

D兄弟が書道を一緒にやっているとすると、

水泳4人	b2	c1			
書道5人	a1	b1	c2	D	
野球5人					

ここに残りのA・B・C・a2を重ならないように入れる（A・B・Cはバラしていれてもよい）。

①水泳にA兄弟を入れると、

水泳4人	b2	c1	A		
書道5人	a1	b1	c2	D	
野球5人	B		C		a2

②野球にA兄弟を入れると、a2は水泳となり、○にBかCを入れ、残りを水泳・野球に別々に入れる。

水泳4人	b2	c1	a2		
書道5人	a1	b1	c2	D	
野球5人	A		○		

選択肢を検討すると、確実にいえるのは、最後の②で表の○にCを入れた肢1となる。

Q52 複数の嘘の発言

問 学生A～Fの6人が、学園祭で2人1組となり、たこ焼き、おでん、または焼きそばの屋台を出すことになった。屋台の種類についてそれぞれに聞いたところ、各人が次のように答えた。

A：「私は、Eとたこ焼きの屋台を出し、Bは、おでんの屋台を出します」
B：「Cは、たこ焼きの屋台を出し、Dは、おでんの屋台を出します」
C：「Aは、おでんの屋台を出し、Fは、焼きそばの屋台を出します」
D：「Aは、焼きそばの屋台を出し、Bは、たこ焼きの屋台を出します」
E：「Bは、焼きそばの屋台を出し、Dは、たこ焼きの屋台を出します」
F：「私は、焼きそばの屋台を出しません」

このとき、A～Fの6人のうち、3人は発言のすべてで本当のことを答え、他の3人は発言のすべてで嘘をついたとすると、焼きそばの屋台を出す2人の組合せはどれか。(地方上級)

1 AとC　**2** AとE　**3** BとD　**4** BとE　**5** CとF

PointCheck

◉嘘つき問題の解法手順 テクニック **【矛盾の発見と対応表】**

1人がウソ（もしくは本当）の発言をしている場合が典型であるが、複数の場合も解法の基本は同じ。矛盾を見つけ、特定の発言をウソ（もしくは本当）と仮定して、複数のウソを確定していく。このとき発言に出てくる回数が多いものから判断していくと、全体の発言の傾向が見えやすい。ここでは、Aの発言、Aに関する発言から検討していく。

解法ポイント

①まず、A「私はEとたこ焼き、Bはおでん」、が正しいとすると、内容が矛盾する、C「Aはおでん」、D「Aは焼きそば」、E「Bは焼きそば」の3人がウソになる。しかし、B「Cはたこ焼き」が正しくなると、たこ焼きがAECの3人になってしまい、やはり矛盾する。したがって、Aの発言はウソだと考えられる。

②次に、C「Aはおでん」、D「Aは焼きそば」が矛盾する発言なので、まずCが正しいとして考えていく。C「Fは焼きそば」が正しいので、F「私は焼きそばではない」はウソになり、ADFの3人がウソである。しかしこれでは、正しい発言のはずのB「Dはおでん」とE「Dはたこ焼き」が矛盾する。したがって、Cがウソで、Dが正しいと考えられる。

③D「Bはたこ焼き」が正しいので、E「Bは焼きそば」はウソになり、結局ACEが嘘つきで、BDFが正しい発言と考えられる。

以上から、発言をまとめると、「Aは焼きそば」「Bはたこ焼き」「Cはたこ焼き」「Dはおでん」「Eは焼きそば」になる。

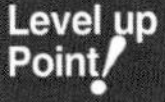

ウソを仮定して矛盾を見つけるのは同じ。判断推理全体の能力が上がれば困難ではない。

A52 正解ー2

A～Fそれぞれの発言を横にとり、表にまとめると、矛盾する発言が確認できる。たとえば、焼きそばに関する発言で、CF、DEなどの発言に着目してもよい。

矛盾が多いAまたはBに関する発言を真と仮定して、本当のことを推理していく。

	屋台						
	A	B	C	D	E	F	真偽
Aの発言	たこ焼き	おでん			たこ焼き		
Bの発言			たこ焼き	おでん			
Cの発言	おでん					焼きそば	
Dの発言	焼きそば	たこ焼き					
Eの発言		焼きそば		たこ焼き			
Fの発言						焼きそば以外	
本当							

(1) Aが真とすると、矛盾するCDEが偽になる。正しいABFの発言をまとめると、たこ焼きがACEの3人になってしまう。よってAの発言は偽とわかる。

(2) Dを真とすると、矛盾するACEが偽になる。正しいBDFの発言をまとめると、

	屋台						
	A	B	C	D	E	F	真偽
Aの発言	~~たこ焼き~~	~~おでん~~			~~たこ焼き~~		偽
Bの発言			たこ焼き	おでん			真
Cの発言	~~おでん~~					~~焼きそば~~	偽
Dの発言	焼きそば	たこ焼き					真
Eの発言		~~焼きそば~~		~~たこ焼き~~			偽
Fの発言						焼きそば以外	真
本当	焼きそば	たこ焼き	たこ焼き	おでん		焼きそば以外	

ここで、Eが焼きそば、Fがおでん、となれば条件に適する。

(3) ADの発言がともに偽だとすると、BEの発言でDに関する矛盾と、CFの発言でFに関する矛盾が残る。つまり、4人の発言がウソということになり条件に合わない。

以上から、A：焼きそば、B：たこ焼き、C：たこ焼き、D：おでん、E：焼きそば、F：おでん、となるので、肢2の組合せが正しい。

Q53 住居の位置関係・部屋割り

問 図のような壁で隣り合っている16室から成るアパートには、空室がいくつかある。このアパートの空室状況について次のア〜エが分かっているとき、確実にいえるのはどれか。

（地方上級）

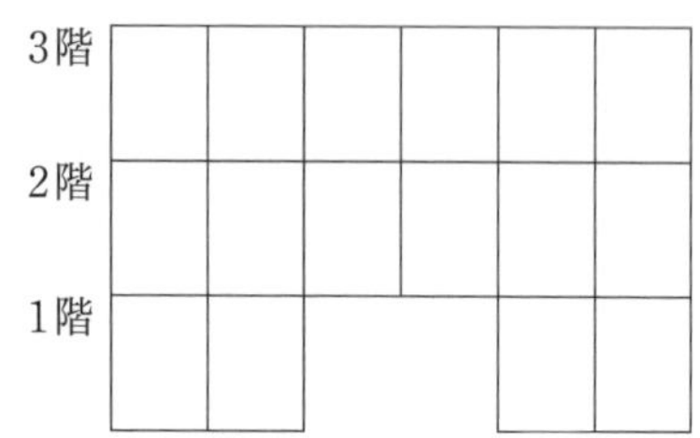

ア．1階には空室が2室あるが、隣接していない。
イ．3階の住人のいる室は隣接していない。
ウ．住人のいる室の真下の室はすべて空室である。
エ．空室の真下に室がある場合、そこにはすべて住人がいる。

1　2階に空室は4室ある。
2　3階に空室は3室ある。
3　2階の両端の室はいずれも空室である。
4　3階の中央の2室のうちいずれかは住人がいる。
5　空室は全部で8室ある。

PointCheck

◉場合分けのキーポイントの発見　発想ポイント

アの条件から、1階は（○×－－○×）（○×－－×○）（×○－－○×）（×○－－○×）の、4通りの入り方しかない。また、ウ・エの条件から、○の下は×、×の下は○で、互い違いになる。ということは、結局、2、3階の中央4室の関係だけ確認すればよい。後は市松模様になっているだけである。

※①〜④室の入り方は以下の4通り。

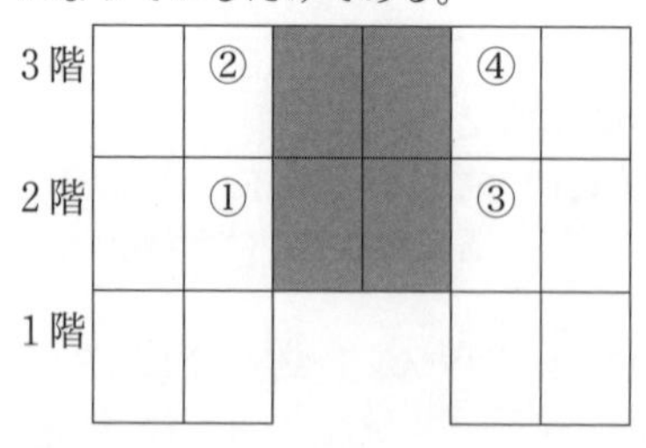

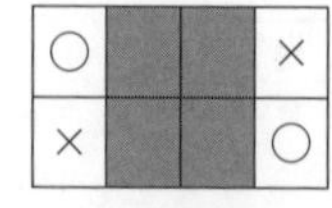

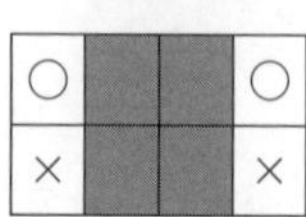

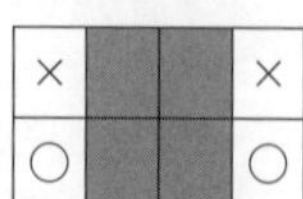

3階は隣接していないので、2、3階の入り方は以下の3通り。

×	×
○	○

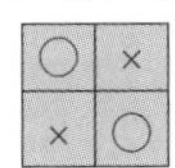
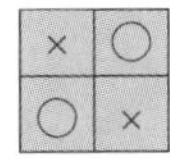

これ以外は、1、2、3階ともに2室ずつ交互に住人がいて、2室ずつの空室がある。

したがって、常に空室は全部で8室となる。ちなみに、2、3階の空室の数、両端の室の有無、3階の中央2室の有無は、すべて決まらないので、肢1～4は不適。

丹念に部屋を埋めていくことが基本だ。ただ、高得点を狙うには、どこが答えの分かれ道になっているのか、分岐点を探り当てる感覚が欲しい。そこに気が付けば、解答時間が半分になる。

A53 正解ー5

住居の位置関係のバリエーション問題だが、最終的にいくつかの可能性を考えていく問題である。不十分な場合分けでも解答を得ることもできるが、何通りかを確実に行うテクニックを身につけたい。

解法ポイント

ウは(居住→下は空室)、エは(空室→下は居住)である。3階の部屋に空室があれば、その下は居住、その下は空室となる。また、3階が居住であれば、2階は空室、1階は居住となる。つまり、1階から3階まであるところは、空室と居住が交互になる。

また、1階の4室の状況は、アの条件から、以下の4通りとなる。ただ、両端の入り方は左右対称になるので、片方だけ検討すればよい。

住		住	

住			住

	住	住	

	住		住

条件イから､3階が隣り合わないよう居住を埋めていく（○△□の場合分けができる)。

住		○		住	
	住	△	住		住
住				住	

①（○か△の2通り）

住		○	△		住
	住	△ □	○ □	住	
住					住

②（○△□の3通り）

	住			住	
住		住	住		住
	住			住	

③

①～③で選択肢を検討すると、肢5の「空室は全部で8室ある。」が正しい。

Q54 動く立方体のくり抜き

問 図のように、27個の同じ大きさの立方体がすき間なく積み重なってできた立体Aにおいて黒く塗られた3個の立方体を、黒く塗られた面に垂直な方向に押し抜くと立体Bができ、このとき一番下の段にある立方体の数は8個となる。

今、図のような125個の立方体でできた立体Cにおいて、黒く塗られた8個の立方体に対して同様の操作を行うとき、できあがった立体の下から3段目にある立方体の個数として、正しいものは次のうちどれか。 (地方上級)

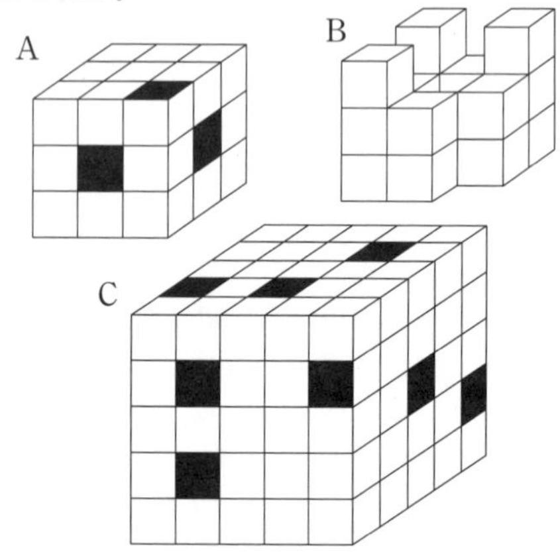

1 17個 **2** 18個 **3** 19個 **4** 20個 **5** 21個

PointCheck

◉押し抜き作業後にできる立体の成り立ち 発想ポイント

AとBを見比べて、「ダルマ落とし」のように、上の立方体が下に落ちる（ずれる）ことが理解できるかが第一の関門である。Bの上から2段目の真ん中は、前と横から抜かれているので、一番下の段に1個だけあることになる。つまり、Bの上から2段目は7個である。

以上の検討から、Cの下から3段目に影響する場合に注意して、小立方体が何個少なくなるかを考える。

上面から縦に3カ所抜くと、下から3段目の小立方体も3個抜かれる。

次に、前面の3カ所を抜くと、左から2列目は2段下がることになるので、下から3段目には小立方体が残る。この時点では、下から3段目の小立方体の数に変化はない。

さらに、側面の2カ所を抜くと、前面で2段下がった部分の小立方体がなくなることになるので、下から3段目の2個が減る状態になる。

以上から、上面で－3個、前面で0個、側面で－2個となり、5×5－3－2＝20個となる。

Level up Point!

平面も立体も、図形については基本問題・標準問題だけやっておけば十分である。実際の試験では少しでも難しくなると、誰も正解できない問題になってしまう。いくつかのバリエーション問題にあたっておけば、苦手意識は持たなくてすむ。

A54 正解－4

上面から押し抜く場合は下から3段目の立方体もなくなるが、前面と側面から押し抜く場合は、上の段が落ちてくるので、上の段が残っている場合は下に降りると考える。重複して押し抜かれる部分に注意して、上の段から順に押し抜かれる部分を確認する。

解法ポイント

ここで、下の図は押し抜かれる部分だけを考え、落ちることは考えていない。

上から1段目　上から2段目　上から3段目　上から4段目　上から5段目

上から2段目、3段目は、重複して押し抜かれる部分はない。

上から4段目の網掛けの部分は、前面と側面の両方向から抜かれているから、1段目と3段目の小立方体が降りてきて、ここで2個分抜かれている。

立方体の数を上から見て、1段目から5段目まで抜かれる小立方体の数を合計すると、右の図のようになる。

1	3	1	1	2
0	2	0	5	1
1	3	1	1	2
5	2	5	0	1
0	2	0	0	1

この図で、抜かれている個数が0･1･2の場合は、下から3段目に小立方体が残っている。以上から、下から3段目は肢4の20個あることになる。

Q55 部分投影図からの推理

問　正面図と平面図が図のようになる立体の左から見た側面図として、ありうるものはどれか。
（地方上級）

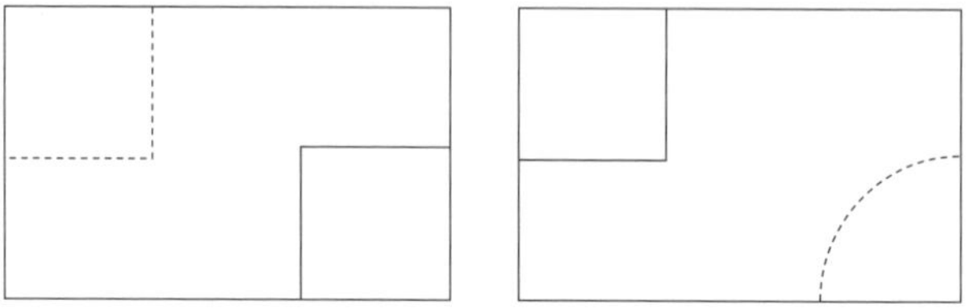

正面図　平面図

1 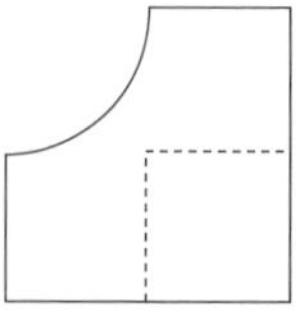　2 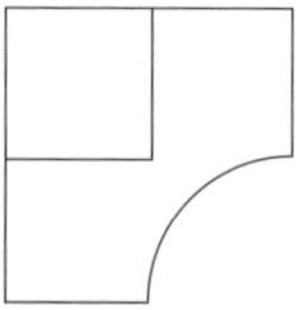　3

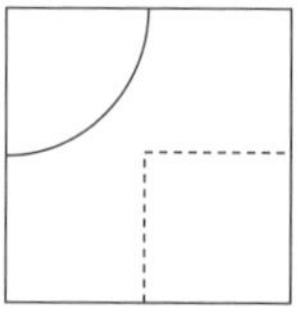

4 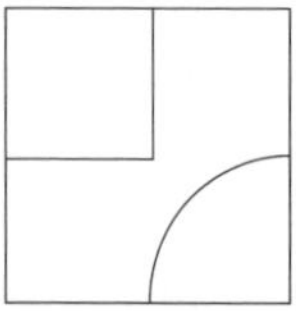　5

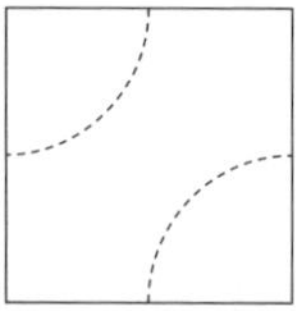

PointCheck

●投影図のしくみの理解　発想ポイント

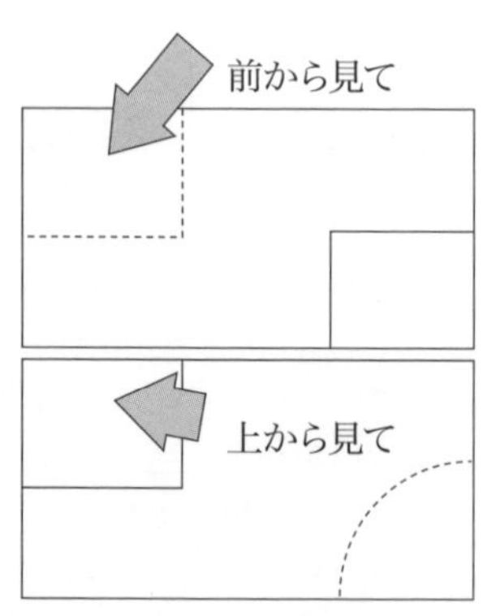

正面図の上の部分の四角形は、平面図の奥でも四角形になっている。しかし、横から見て、底が肢1・3・5のようなカーブを描いて削られているのか、肢2・4のような立方体に削られているのかは決まらない。

しかし、肢1の図では、正面図の上の部分がすべてカーブで削られることになり、適当ではない。また、肢5のように、左側面から見た場合に、右奥側に破線で表現されることはない。

正面図の下の部分の四角形は、平面図の右手前でおうぎ形になっているので、左側面からは、破線で表される。したがって、肢2のような手前をすべて削られるような形ではなく、肢4のように実線で表現されることもない。側面から見ると、肢3のように、柱を横から見たときのような四角形で表されるはずである。

空間把握は不得意とする人が多いが、基本は「平面は立体に」「立体は平面に」である。多方面から対象物の形を捉えることが、空間感覚を磨く第一歩になる。

A55 正解ー3

まず、平面図との関係から、選択肢の各側面図は立体の左側面から見た図であると考えられる。

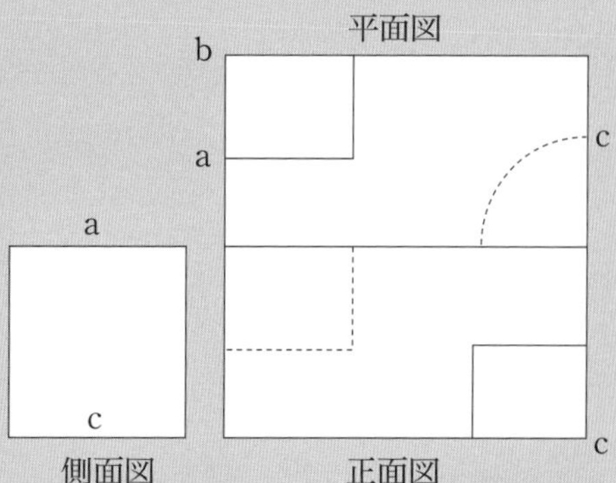

解法ポイント

平面図の角aとbは、正面図で破線で表されていることから、側面図の右側のaとb結ぶ実線で描かれるはずである。

よって、a・bが破線で結ばれている肢5は妥当ではない。

正面図の角cは、平面図のcの位置に表されることになり、側面図のcに破線で描かれるはずである。

よって、cの部分が実線になっている肢2と4は妥当ではない。

さらに、正面図と考え合わせると、平面図の右下の削り取られている部分は、底面がおうぎ形の、柱体だと考えられ、側面からみても柱体の高さ部分で直線で描かれるはずである。

よって、側面図の右下が曲線になっている肢2、4、5は妥当ではない。

また、削り取られている部分が左右の同じ側に表されているという点でも、肢2、4、5は妥当ではない。

肢1と2の図は、肢1の左上、肢2の右下の部分に線が描かれていないが、平面図で確認すると、この部分の立体が横に削り取られてはいない。よって、肢1と2は妥当ではない。

以上の検討から問題の立体は、直方体の2つの角から、4分の1円柱を異なる方向で削り取ったものとなる。したがって、側面図としては、肢3が妥当である。

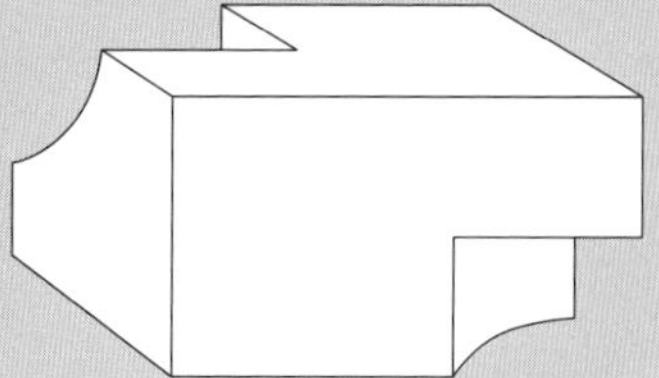

本書の内容は、小社より2020年3月に刊行された
「公務員試験 出るとこ過去問 13 数的処理 下（判断推理・空間把握）」（ISBN：978-4-8132-8755-1）
および2023年3月に刊行された
「公務員試験 出るとこ過去問 13 数的処理 下（判断推理・空間把握）新装版」（ISBN：978-4-300-10613-6）
と同一です。

公務員試験　過去問セレクトシリーズ

公務員試験　出るとこ過去問 13　数的処理　下
（判断推理・空間把握）　新装第2版

2020年4月1日　初　　版　第1刷発行
2024年4月1日　新装第2版　第1刷発行

編 著 者　ＴＡＣ株式会社
（出版事業部編集部）
発 行 者　多田敏男
発 行 所　ＴＡＣ株式会社　出版事業部
（TAC出版）

〒101-8383
東京都千代田区神田三崎町 3-2-18
電話　03（5276）9492（営業）
FAX　03（5276）9674
https://shuppan.tac-school.co.jp/

印　刷　株式会社　光　邦
製　本　株式会社　常川製本

ISBN 978-4-300-11133-8
N.D.C. 317

公務員講座のご案内

無料体験入学のご案内

3つの方法でTACの講義が体験できる!

教室で体験 迫力の生講義に出席

予約不要！　最大3回連続出席OK!

1. 校舎と日時を決めて、当日TACの校舎へ

TACでは各校舎で毎月体験入学の日程を設けています。

2. オリエンテーションに参加（体験入学1回目）

初回講義「オリエンテーション」にご参加ください。体験入学ご参加の際に個別にご相談をお受けいたします。

3. 講義に出席（体験入学2・3回目）

引き続き、各科目の講義をご受講いただけます。参加者には体験用テキストをプレゼントいたします。

- 最大3回連続無料体験講義の日程はTACホームページと公務員講座パンフレットでご覧いただけます。
- 体験入学はお申込み予定の校舎に限らず、お好きな校舎でご利用いただけます。
- 4回目の講義前までにご入会手続きをしていただければ、カリキュラム通りに受講することができます。

※地方上級・国家一般職、理系（技術職）、警察・消防以外の講座では、最大2回連続体験入学を実施しています。また、心理職・福祉職はTAC動画チャンネルで体験講義を配信しています。
※体験入学1回目や2回目の後でもご入会手続きは可能です。「TACで受講しよう！」と思われたお好きなタイミングで、ご入会いただけます。

ビデオで体験 校舎のビデオブースで体験視聴

TAC各校のビデオブースで、講義を無料でご視聴いただけます。（要予約）

各校のビデオブースでお好きな講義を視聴できます。視聴前日までに視聴する校舎受付までお電話にてご予約をお願い致します。

ビデオブース利用時間 ※日曜日は④の時間帯はありません。

① 9：30 ～ 12：30　② 12：30 ～ 15：30
③ 15：30 ～ 18：30　④ 18：30 ～ 21：30

※受講可能な曜日・時間帯は一部校舎により異なります。
※年末年始・夏期休業・その他特別な休業以外は、通常平日・土日祝祭日にご覧いただけます。
※予約時にご希望日とご希望時間帯を合わせてお申込みください。
※基本講義の中からお好きな科目をご視聴いただけます。（視聴できる科目は時期により異なります）
※TAC提携校での体験視聴につきましては、提携校各校へお問合せください。

Webで体験 スマートフォン・パソコンで講義を体験視聴

TACホームページの「TAC動画チャンネル」で無料体験講義を配信しています。時期に応じて多彩な講義がご覧いただけます。

TACホームページ　**https://www.tac-school.co.jp/**

※体験講義は教室講義の一部を抜粋したものになります。

TAC出版 書籍のご案内

TAC出版では、資格の学校TAC各講座の定評ある執筆陣による資格試験の参考書をはじめ、資格取得者の開業法や仕事術、実務書、ビジネス書、一般書などを発行しています！

TAC出版の書籍

＊一部書籍は、早稲田経営出版のブランドにて刊行しております。

資格・検定試験の受験対策書籍

- 日商簿記検定
- 建設業経理士
- 全経簿記上級
- 税　理　士
- 公認会計士
- 社会保険労務士
- 中小企業診断士
- 証券アナリスト
- ファイナンシャルプランナー(FP)
- 証券外務員
- 貸金業務取扱主任者
- 不動産鑑定士
- 宅地建物取引士
- 賃貸不動産経営管理士
- マンション管理士
- 管理業務主任者
- 司法書士
- 行政書士
- 司法試験
- 弁理士
- 公務員試験(大卒程度・高卒者)
- 情報処理試験
- 介護福祉士
- ケアマネジャー
- 社会福祉士　ほか

実務書・ビジネス書

- 会計実務、税法、税務、経理
- 総務、労務、人事
- ビジネススキル、マナー、就職、自己啓発
- 資格取得者の開業法、仕事術、営業術
- 翻訳ビジネス書

一般書・エンタメ書

- ファッション
- エッセイ、レシピ
- スポーツ
- 旅行ガイド（おとな旅プレミアム/ハルカナ）
- 翻訳小説

書籍のご購入は

1 全国の書店、大学生協、ネット書店で

2 TAC各校の書籍コーナーで

資格の学校TACの校舎は全国に展開!
校舎のご確認はホームページにて

資格の学校TAC ホームページ
https://www.tac-school.co.jp

3 TAC出版書籍販売サイトで

CYBER BOOK STORE TAC出版書籍販売サイト

TAC 出版 で 検索

24時間ご注文受付中

https://bookstore.tac-school.co.jp/

新刊情報をいち早くチェック!

たっぷり読める立ち読み機能

学習お役立ちの特設ページも充実!

TAC出版書籍販売サイト「サイバーブックストア」では、TAC出版および早稲田経営出版から刊行されている、すべての最新書籍をお取り扱いしています。
また、無料の会員登録をしていただくことで、会員様限定キャンペーンのほか、送料無料サービス、メールマガジン配信サービス、マイページのご利用など、うれしい特典がたくさん受けられます。

サイバーブックストア会員は、特典がいっぱい! (一部抜粋)

通常、1万円(税込)未満のご注文につきましては、送料・手数料として500円(全国一律・税込)頂戴しておりますが、1冊から無料となります。

専用の「マイページ」は、「購入履歴・配送状況の確認」のほか、「ほしいものリスト」や「マイフォルダ」など、便利な機能が満載です。

メールマガジンでは、キャンペーンやおすすめ書籍、新刊情報のほか、「電子ブック版TACNEWS(ダイジェスト版)」をお届けします。

書籍の発売を、販売開始当日にメールにてお知らせします。これなら買い忘れの心配もありません。

公務員試験対策書籍のご案内

TAC出版の公務員試験対策書籍は、独学用、およびスクール学習の副教材として、各商品を取り揃えています。学習の各段階に対応していますので、あなたのステップに応じて、合格に向けてご活用ください!

INPUT

『みんなが欲しかった!
公務員
合格へのはじめの一歩』

A5判フルカラー

- ●本気でやさしい入門書
- ●公務員の"実際"をわかりやすく紹介したオリエンテーション
- ●学習内容がざっくりわかる入門講義

・数的処理(数的推理・判断推理・空間把握・資料解釈)
・法律科目(憲法・民法・行政法)
・経済科目(ミクロ経済学・マクロ経済学)

『みんなが欲しかった!
公務員 教科書&問題集』

A5判

- ●教科書と問題集が合体!
でもセパレートできて学習に便利!
- ●「教科書」部分はフルカラー!
見やすく、わかりやすく、楽しく学習!

・憲法
・【刊行予定】民法、行政法

『新・まるごと講義生中継』

A5判
TAC公務員講座講師
郷原 豊茂 ほか

- ●TACのわかりやすい生講義を誌上で!
- ●初学者の科目導入に最適!
- ●豊富な図表で、理解度アップ!

・郷原豊茂の憲法
・郷原豊茂の民法Ⅰ
・郷原豊茂の民法Ⅱ
・新谷一郎の行政法

『まるごと講義生中継』

A5判
TAC公務員講座講師
渕元 哲 ほか

- ●TACのわかりやすい生講義を誌上で!
- ●初学者の科目導入に最適!

・郷原豊茂の刑法
・渕元哲の政治学
・渕元哲の行政学
・ミクロ経済学
・マクロ経済学
・関野喬のバターンでわかる数的推理
・関野喬のバターンでわかる判断整理
・関野喬のバターンでわかる空間把握・資料解釈

要点まとめ

『一般知識
出るとこチェック』

四六判

- ●知識のチェックや直前期の暗記に最適!
- ●豊富な図表とチェックテストでスピード学習!

・政治・経済
・思想・文学・芸術
・日本史・世界史
・地理
・数学・物理・化学
・生物・地学

記述式対策

『公務員試験論文答案集
専門記述』

A5判
公務員試験研究会

- ●公務員試験(地方上級ほか)の専門記述を攻略するための問題集
- ●過去問と新作問題で出題が予想されるテーマを完全網羅!

・憲法〈第2版〉
・行政法

地方上級・国家一般職(大卒程度)・国税専門官 等 対応　TAC出版

過去問学習

『ゼロから合格 基本過去問題集』
A5判
TAC公務員講座
●「解ける」だから「つづく」／充実の知識まとめでこの1冊で知識「ゼロ」から過去問が解けるようになる、独学で学習を始めて完成させたい人のための問題集です。

全12点
・判断推理　・数的推理　・空間把握・資料解釈
・憲法　・民法Ⅰ　・民法Ⅱ
・行政法　・ミクロ経済学　・マクロ経済学
・政治学　・行政学　・社会学

『一問一答で論点総チェック』
B6判
TAC公務員講座講師 山本 誠
●過去 20 年の出題論点の 95%以上を網羅
●学習初期の確認用にも直前期のスピードチェックにも

全4点
・憲法　・民法Ⅰ
・民法Ⅱ　・行政法

『出るとこ過去問』 A5判
TAC出版編集部
●本試験の難問、奇問、レア問を省いた効率的なこの1冊で、合格ラインをゲット！ 速習に最適

全16点
・憲法　・民法Ⅰ　・民法Ⅱ
・行政法　・ミクロ経済学　・マクロ経済学
・政治学　・行政学　・社会学
・国際関係　・経営学　・数的処理(上・下)
・自然科学　・社会科学　・人文科学

直前対策

『小論文の秘伝』
A5判
年度版
TAC公務員講座講師 山下 純一
●頻出 25 テーマを先生と生徒のブレストで噛み砕くから、解答のツボがバッチリ！
●誌上「小論文道場」で答案改善のコツがわかる！
●合格者のアドバイスも掲載！

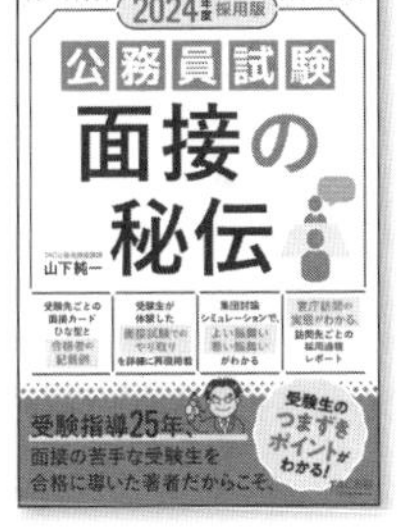

『面接の秘伝』
A5判
年度版
TAC公務員講座講師 山下 純一
●面接で使えるコア(自分の強み)を見つけられる「面接相談室」で自己分析が進む！
●集団討論のシミュレーション、官庁訪問のレポートも掲載！

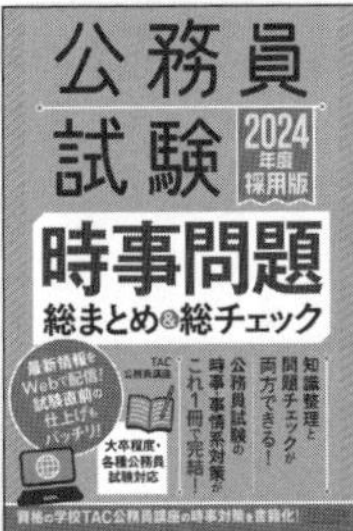

『時事問題総まとめ&総チェック』
A5判
年度版
TAC公務員講座
●知識整理と問題チェックが両方できる！
●試験種別の頻出テーマが一発でわかる！

『科目別・テーマ別過去問題集』
B5判　年度版
TAC出版編集部
●試験ごとの出題傾向の把握と対策に最適
●科目別、学習テーマ別の問題掲載なので、学習のどの段階からも使えます

・東京都Ⅰ類B (行政／一般方式)
・特別区Ⅰ類 (事務)
・裁判所 (大卒程度／一般職)
・国税専門官 (国税専門A)
・国家一般職 (大卒程度／行政)

TAC出版の書籍はこちらの方法でご購入いただけます

1 全国の書店・大学生協　2 TAC各校 書籍コーナー
3 インターネット　CYBER BOOK STORE TAC出版書籍販売サイト　アドレス https://bookstore.tac-school.co.jp/

(2023年3月現在・刊行内容、刊行月、表紙等は変更になることがあります／年度版 マークのある書籍は、毎年、新年度版が発行される予定です)

書籍の正誤に関するご確認とお問合せについて

書籍の記載内容に誤りではないかと思われる箇所がございましたら、以下の手順にてご確認とお問合せをしてくださいますよう、お願い申し上げます。
なお、正誤のお問合せ以外の**書籍内容に関する解説および受験指導などは、一切行っておりません。**
そのようなお問合せにつきましては、お答えいたしかねますので、あらかじめご了承ください。

1 「Cyber Book Store」にて正誤表を確認する

TAC出版書籍販売サイト「Cyber Book Store」の
トップページ内「正誤表」コーナーにて、正誤表をご確認ください。

CYBER BOOK STORE TAC出版書籍販売サイト

URL:https://bookstore.tac-school.co.jp/

2 1の正誤表がない、あるいは正誤表に該当箇所の記載がない ⇒ 下記①、②のどちらかの方法で文書にて問合せをする

★ご注意ください★

お電話でのお問合せは、お受けいたしません。
①、②のどちらの方法でも、お問合せの際には、「お名前」とともに、
「対象の書籍名(○級・第○回対策も含む)およびその版数(第○版・○○年度版など)」
「お問合せ該当箇所の頁数と行数」
「誤りと思われる記載」
「正しいとお考えになる記載とその根拠」
を明記してください。
なお、回答までに1週間前後を要する場合もございます。あらかじめご了承ください。

① ウェブページ「Cyber Book Store」内の「お問合せフォーム」より問合せをする

【お問合せフォームアドレス】

https://bookstore.tac-school.co.jp/inquiry/

② メールにより問合せをする

【メール宛先 TAC出版】

syuppan-h@tac-school.co.jp

※土日祝日はお問合せ対応をおこなっておりません。
※正誤のお問合せ対応は、該当書籍の改訂版刊行月末日までといたします。

乱丁・落丁による交換は、該当書籍の改訂版刊行月末日までといたします。なお、書籍の在庫状況等により、お受けできない場合もございます。
また、各種本試験の実施の延期、中止を理由とした本書の返品はお受けいたしません。返金もいたしかねますので、あらかじめご了承くださいますようお願い申し上げます。

(2022年7月現在)